코리안 디아스포라: 이주루트와 기억

저자

임채완 전남대학교 정치외교학과 교수, 세계한상문화연구단 단장, 정치사회학 박사
선봉규 전남대학교 세계한상문화연구단 연구교수, 정치학 박사
박경환 전남대학교 지리교육학과 교수, 지리학 박사
전형권 전남대학교 세계한상문화연구단 연구위원, 정치학 박사
이장섭 전남대학교 세계한상문화연구단 연구교수, 경영학 박사
허성태 조선대학교 러시아어과 교수, 문학 박사

전남대학교 세계한상문화연구 5차 총서 1
코리안 디아스포라: 이주루트와 기억

2013년 4월 25일 초판 인쇄
2013년 4월 30일 초판 발행

지은이 | 임채완 선봉규 박경환 전형권 이장섭 허성태
펴낸이 | 이찬규
펴낸곳 | 북코리아
등록번호 | 제03-01240호
주소 | 462-807 경기도 성남시 중원구 상대원동 146-8
우림2차 A동 1007호
전화 | 02) 704-7840
팩스 | 02) 704-7848
이메일 | sunhaksa@korea.com
홈페이지 | www.bookorea.co.kr
ISBN | 978-89-6324-130-2 (93300)

값 17,000원

* 이 총서는 2010년도 정부재원(교육과학기술부 인문사회연구역량강화사업비)으로 한국연구재단의 지원을 받아 연구되었음(NRF-2010-413-B00009).
* This work was supported by the National Research Foundation of Korea Grant funded by the Korean Government(NRF-2010-413-B00009).
* 이 책은 환경보호를 위해 재생종이를 사용하여 제작하였으며 한국출판문화산업진흥원이 인증하는 녹색출판 마크를 사용하였습니다.
* 이 도서의 국립중앙도서관 출판시도서목록(CIP)은 서지정보유통지원시스템 홈페이지(http://seoji.nl.go.kr)와 국가자료공동목록시스템(http://www.nl.go.kr/kolisnet)에서 이용하실 수 있습니다.
(CIP제어번호: CIP2013013949)

전남대학교 세계한상문화연구 5차 총서 1

코리안 디아스포라: 이주루트와 기억

Korean Diaspora: The Migration Route and History in Memory

임채완 선봉규 박경환 전형권 이장섭 허성태 지음

북코리아

총서를 펴내며

이 연구총서는 전남대학교 세계한상문화연구단이 2010년도 한국연구재단 대학중점연구소지원사업으로 선정된 연구과제인 “민족분산과 지구적 소통으로서 디아스포라 연구” 중 제1단계 “동북아시아 민족분산과 문화영토”라는 3년간의 연구과정 중 제1차년도에 해당되는 내용으로 지난 1년간 수행한 연구결과를 엮어 출판한 것이다. 향후 중점연구는 계속해서 제2단계 3년간 “동북아시아 디아스포라의 초국가적 성격”, 제3단계 3년간 “디아스포라 공동체와 지구적 소통”이라는 연구주제로 총 9년에 걸쳐 수행될 예정이다.

주지하는 바와 같이 본 연구의 키워드인 ‘디아스포라’의 개념은 글로벌 시대 유행처럼 번지고 있는 초국적 민족이산과 인구의 이동현상을 포괄하는 보다 적극적이고 보편적인 개념으로 사용하고 있으며 활용범위가 점차 확대되고 있는 추세이다. 국내외 학계나 연구자들 사이에서도 인류의 초국가적 이동을 소위 ‘아래로부터의 지구화’를 추동하는 힘으로 인식하고 있는 바, 디아스포라를 새로운 지구화의 주체들로 평가하기 시작했다. 이처럼 디아스포라를 매개로 점점 국가간, 민족간 닫힌 장벽이 무너지고 있는 가운데 인류는 점차 세계주의적(Cosmopolitan) 보편성과 특수성이 상호 충돌하는 양상이 전개되고 있다.

이러한 시대적 배경과 더불어 본 연구단이 수행한 중점연구 제 1단계는 근 · 현대 동북아 디아스포라 공동체에 대한 역사적 · 문화인류학적 연구를 통해 이산의 경로와 문화영토를 학문적으로 재현하는 데 초점을 두었다. 이를 위해 근 · 현대 동북아 디아스포라(한인, 중국인, 일본인)들의 분산과정에서 형성된 디아스포라 이주루트(Diaspora Route)를 계보학(Genealogy)의 관점에서 지도화(Mapping)하고, 이주과정에서 형성된 그들의 경험과 기억을 '개별적 기억,' '집단적 기억과 영토의 재구성,' '(축제와 민속에 나타난) 문화의 재구성'이라는 세 가지 측면에서 접근하였다.

구체적으로 1단계 3년간의 연구수행 과정을 회고해 보면, 1년차는 동북아 민족 이산자들의 개별적인 월경 경험과 기억을 구술생애사 채록 등의 다양한 방법으로 자료를 수집하였다. 2년차는 1년차에서 연구한 디아스포라 민족분산에 관한 개인적 기억에 이어, 공간적 치환과정에서 경험한 집단적 기억을 재현하였다. 즉 이주자들이 거주국(Host Country)에서 어떻게 터를 잡고 재영토화 되었는지에 대하여 집거지 연구를 통해 조명하였다. 3년차는 동북아 디아스포라 공동체가 비교적 잘 보존된 연구대상 지역을 중심으로, 문화영토의 관점에서 축제와 민속문화자원을 수집하여 민속학적으로 해석하는 작업을 진행하였다. 이러한 연구결과를 토대로 이산의 땅에서 동북아 디아스포라 공동체 문화가 어떻게 집단적으로 향유되고 재현되고 있는지를 살피고자 하였으며, 3년간의 연구과정에서 수집된 연구성과물과 수집자료들을 아카이브 시스템으로 구축함으로서 후속연구에 활용할 수 있도록 배려하였다.

이번에 출판되는 제1단계 1차년도 총서는 『코리안 디아스포라: 이주루트와 기억』, 『화교 디아스포라: 이주루트와 기억의 역사』, 『일계인 디아스포라: 초국적 이주루트와 글로벌 네트워크』 등 총 3권으로 구성되어 있다. 향후 제1단계 3년간의 연구총서는 총 9권으로 구성하여 출간할 예정이다.

중점연구 제1단계 1차년도는 "동북아 디아스포라의 민족분산과 문화영토"라는 연구과제를 수행하는 과정에서 수집된 주요 연구성과 및 수집자료를 살펴보면 다음과 같다.

먼저 1차년도 연구는 문헌연구를 바탕으로 국내를 비롯하여 중국, 러시아, 일본, 동남아 화교권인 싱가포르, 말레이시아 등 연구 대상지역을 방문하여 문헌연구와 더불어 기초자료 수집에 주력하였다. 중점연구 세부팀별로 자료수집성과는 다음과 같다.

첫째, 한인팀은 일본 동경에 있는 '재일한인역사자료관'을 방문하여 문헌조사와 함께 재일한인 관련 사진 180건을 수집하였으며, 중국 흑룡강성을 방문하여 조선족의 이주 경로의 탐색 및 구술생애사 8건 채록, 조선족 관련 사진 50건을 수집하였다.

둘째, 화인팀은 화교 관련 문헌연구를 수집하기 위해 국내외 온오프라인 검색을 통한 국문자료 223건, 중문자료 135건, 영문자료 15건 등 총 373건의 문헌자료를 수집했다. 또한 중국 북경과 '샤먼대학 남양연구원'을 방문하여 화교 관련 단행본 176권을 수집하였으며, 이주기억에 대한 구술생애 조사도 병행하였다.

셋째, 일계인팀은 도쿄 요코하마에 소재한 일계인 '해외이주자료관(JICA)'과 오사카 시립박물관 및 고베 시립도서관을 방문하여 문헌자료수집, 일본 군마현 '오이즈미마치 일계인타운'의 현지조사를 통해 일계인 관련 사진자료 300건, 일계인 관련 문헌 및 기초자료 70건 등을 확보하였다.

끝으로 이 총서를 발간하기까지 물심양면으로 지원해주신 모든 분들에게 감사드린다. 먼저 중점연구사업의 일환으로 동북아 디아스포라 연구를 수행할 수 있도록 지원해주신 한국연구재단 관계자, 그리고 연구단이 주최

한 각종 국내 및 국제학술대회에 참석하여 유익한 조언을 마다하지 않은 국내외 디아스포라 전문가 및 학자, 마지막으로 연구단 홍보에 아낌없이 지원해주신 언론미디어 관계자 분들에게도 진심으로 감사드린다. 또한 불철주야로 연구단의 불을 밝히고 연구수행에 전념해준 공동연구원, 전임연구원, 연구보조원들에게도 진심으로 감사를 표하는 바이다.

2013년 4월

용봉골에서

전남대학교 세계한상문화연구단장 임채완

추천사

국제이주기구(IOM)에 의하면 현재 지구상에서 자신의 모국이 아닌 곳에서 살고 있는 사람은 약 2억 1천 4백 만 명이 넘으며, 33명 중 1명이 이에 해당한다. 이들은 이민, 노동, 망명, 결혼, 유학 등 다양한 목적으로 자의적이든 타의적이든 모국을 떠나 새로운 정착지에서 끊임없이 갈등하고 적응하면서 살아가고 있다. 특히 정보통신기술의 발달과 지구화의 심화에 따라 국가간의 교류가 활성화되고 상품과 자본, 인간의 이동이 초국가적으로 가능해짐에 따라 새로운 지구화의 주체로서 디아스포라(Diaspora)가 주목을 받고 있다.

글로벌시대 디아스포라는 모국과 거주국을 매개하는 초국적 행위자이면서 국가경쟁력을 강화하는 소중한 민족자산이다. 또한 국가의 품격 및 대외이미지를 높이는 민간외교관으로서의 역할도 담당하고 있다. 특히 화상·유대인상·인도인상 등에서 확인되듯이, 이들은 모국의 경제발전에 지대한 기여를 해오고 있다. 디아스포라는 국제사회에서 국가의 영향력을 확대해나가는데 유용한 자원으로 활용되고 있으며, 특히 다문화적이고 다언어적인 특성을 가지고 있어 각 국가들은 이들과의 네트워크를 형성하여 자민족의 경제·문화 영토를 세계로 넓혀가고 있다. 이와 같이 정치, 경제, 문화적 차원에서 디아스포라의 잠재적 가치가 확인되면서 학계에서도 이들에 대한 학문적 탐구가 이루어지고 있다.

이러한 시기에 국내외적으로 디아스포라연구의 선도적 역할을 수행하고 있는 전남대학교 세계한상문화연구단이 동북아지역에서 서로 떼려야 뗄 수 없는 관계를 형성하고 있는 한국, 중국, 일본 디아스포라들의 초국가적 이주와 적응, 문화 등에 나타난 특성을 규명하기 위해 세 권의 연구총서를 발간하게 되었다. 이에 재외동포 업무를 주관하는 책임자로서 임채완 단장과 연구단 소속 교수 및 연구원들에게 이 책의 출판에 대해서 심심한 축하를 보낸다.

총 3권으로 발간된 이번 총서는『코리안 디아스포라 : 이주루트와 기억』,『화교 디아스포라 : 이주루트와 기억의 역사』,『일계인 디아스포라 : 초국적 이주루트와 글로벌 네트워크』등으로 구성되어 있다. 이번 총서는 근·현대 동북아 디아스포라(한인, 화인, 일계인)가 당대 역사의 질곡 속에서 새로운 세계를 향한 '길'의 여정과 그 위에서 겪은 그들의 '경험'을 학술적으로 재현하는데 초점을 두고 기획된 것이다.

한국사회에서 디아스포라 혹은 재외동포를 연구하는 학자들이 지금까지는 주로 특정 국가의 재외동포 — 코리안, 유대인, 인도인, 화인 등 — 을 대상으로 그들의 문화, 역사, 경제, 정치, 교육 등에 대해 연구를 진행해왔다. 하지만 이 연구총서는 코리안, 화인, 일계인 등 동북아 디아스포라를 연구대상으로 하여 그들의 민족분산과 디아스포라적 경험에 대해 비교연구를 수행하고 있다는 점에서 디아스포라 연구의 영역을 확산시키는 중요한 계기를 제공하고 있으며, 동시에 디아스포라 연구의 수준을 한 단계 높였다고 평가된다.

이 총서는 무엇보다도 거주국에서 소수자로서 살아가야 하는 디아스포라의 삶과 경험을 기록하고 있다는 점에서 우리들에게 많은 시사점을 주고 있다. 한국사회는 1980년대 이후 경제가 급속히 성장하면서 아시아 각국의 노동자들이 들어왔으며, 1990년대부터는 국제결혼이 급격히 증가하면서 다문화가정이 늘어나고 있다. 2012년 현재 재외동포를 포함한 국내 체류 외국인은 140여만 명에 달한다. 이제 우리나라는 외국인 노동자 · 결혼이민자 · 외국인 주민자녀 · 외국 국적 동포 · 유학생 · 혼인 귀화자 등과 함께 더불어 살아가는 다문화사회로 진입하고 있다. 이러한 맥락에서 세 권의 총서는 디아스포라에 대한 우리 사회의 인식론적 패러다임을 전환하고 다민족 · 다문화시대에 걸맞은 소통과 융합담론을 활성화시키는 데 크게 기여할 것으로 생각된다.

끝으로 이 총서가 재외동포 및 이주민들에 대한 법적 · 정책적 지원 방안을 수립하고, 트랜스내셔널 시대에 맞춰 디아스포라 자원의 효율적 활용을 위한 전략을 수립하고, 디아스포라 연구의 지평을 확대하는 데 널리 활용될 수 있도록 적극 추천하는 바이다.

2013년 4월

재외동포재단 이사장 김경근

| 서 문 |

한민족의 해외이주는 19세기 중엽 러시아 연해주지역을 시작으로 중국의 만주지역, 일본 및 사할린, 하와이 및 미국, 멕시코 · 쿠바 등의 중남미 지역으로 확산되었다. 당시 대부분의 한인들은 모국의 정치 · 경제적 상황으로 인해 자신의 의지와는 무관하게 디아스포라적 삶을 살아가게 되었다. 국민국가 형성 이후에는 전쟁고아, 혼혈아, 입양, 유학 등 다양한 동기로 미국 본토에 본격적으로 이주하였다. 1966년부터 1977년까지는 한국과 서독 정부가 특별고용계약을 맺은 관계로 광부와 간호사들이 서독으로 파견되어 정착하기에 이르렀다. 최근에는 사업, 자녀교육, 거주 등의 목적으로 세계 모든 국가를 대상으로 이주하여 살아가고 있다.

2011년 현재 외교통상부 자료에 의하면, 세계에 거주하고 있는 해외한인(영주권자, 시민권자, 일반체류자, 유학생 포함)들은 7,268,771명이다. 그중 중국과 일본을 포함한 아주지역에 절반이 넘는 4,063,220명이 살고 있으며, 미주지역에는 2,521,470명(34.7%), 독립국가연합(CIS)을 포함한 구주지역에 656,707명(9.0%), 중동지역 16,302명(0.2%), 아프리카지역 11,072명(0.1%)이 거주하고 있다. 이처럼 해외한인들은 세계 170여 개 국가에서 한민족의 정체성을 유지하고 모국과의 연계를 맺으면서 살아가고 있다.

이러한 코리안 디아스포라의 이주현상에 대하여 전남대학교 세계한상문화연구단(이하 연구단)은 "민족분산과 지구적 소통으로서 디아스포라 연구" 주제로 한국연구재단의 2010년도 대학중점연구소지원사업에 선정되어 연구를 시작하게 되었다. 제1단계에서는 "동북아시아 민족분산과 문화영토"라는 주제로 연구가 수행되고 있으며, 이 책은 제1단계 1차년도 연구내용으로 "근 · 현대 해외한인의 이주루트와 기억의 역사"를 학문적으로 규명하는데 초점을 두고 있다. 이 책은 근·현대라는 역사적 공간에서, 특히 동북아시아지역(중국, 러시아 연해주, 일본, 사할린 등) 한인들의 이주과정에서 형성된 디아스포라 루트(Diaspora Routes)를 지도화하고, 이 루트를 따라 정착하게 된 코리안 디아스포라의 경험과 기억을 재현하는데 역점을 두었다. 이러한 목적을 달성하기 위해 연구팀은 중국 흑룡강성(하얼빈시, 상지시), 러시아 연해주(우수리스크, 블라디보스토크), 일본(도쿄, 오사카), 경기도 오산시와 충청남도 천안시 등 현지조사와 함께 이주와 관련된 기초자료(가계도, 편지, 사진 등)을 수집하고 개별적인 월경 경험 및 기억과 관련된 구술사료를 채록·정리하였다.

이 책은 동북아시아에 거주하는 코리안 디아스포라를 대상으로 그들의 이주역사, 이주과정, 이주루트, 디아스포라적 경험 등을 재조명함으로써 한민족의 해외이주 역사와 디아스포라적 삶에 대한 유익한 자료를 제공할 것이다. 아울러, 한국 사회에서 살아가고 있는 수많은 디아스포라(이주노동자, 결혼이주여성 등)에 대한 사회적 인식을 전환하고 담론을 활성화시키는 데 기여할 것으로 기대한다.

끝으로 국내외 현지조사과정에서 유익한 정보 제공과 자료수집에 도움을 준 많은 분들에게 감사의 마음을 전한다. 먼저, 러시아 연해주 고려인재생기금 김빅토르 부회장님, 우수리스크사범대학의 정승기 선생님, 우수리스크 아시아태평양신학연구소 이기영 소장님, 중국 흑룡강신문사 한광천 사장님, 흑룡강신문사 박백림 부장님, 하얼빈시조선족노인협회 김종운 고문님, 오산시사할린한인회 손창현 회장님, 천안시사할린한인회 임태식 회장님, 이 외에도 귀중한 시간을 내어 인터뷰에 협조해주신 한인 여러분들께 진심으로 감사드린다. 그리고 중국 흑룡강성 조선족, 러시아 연해주 고려인, 영주귀국 사할린 한인의 구술자료 수집 및 정리에 많은 시간을 할애해 준 연구단의 이소영 연구보조원, 정소영 연구보조원, 김나경 연구보조원, 이춘호 연구보조원에게도 감사를 드린다. 끝으로 이 책을 출간해 주신 북코리아 이찬규 사장님과 편집진 여러분께도 깊은 감사의 말씀을 올린다.

2013년 4월

공동저자 일동

차 례

표 차례

그림 차례

사진 차례

I

머리말

1. 연구의 필요성 및 목적

오늘날 우리는 '이주의 시대'에 살고 있다. 유엔경제사회국(UNDESA, United Nations Department of Economic and Social Affairs) 통계에 따르면, 2010년 현재 지구상 자기가 태어난 땅을 떠나 다른 나라에 살고 있는 사람은 2억 1천 4백만 명인 것으로 추정되고 있다.[1] 이는 전 세계 인구의 3.1%에 해당하며, 33명 중 한 명이 이주자인 셈이다. 이들은 이민, 노동, 망명, 결혼, 유학, 방문 등 다양한 목적으로 자의적이든 타의적이든 모국을 떠나 다른 나라에 살고 있다.[2] 역사적으로 전개된 민족단위의 이산은 이주를 둘러싼 정치, 경제, 사회, 문화적 맥락 등으로 인해 주된 관심의 대상이 되었다. 1990년대 이후 학계에서는 이러한 이산을 '디아스포라(diaspora)'라는 개념 틀로 접근하는 경향이 나타났다.[3]

역사적으로 디아스포라의 개념은 그리스인(Greek)과 유대인(Jewish)의 두 민족분산을 가리키는 말로 사용되어 왔다.[4] 그러다가 1990년대에 들어와서 과거 유대인의 역사적 경험뿐만 아니라 다른 민족들의 국제이주, 망명, 난민, 이주노동자, 망명자 공동체, 소수민족 공동체, 초국가적 민족공동체 등

---

1 유엔경제사회국 홈페이지(http://esa.un.org/migration/index.asp?panel=1, 검색일: 2011년 9월 5일).

2 윤인진, "재외한인연구의 발전과 미래 과제", 윤인진 외 『재외한인 연구의 동향과 과제』 (서울: 북코리아), 2011, p.21.

3 전형권 · 이소영, "사할린 한인의 디아스포라 경험과 이주루트 연구", 『OUGHTOPIA』, 27권 1호, 2012, p.136.

4 디아스포라라는 말은 어원상 크게 두 가지 의미를 지니고 있다. 그리스어에서 유래된 한 뜻은, 씨를 뿌린다는 말 speiro와 멀리 떨어진 곳을 의미하는 전치사 dia가 합해져서 먼 곳으로 이민, 원격지 이동을 의미한다. 역사적으로 다양한 정치적 · 경제적 요인에 의해 추동되었던 전 지구적 인구이동 현상이나 식민화 현상을 지칭하는 것이다. 다른 하나의 뜻은, '바빌론포로생활' 때의 유대인의 역사적 경험과 관련되어 있는 것으로, 한 민족이 강제적으로 집단적 이주를 당하게 되는 현상을 가리킨다. 이 경우 디아스포라는 망명지의 고통, 그로 인한 집합적 상흔과 모국에의 갈망과 같은 사회심리적 차원을 내포한다. 이처럼 디아스포라는 이민이나 국제적 인구이동을 뜻하는 말로 사용되기도 하고, 강제이주나 비극적 종족이산의 경험을 지칭하는 말로 사용되기도 한다. 박명규, "한인 디아스포라의 사회학적 함의," 최협 외 편, 『한국의 소수자, 실태와 전망』 (파주: 한울), 2004, p.160.

을 아울러 지칭하는 포괄적인 개념으로 사용되고 있다. 즉, 같은 민족적인 기원을 지닌 사람들이 여러 나라에 흩어져 살게 되거나, 해외에 흩어져 살고 있으면서 민족에 대한 귀속의식과 동일한 신념체계를 지닌 사람들을 지칭하는 광범위한 의미로 사용되고 있다.

현대적 의미의 디아스포라는 사실 근대 국민국가의 탄생과 더불어 시작되었다고 할 수 있다. 근대성(modernity)이 국민국가를 중심으로 제도화되는 과정에서 배제와 차별의 구조, 즉 중심과 주변으로 이분되는 지리적 · 사회적 공간의 구획과 인간(민족 혹은 인종)에 대한 다양한 형태의 인식상의 경계를 만들어낸 것이다.[5] 특히 근대 제국주의와 식민주의 정책으로 수많은 난민, 망명자, 이주노동자, 소수민족공동체 등이 생겨났다. 앤더슨(Benedict Anderson)은 '상상의 공동체(imagined communities)'인 단일민족국가가 디아스포라의 삶을 볼모로 내몰았다고 보았다.[6] 재일조선인인 서경식은 디아스포라는 근대 국민국가의 틀로부터 내던져진 존재로 인식하면서 '근대 이후'를 살아갈 인간의 존재 형식이라 보고 있다.[7]

오늘날 정보통신기술의 발달과 함께 지구화 혹은 세계화의 확산으로 국가간의 교류가 활성화되면서 상품과 자본, 그리고 인간의 이동이 급증하고 있는 추세이다. 이러한 초국가적 이동은 탈영토적이고, 다문화적이며, 다언어적인 특성을 가진 '초국가적 행위자(transnational actors)'로서의 디아스포라에 대한 학문적 관심을 불러일으키게 되었다. 탈근대 · 초국가시대는 인간의 자유로운 월경을 특징으로 하여, 모든 국가의 구성원들이 자유롭게 자국의 국경을 넘어 세계 곳곳에서 새로운 삶의 터전을 마련하면서 점차 '세계인(cosmopolitan)'이 되어가고 있다. 그러면서도 민족, 정체성, 디아스포라는 여

---

5 이상봉, "디아스포라와 로컬리티 연구: 재일코리안을 보는 새로운 시각," 『한국민족문화연구』 18, 2010, p.107.

6 Benedict Anderson, *Imagined Communities: Reflections on the Origin and Spread of Nationalism* (London: Verso, 1991), 윤형숙 역, 『상상의 공동체: 민족주의의 기원과 전파에 대한 성찰』 (서울: 나남출판), 2002.

7 서경식 저, 김혜신 옮김, 『디아스포라 기행: 추방당한 자의 시선』 (파주: 돌베개), 2006, p.6.

전히 지구화시대 인간의 사고와 행동의 중요한 준거로 작동하고 있다.

초국가시대의 디아스포라는 근대 민족국가의 식민지 정책에서 배태되어 정착국의 '경계 짓기'와 타자화 기제에서 차별과 박해를 받고 살아온 근대성의 결과인 동시에, 소수자로서 '차이'의 인정과 다중정체성(multiple identities)이라는 탈근대성을 희구하며 살아가고 있는 존재이다. 즉, 디아스포라의 존재적 의의는 정착지에서의 경계 짓기와 배제로 인해 모국에 대한 상상과 함께 '귀환의 신화'를 꿈꾸는 동시에 초국가적이고 탈영토화된 장소에서 끊임없이 월경하는 사유와 정체성을 지니며 살아가는 것이다. 이러한 의미에서 디아스포라는 '국민'이나 '민족'이라는 개념의 틀 바깥에서 살아가는 존재이다. 요컨대, 초국가적이고 탈영토적인 사회영역에서 자리 잡은 디아스포라는 근대적 경계와 지구적 소통을 동시에 경험하면서 살고 있다.

이와 같은 디아스포라의 사례들은 인류역사에서 쉽게 찾아볼 수 있다. 대표적으로 유대인들의 역사적 경험과 처지는 디아스포라의 전형으로 회자되고 있다. 또한 오늘날 다문화사회의 전형으로써 미국사회는 이주의 역사 그 자체이다. 원주민들이 사는 땅에 유럽 백인들의 이주가 있었고, 곧바로 아프리카에서 수많은 흑인 노예들이 이주해왔다. 아울러 유럽의 경우도 이주 현상이 발생하였고, 디아스포라 현상이 일상화되었다.

한민족의 경우도 근·현대사에서 디아스포라를 경험했다. 대표적으로 연해주에서 중앙아시아로 강제 이주당한 사람들, 두만강과 압록강을 넘어선 조선족들, 일제강점기 강제징용 된 재일코리안과 사할린 한인들이 여기에 해당한다. 한국인이 전 지구적 수준에서 확산되어 존재하고 있다는 사실 자체가 관심의 대상이 된 것은 비교적 최근의 일이다. 세계 170여 개국에 분포한 7백여만 명의 재외한인들은 대부분이 미국, 중국, 일본, 러시아 등 시장 규모가 크고 강대국으로 꼽히는 국가에 집단적으로 거주하고 있다. 한국의 재외동포는 모국 인구 대비 10%에 해당하며, 절대규모로 본다면 세계에서 여덟 번째로 큰 이산민족 집단이다.

이 책의 목적은 근·현대시기 동북아지역 한인들의 이산과정에서 형성된 디아스포라 이주루트(diaspora routes)를 지도화하고, 이 루트를 따라 형성된 한인 디아스포라의 경험과 기억을 재현하는 데 있다. 구체적으로 동북아 지역 한인들이 어떠한 배경하에서 초국가적 이주를 하게 되었는지를 검토하고, 이들의 원초적 이산경로를 위시하여 유입국에서의 재이주 경로, 그리고 해외로의 이주 및 모국으로의 귀환 이주 등을 둘러싼 이주경로들을 지도화하고자 한다. 또한 이주와 정착과정에서 겪은 디아스포라적 경험이 한 개인 혹은 집단의 기억 속에서 어떻게 투영되고 있는지를 추적하고자 한다. 이를 통해 동북아시아지역에 거주하고 있는 코리안 디아스포라의 역사적 · 문화적 기원과 그 성격을 밝혀내고자 한다.

2. 연구의 내용 및 방법

1) 연구내용

한국에서 디아스포라에 관한 학문적 논의는 비교적 매우 짧은 역사를 가지고 있다. 특히 재외한인에 대한 연구는 1960년대에서부터 간헐적으로 이루어져오다가 1990년대에 들어서면서 본격화되었다. 2003년부터 2006년까지 학술진흥재단 인문사회분야 기초연구과제 "세계한상네트워크와 한민족문화공동체 기초 조사연구"를 수행한 전남대학교 세계한상문화연구단에 의해 생산된 연구총서 33권과 관련 논문 약 70여 편을 비롯해 재외한인학회 및 문화인류학 · 사회학 · 정치학 · 역사학 · 교육학 · 문학 등 비교적 다방면에서 많은 연구 성과물을 축적해왔다.[8]

---

8 한국교육학술정보원이 제공하는 학술연구정보서비스(RISS)의 학위논문검색결과를 보면, 1969년에 1편이 간행되었으며, 1997년 이후부터는 매년 20여 편 이상의 석 · 박사학위논문이 간행되고 있다. 2009년까지의 간행 건수는 526건으로 나타났다. 전문학술지 논문은 1959년 4건이 출판되기 시작하여 2009년 현재 총 1,340여 건에 달하는 것으로 조사되었다. 윤인진, "재외한인연구의 발전과 미래 과제," 『재외한인 연구의 동향과 과제』 (서울:

이러한 선행연구에 나타난 재외한인 디아스포라 연구의 특징들을 요약하면 다음과 같다. 첫째, 혈연적·문화적 동질성을 근거로 이주민족을 '민족공동체'의 시각에서 모국과의 관계를 중요한 문제로 다루는 것이다. 이러한 관점에서 시도된 연구들은 주로 민족문화, 생활양식, 모국의식, 민족정체성, 민족교육, 재외동포활용론, 세계민족공동체 건설론 등이 해당된다. 둘째, 거주국 내의 소수민족으로서 이주자들의 적응(adoption)과 차별(discrimination) 경험 및 독자적 존재성을 강조하는 '소수자(minority)' 시각에서, 지배민족과 이주 소수민족 간의 관계를 연구하는 데 초점이 맞추어져 있다. 셋째, 이주자들이 이산과정에서 겪는 비극적 경험 등 비자발적 이산에 초점을 맞추어, 이들의 이산과정에서 일어나는 집단적 상흔(trauma) 및 유입국에서의 소외 경험, 모국에 대한 헌신과 충성, 귀환의식 등을 주요 문제로 다루는 것이다. 이와 같은 선행연구에서 나타난 한계점은 디아스포라의 언어, 사회적응, 역사, 정치, 경제 등에 대한 평면 기술적 연구가 주를 이루었고, 분절적으로 이루어져왔다는 점이다.

이 책은 한국연구재단 2010년도 대학중점연구소지원사업 "민족분산과 지구적 소통으로서 디아스포라 연구"의 1단계 1차년도 연구총서로써, 동북아시아지역 코리안 디아스포라의 이주루트(diaspora routes)를 발굴·지도화하고, 코리안 디아스포라의 역사적 성격을 규명하는 데 그 목적이 있다. 이주루트는 본질적으로 공간적 개념을 내포하고 있다. 즉 이주루트는 이주자들의 이주대상지와 동기에 따른 공간적 이주경로라 할 수 있다. 이 책에서는 일차적으로 공간적 요소를 기준으로 동북아 코리안 디아스포라의 이주루트를 명명하고, 때로는 이주의 성격을 반영하는 방법으로 이주루트를 명명하고자 한다.

이주루트는 민족이산의 송출국과 유입국의 경계를 따라 형성된 역사적 실체이다. 이 역사적 실체에 대한 분류와 유형화는 지역별 재외한인들의 이주배경과 역사, 정착지에서의 커뮤니티 형성에 대한 기초적 정보를 제공한

북코리아), 2011, pp.25-34.

다는 점에서 중요한 작업이 될 것이다.

그런데 지금까지 재외한인의 이주에 대한 연구들은 대부분 전체적인 역사적 사실을 규명하는 데 집중되었으며, 유입국 내에서 겪는 경험과 의식에 주목하다 보니 재외한인들의 총체적인 이주경험을 밝히는 데 한계가 있었다고 본다. 따라서 이제는 역사적 사실성을 확인해낼 수 있는 개별 디아스포라의 경험과 기억을 재현할 필요성이 제기된다. 이러한 맥락에서 이 책에서는 당시의 이주와 적응에 얽힌 이야기를 기억하고 있는 재외한인들의 입을 통해 그동안 추상화되기 쉬운 그들의 디아스포라적 경험을 재현하고자 한다. 이 책에서는 중국 동북3성지역의 조선족과 연해주 고려인들을 중심으로 한인 원로세대들을 대상으로 이산과 정착과정에 걸쳐 자신 혹은 선조의 역사적 경험에 대한 구술생애사를 채록, 정리하였다. 보완적 차원에서 영주귀국한 사할린 한인들을 대상으로 구술조사를 실시하였다.

2) 연구방법

이 책의 연구대상은 동북아시아에 거주하고 있는 한인들이다. 2011년 현재 해외한인 7,268,771명 중 동북아시아 지역인 중국에는 270만 4,994명이 거주하고 있으며, 일본에는 90만 4,806명, 러시아 극동지역 및 사할린에는 5만 8,518명이 거주하고 있다. 이들 지역은 근·현대시기 대표적인 코리안 디아스포라의 유입국이면서 한인 공동체 및 문화원형이 비교적 온전하게 보존된 지역이기도 하다. 구체적인 연구조사 지역은 이들 디아스포라의 공

〈표 1〉 연구 조사지역

구분	조사지역
중국조선족	흑룡강성 하얼빈시, 상지시
러시아 연해주 고려인	우수리스크시, 블라디보스토크시
재일코리안	도쿄, 오사카
영주귀국 사할린 한인	천안시, 오산시

동체 및 이산자들이 소통하고 있는 주요 글로벌 시티를 대상으로 하였다.

이 책에서 사용된 연구방법을 제시하면 다음과 같다.

첫째, 문헌연구이다. 동북아시아 코리안 디아스포라 이주사와 역사적 경험, 그리고 이주루트에 관한 도서·논문·사진 등을 수집, 발굴하여 코리안 디아스포라의 역사적 기원을 규명하는 데 기초자료로 활용하고자 한다.

둘째, 현지조사이다. 연구대상 지역(중국 흑룡강성, 러시아 연해주, 일본 도쿄, 오사카, 경기도 오산시, 충청남도 천안시)을 방문하여 코리안 디아스포라의 이주경로 및 정착지에서의 생활, 상징적인 기념물(장소) 등을 조사, 수집하였다. 중국조선족에 대한 현지조사는 2011년 8월 7일부터14일까지 이루어졌다. 러시아 연해주 현지조사는 2012년 2월 13일부터 20일까지 수행되었다. 재일코리안에 대해 현지조사는 2011년 2월 1일부터 11일까지 진행되었다. 사할린 한인에 대한 현지조사는 연구재원 등을 고려하여, 2011년 8월 23~26일, 11월 5~6일 등 두 차례에 걸쳐 경기도 오산과 충청남도 천안에 거주하는 영주귀국 사할린 한인들을 대상으로 실시하였다.

셋째, 구술사(oral history) 연구이다. 구술증언은 한 개인이 과거의 특정사건이나 경험을 현재로 불러내어 서술하는 것이고, 구술생애사는 구술증언과 달리 한 개인이 태어나서부터 현재까지 살아온 경험을 현재로 불러내어 서술하는 것을 말한다.[9] 구술생애사는 한 개인의 살아온 이야기이기 때문에, 그 안에는 자신이 직간접 경험한 특정사건에 대한 구술증언이 포함되기도 한다. 이 책에서는 구술생애사(oral life history)를 통해 코리안 디아스포라의 이주 역사 및 정착과정에서 경험한 생생한 기억들을 재현하고자 한다. 이 책에서 동북아시아 코리안 디아스포라의 삶과 경험을 재현하기 위해 구술조사를 실시하였는데, 구술조사 참여자의 구체적인 인적사항은 〈표 2〉와 같다.

---

9 윤택림·함한희, 『새로운 역사쓰기를 위한 구술사 연구방법론』(서울: 아르케), 2006, p.58.

〈표 2〉 구술조사 참여자 현황

연번	구분	성명	성별	출생 년도	출생지	거주지
1	중국 조선족	김OO	남	1933	평안북도 의주군	흑룡강성 하얼빈시
2		백OO	남	1931	평안북도 태천	흑룡강성 하얼빈시
3		한OO	남	1938	강원도 고성군	흑룡강성 하얼빈시
4		최OO	남	1927	흑룡강성 영길현	흑룡강성 하얼빈시
5		김OO	남	1930	충북 영동군	흑룡강성 하얼빈시
6		한OO	남	1940	황해도 옹진군	흑룡강성 상지시
7		이OO	남	1936	경북 의성군	흑룡강성 상지시
8		김OO	여	1934	경북 안동군	흑룡강성 하얼빈시
9	러시아 연해주 고려인	고OOOOO	남	1928	빨치산스크	우수리스크
10		김OO	남	1925	우수리스크	우수리스크
11		김OO	여	1929	하바로프스크	우수리스크
12		김OOOO	여	1940	아스트라한	우수리스크
13		박OOO	여	1927	올가	우수리스크
14		백OO	여	1943	우즈베키스탄 타쉬켄트	우수리스크
15		이OOO	여	1929	아무르	우수리스크
16		최OOOOO	남	1929	올가	우수리스크
17		강OOO	여	1927	하바로프스크	우수리스크
18	영주 귀국 사할린 한인	김OO	남	1927	경상남도	경기도 오산시
19		강OO	남	1931	경상남도	충청남도 천안시
20		임OO	남	1936	충청남도	경기도 오산시
21		서OO	여	1942	사할린	경기도 오산시
22		안OO	여	1942	사할린	충청남도 천안시
23		권OO	여	1944	사할린	충청남도 천안시
24		정OO	여	1944	사할린	충청남도 천안시
25		하OO	여	1947	사할린	충청남도 천안시

이 책은 근 · 현대시기 동북아지역 한인들의 이산과정에서 형성된 디아스포라 이주루트(diaspora routes)를 지도화하고, 이 루트를 따라 형성된 코리안 디아스포라의 경험과 기억을 재현하기 위해 현지조사와 더불어 심층면접조사를 통한 질적연구를 중심으로 정리하였다. 이 책은 총 다섯 개의 장

으로 구성되어 있다.

제1장은 이 연구를 수행하게 된 필요성과 목적, 그리고 연구내용과 연구방법에 대하여 서술하였다.

제2장은 동북아시아 코리안 디아스포라의 이주루트를 연구하기에 앞서 국제이주의 다양한 요인과 디아스포라에 대한 개념 및 유형에 대해 정의하였고, 코리안 디아스포라의 이주 과정과 지역 분포 현황에 대해 개괄적으로 서술하였다.

제3장은 동북아시아지역에 거주하고 있는 코리안 디아스포라(중국조선족, 러시아 연해주 고려인, 재일코리안, 사할린 한인)의 이주루트를 지도화하는데 중점을 두었다.

제4장은 동북아지역에 거주하고 있는 한인들이 이주과정에서 겪은 디아스포라적 삶과 경험을 구술사 연구방법을 활용하여 재현하였다. 구체적으로 중국조선족, 러시아 연해주 고려인, 사할린 한인 등 스물 다섯 명의 디아스포라적 삶과 경험을 자세히 소개하였다.

제5장은 동북아시아 코리안 디아스포라의 이주루트와 기억 연구에 대해 요약 및 결론을 제시하였으며, 이 책의 한계와 향후 연구과제에 대해서도 서술하였다.

II

국제이주와 코리안 디아스포라

1. 국제이주와 디아스포라

스토커(Stalker)가 적절히 지적했듯이, 지구 상의 어떤 민족도 한 장소에서만 붙박여 있었다고 할 수 없다.[1] 국제이주(international migration)는 인간이 한 국가에서 다른 국가로 이동하는 과정이다. 통상적으로 이주를 촉진 또는 억제시키는 요인은 크게 세 가지로 나눌 수 있다.[2]

먼저, 경제적 요인으로 이주의 송출국과 유입국의 경제적 상황은 이동의 결정에 필수불가결한 요소이다. 구체적으로 송출국의 요인은 경제침체, 실업증가, 저소득, 낮은 생활수준 등이며, 유입국의 요인은 경제호황, 풍부한 고용기회, 수준 높은 삶의 질 등이 이에 해당된다. 둘째, 사회적 · 인구학적 요인으로 연령, 학력, 문화와 언어의 유사성, 사회적 연결망, 만성적인 이동 경향성 등이 포함된다. 마지막으로 지리적 요인은 기원지와 목적지의 이동 거리, 지형, 기후, 바다와의 접근성 등이 있다. 그런데 일상적이지는 않지만 세계 도처의 많은 사례에서 볼 수 있듯이 송출국에서의 강제 또는 강요에 의해 발생하는 강제적 인구이동(forced migration)이 있다. 강제적 이주의 배경에는 전쟁, 독재자의 박해, 극한의 경제적 궁핍 상황, 종교 및 인종갈등, 추방 등이 있다. 이러한 이주는 한 개인에게만 적용되거나, 가족 또는 민족 집단 전체에 적용되기도 한다. 강제 이주자들은 합법 및 불법 이주자 또는 난민이나 망명자로 다른 국가에 유입된다. 이러한 내용을 도식화하면 〈그림 1〉과 같이 나타낼 수 있다.

이 같이 다양한 환경과 동기에서 출발한 이주민들을 어떻게 유형화할 수 있는가? 스토커는 이주민들이 이동하게 된 경위와 방식에 따라 다섯 가지로 분류하였다. 새로운 나라에 영구히 거주하고자 하는 정착민(settler), 단기간만

---

1 P. Stalker, *The No-Nonsense Guide to International Migration*, 김보영 옮김, 『국제이주』(서울: 이소출판사), 2004, p.15.

2 Richard P. Greene & James B. Pick, *Exploring the Urban Community: A GIS approach*, 신정엽 외 옮김, 『도시의 탐색: 도시공간이론과 GIS를 활용한 공간분석』(서울: 시그마프레스), 2011, pp.283-286.

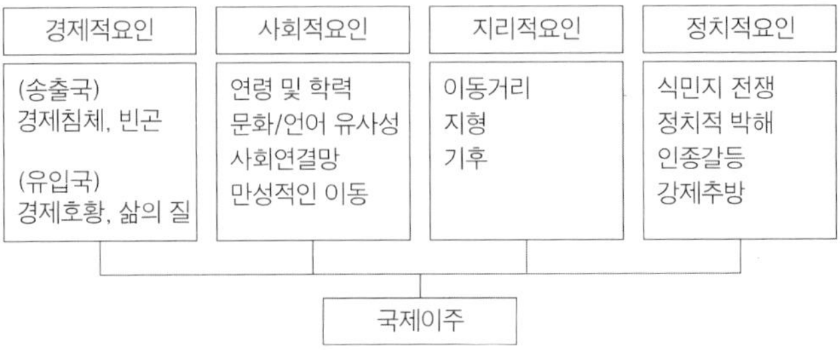

〈그림 1〉 국제이주의 다양한 요인들

체류한다는 전제하에 입국하는 계약노동자(contract worker), 다른 나라에서 일하는 초국적 기업의 전문직 종사자(professional), 주로 불법이주자들인 미등록 노동자(undocumented worker), 그리고 난민과 망명신청자(refugee and asylum seeker)이다.[3] 전형권은 스토커의 다섯 가지 유형의 분류방식이 상당부분 모호하고 중첩되는 부분이 있어, 최근까지의 사례를 포함하여 이주의 유형을 새롭게 제시하였다.[4] 노동형 이주는 이주의 합법성 여부에 따라 합법 노동이주와 불법 노동이주로 구분된다. 전문직 이주는 주로 IT산업, 금융직, 회계업무 등에 종사하는 숙련노동자이거나 전문가들이다. 여성이주는 국제결혼을 통해 이주하는 여성이거나 성산업 종사자들이다. 투자형 이주(유학 포함)는 사업 및 유학 등을 목적으로 자발적으로 이주하는 사람들이다. 가족이주는 가족단위로 이동하여 영구히 해외에서 새로운 삶을 개척하기 위해 이주하는 사람들이다. 정치, 경제적 이유로 하는 이주는 도피형 이주(난민, 망명신청자)이다.

그런데 이주민이 거주국의 사회에 적응하는 과정에서 정치적·경제적·사회적 특성에 의해 인종, 국적, 교육, 문화, 종교, 젠더 등 다양한 영역에서 많은 문제들을 불러일으킨다. 특히 근대 국민국가가 내세우는 혈통주의와 민족주의로 인해 이주자는 같은 민족임에도 불구하고 수많은 국적과 언어로

---

3 P. Stalker, *The No-Nonsense Guide to International Migration*, 김보영 옮김, 『국제이주』 (서울: 이소출판사), 2004, pp.15-18.

4 전형권, “국제이주에 대한 이론적 재검토: 디아스포라 현상의 통합모형 접근”, 『한국동북아논총』 13집 4호, 2008, pp.262-264.

구분되고 세계 곳곳에서 디아스포라적 삶을 살아가고 있다.

이 점에서 국제이주는 근대적 의미의 민족분산 즉 디아스포라 현상과도 밀접한 연관을 맺는다. 디아스포라는 역사적으로 고대 그리스인들의 소아시아와 지중해 연안지역의 식민지 건설, 기원전 6세기경 약 50여 년 동안 바빌론에서의 유대인의 역사적 경험들을 뜻하는 의미로 사용되었다. 디아스포라는 우리말로 민족분산(民族分散) 또는 민족이산(民族離散)으로 번역되는데, 1990년대에 들어서 디아스포라 연구가 활발해지면서 유대인의 경험뿐만 아니라 다른 민족의 국제이주, 망명, 난민, 이주노동자, 민족공동체, 문화적 차이, 정체성 등을 아우르는 포괄적인 개념으로 사용되고 있다.[5]

디아스포라라는 용어가 사회과학적으로 연구되고 활용되는 데 중요한 역할을 한 사프란(Safran)은 디아스포라를 "국외로 추방된 소수집단 공동체(expatriate minority communities)"로 정의했고, 디아스포라는 다음의 여섯 가지 특징을 갖는다고 하였다.[6] ① 그들 혹은 그들의 선조가 원거주지로부터 둘 또는 그 이상의 외국으로 분산, ② 원래의 조국 땅에 대한 집합적 기억, 비전, 신화 유지, ③ 거주국 사회에서 완전히 수용되거나 받아들여질 수 없을 것이라는 소외감, 고립감, ④ 조상의 모국을 진정한 이상적인 고향으로 여겨 궁극적으로 되돌아가야 할 땅으로 간주, 즉 귀환 의지, ⑤ 모국의 안전과 번영을 위해 집단적 헌신, ⑥ 모국과의 관계에서 연대를 중시하는 것 등이다.

코헨(Cohen)은 사프란의 정의를 바탕으로 디아스포라에는 9가지의 공통 요소들이 존재한다고 하였다.[7] 구체적으로 개인의 자발적 선택과는 무관한 비극적 이산, 노동·상업·식민활동을 통한 집단이주, 집합적 기억과 모국에의 신화, 조국에 대한 이상화, 귀환운동의 존재, 장기간에 걸친 강한 종족적 집단의식의 유지, 거주국 사회와의 불편한 관계, 다른 사회에 거주하는

---

5 윤인진, 『코리안 디아스포라: 재외한인의 이주, 적응, 정체성』 (서울: 고려대학교출판부), 2004, p.5.

6 William Safran, "Diasporas in modern societies: Myths of homeland and return", *Diaspora* 1(1), 1991, pp.83-84.

7 Robin Cohen, *Global Diasporas: An Introcuction* (London: UCL Press), 1997, p.26

동일 종족집단과의 연대의식, 다원주의적 거주국에서라면 독창적이고 풍요로운 삶을 살 수 있을 가능성 등이다.[8]

디아스포라의 국제이주는 기원국(송출국)과 숙주국(유입국)의 정치 · 경제 · 사회적 요인, 즉 배출요인(push factor)과 흡인요인(pull factor)에 의해 설명된다.[9] 송출국에서는 빈곤, 낮은 임금, 높은 실업률, 정치적 탄압 등의 배출요인이 존재하고 유입국에서는 인력난, 폭넓은 취업기회, 높은 임금과 삶의 질 등의 흡인요인이 존재한다. 또한 배출 · 흡인요인에 영향을 미치는 국제환경의 변화도 이주 요인으로 작용한다.

디아스포라의 유형 분류와 관련하여, 코헨은 '모국을 떠나게 된 동기'에 따라 ① 희생자 디아스포라: 아프리카인, 아르메니아인, ② 제국형 디아스포라: 영국의 식민지 건설, ③ 노동형 디아스포라: 인도인, ④ 무역형 디아스포라: 중국인, 레바논인, ⑤ 문화적 디아스포라: 캐러비아인 등 다섯 가지 유형을 제시했다.[10] 쉐퍼(Sheffer)는 디아스포라를 '모국의 지위'와 '나이(연대)'에 따라 구분하였다. 즉, 모국의 지위에 따른 분류는 독립적인 국가를 건설하지 못한 민족구성원들의 분산된 집단으로 팔레스타인, 쿠르드족, 시크족과 같은 '모국 없는 디아스포라(stateless diasporas)'와 '모국과 연계된 디아스포라(state-linked diasporas)'로 나누어 설명하고 있다. 연대적 요인에 따라 '역사적 디아스포라',

---

8 최인범은 기존 학자들이 제시한 디아스포라의 성격과 특징을 정리하여 다음 다섯 가지 특징을 갖는다고 보았다. 첫째, 모국을 떠나거나 혹은 다수의 외국으로 가는 사람들의 '집단적 이주', 둘째, 심각한 정치, 경제 및 기타 상황으로 사람들이 본국을 떠나야만 하는 비자발적이며 강제적인 이동 원인, 셋째, 집단적 정체성, 문화적 신념, 관습, 언어, 종교 등을 유지하려는 한 집단의 의식적이고 적극적인 노력, 넷째, 고국을 떠나 해외에 정착한 동포끼리 갖게 되는 공감대나 연대의식, 다섯째, 해외 거주자들이 모국과 맺고 있는 다양한 형태의 명시적 또는 묵시적인 관계를 보존하고 유지하려는 집단적인 노력 등 다섯 가지의 특징을 가지고 있다. 최인범, "한민족 동포경제 현황과 한국 경제에 미치는 영향." 프레드 벅스텐 · 최인범, 『코리안 디아스포라와 세계경제』 국제경영연구소, 2003, p.25.

9 국제이주의 이론에 대한 자세한 내용은 김경학. 『국제이주와 인도인 디아스포라』 (서울: 집문당), 2006; 설동훈. 『노동력의 국제이동』 (서울: 서울대학교 출판부), 2001; 전형권. "국제이주에 대한 이론적 재검토: 디아스포라 현상의 통합모형 접근." 『한국동북아논총』 제13권 제4호, 2008 등을 참조.

10 Robin Cohen, *Global Diaspora: An Introduction* (London: UCL Press), 1997, p. x .

'근대적 디아스포라', '초기 단계 디아스포라' 등으로 구분했다.[11]

한 민족의 국경 간 이동은 세대와 동기를 달리하기 때문에 특정형태의 디아스포라로 단정하는 것은 매우 불가능한 것이다. 가령, 유대인의 경우 '상업적 이주형'과 '박해 · 도피형'에 모두 해당되며, 중국인들 역시 계약노동자로서 이주가 큰 부분을 차지하기 때문에 '노동형'에 속하지만, 성공한 '상업적 이주형'에도 똑같이 해당될 수 있다.[12] 그렇다면 근 · 현대시기 코리안 디아스포라의 경험을 어떻게 유형화할 수 있을까? 코헨의 분류 방식을 적용해보면, 동북아지역 한인들은 크게 박해 · 도피형 디아스포라와 노동형 디아스포라로 분류될 수 있다. 동북아 한인 디아스포라의 유형이 중층적인 성격을 띠는 이유는 무엇보다 일본 제국주의의 식민전쟁의 영향이 컸기 때문이다. 미국 및 중남미지역 한인들은 대체적으로 노동형 디아스포라로 분류할 수 있다.

2. 코리안 디아스포라의 이주 개관

근 · 현대라는 역사적 공간에서 한반도는 19세기 중반 이후부터 러시아, 중국, 일본 등 주변 강대국들 간 잦은 대립과 전쟁의 소용돌이 속에 놓여있어 우리의 의지와는 무관하게 다수의 디아스포라를 낳았다. 재외한인의 이주과정은 크게 네 시기로 구분할 수 있다.[13]

첫 번째 시기는 1860년대부터 1910년까지. 농부들과 노동자들이 중국의 만주지역, 러시아의 연해주, 하와이 등지로 빈곤, 기아, 지배층의 억압을 피해서

---

11 Gabriel Sheffer, *Diaspora Politics: At Home Abroad* (New York: Cambridge University Press), 2003, pp.73-75.

12 최인범, "한민족 동포경제 현황과 한국 경제에 미치는 영향," 프레드 벅스텐 · 최인범, 『코리안 디아스포라와 세계경제』, 국제경영연구소, 2003, p.26.

13 윤인진, 『코리안 디아스포라: 재외한인의 이주, 적응, 정체성』 (서울: 고려대학교출판부), 2004, pp.8-10.

이주한 시기이다. 이 시기 이주는 생계이민, 농업이민의 특징을 갖는다. 두 번째는 1910년부터 1945년까지 토지와 다른 생산수단을 빼앗긴 농부와 노동자들이 일본에 전시 노동력 부족을 채우기 위해서 이주한 시기이다. 이 시기는 정치적 난민, 운동가들이 일본으로부터의 독립운동을 위해서 중국, 러시아, 미국으로 간 시기이기도 하다. 이 시기의 이주는 망명이민, 강제이민의 특징을 갖는다. 세 번째인 1945년 해방 이후 1962년까지 한국정부가 이민 정책을 수립한 시기이다. 이 시기에는 학생, 전쟁고아, 혼혈아, 미군과 결혼한 여성 등이 유학, 입양, 가족상봉 등의 목적으로 미국에 갔다. 이 시기의 이주는 특수이민의 성격을 띠고 있다. 네 번째 시기는 한국 이민의 성격이 크게 변화한 시기로, 1962년 해외이주법 제정 이후부터 현재까지이다. 이 시기는 한국 경제발전의 출발 시점이자 도약기로 정부의 인구조절정책 일환으로 이민을 장려함에 따라 경제적 기회를 찾아 선진국, 특히 미국으로 이주했다.[14] 1966년부터 1977년까지는 한국과 서독 정부가 특별고용계약을 맺은 관계로 광부와 간호사들이 서독으로 파견되어 정착하기에 이르렀다. 최근에는 사업, 자녀교육, 거주 등의 목적으로 오스트레일리아를 비롯하여 아프리카, 중동, 동남아시아 등 전 세계 국가로 이주하고 있다. 한편, 1990년대 초 사회주의 국가와의 국교수립이 이루어지면서 중국, 러시아 및 CIS지역, 사할린 등지에서 고국으로 되돌아온 귀환이주가 이루어지고 있다.

〈표 3〉 재외한인의 국가별 이주자의 특성

구분 / 국가	이주 시기	이주 동기	출신 지역	계층 배경
러시아+독립국가연합	19세기 중반	주로 경제적 이유+정치적 이유(항일독립운동)	주로 한반도 북부 지역의 함경도, 평안도(일부 한반도 남부 포함)	기근과 압제에 떠밀린 가난한 농민이나 유민+독립운동가

14 최인범, “한민족 동포경제 현황과 한국 경제에 미치는 영향,” 프레드 벅스텐 · 최인범, 『코리안 디아스포라와 세계경제』, 국제경영연구소, 2003, p.28.

구분 국가	이주 시기	이주 동기	출신 지역	계층 배경
중국	19세기 중반	주로 경제적 이유+정치적 이유(항일독립운동)	초기: 주로 한반도 북부지역의 함경도, 평안도 만주국 수립이후: 한반도 전역(특히 경상도)	기근과 압제에 떠밀린 가난한 농민이나 유민+독립운동가
일본	20세기 초	경제적 이유+강제징용	주로 한반도남부지역의 경상도, 전라도, 제주도	가난한 농민이나 노동자+강제징용자
미국	20세기 초	경제적 이유+사회문화적 이유(유학, 자녀교육 등)	대부분 한반도 남부지역	가난한 농민이나 노동자+전쟁고아+ 유학생+가족이민
중남미	20세기 초	경제적 이유	대부분 한반도 남부지역	가난한 농민이나 노동자+사업가
독일	20세기 중반	경제적 이유(국가적 차원)	한반도 남부지역(남한)	광부, 간호사
오스트레일리 아 등	20세기 후반	경제적 이유+사회문화적 이유(유학, 자녀교육 등)	한반도 남부지역(남한)	사업+가족이민+ 전문직

출처: 윤인진, 『코리안 디아스포라: 재외한인의 이주, 적응, 정체성』 (서울: 고려대학교출판부), 2003, p.13의 자료를 토대로 재구성함.

전 세계에 거주하고 있는 재외한인의 규모는 매년 증가하고 있는 추세이다. 특히 1991년은 코리안 디아스포라사에서 매우 특별한 의미를 갖고 있다. 그동안 우리나라는 중국 및 구소련 등과 국교를 맺지 않은 상태였기 때문에 이들 지역에 거주하고 있는 한인들의 현황을 집계할 수 없었다. 중국에 거주하고 있는 1백 90만 명과 독립국가연합(CIS)에 거주하고 있는 약 50만 명의 한인들이 공식적으로 집계되면서 급격히 증가하였다. 구체적으로 재외한인의 확산 현황을 보면 〈표 4〉와 같다.

〈표 4〉 코리안 디아스포라의 확산(1971-2011)

년도	재외한인 수(명)	년도	재외한인 수(명)
1971	702,928	1995	5,228,573
1975	920,358	1999	5,644,558
1980	1,470,916	2001	5,653,809
1985	1,905,181	2005	6,638,338
1991	4,832,414	2011	7,268,771

* 1991년도부터 중국 및 독립국가연합(CIS)의 한인들이 공식적으로 포함.
* 2003년도부터 재일한인의 귀화자 포함.
* 출처: 외교통상부 홈페이지(http://www.mofat.go.kr)

2011년 현재 세계 175개국에 거주하고 있는 재외한인(영주권자, 일반체류자, 유학생, 시민권자 포함)은 7,268,771명으로, 중국과 일본을 포함한 아주지역에 4,063,220명이 살고 있어 전체의 55.9%를 차지하고 있다. 다음으로 미주지역에는 2,521,470명(34.7%), 독립국가연합을 포함한 구주지역에 656,707명(9.0%), 중동지역 16,302명(0.2%), 아프리카지역 11,072명(0.1%)이 거주하고 있다. 1만 명 이상이 살고 있는 국가는 24개국이며[15], 〈표 5〉를 통해 알 수 있듯이 재외한인 10만 명 이상이 거주하는 국가는 8개국에 이른다.

〈표 5〉 국가별 재외한인 분포 현황(2011년 현재, 상위 10위)

국가	재외한인 수(명)	비율(%)
전체	7,268,771	100.00
중국	2,704,994	37.21
미국	2,176,998	29.95
일본	904,806	12.45
캐나다	231,492	3.18
러시아	218,956	3.01
우즈베키스탄	173,600	2.39

15 〈표 5〉 국가 이외에 브라질(50,773명), 영국(46,829명), 인도네시아(36,295명), 독일(31,518명), 뉴질랜드(28,420명), 아르헨티나(22,354명), 키르기즈스탄(18,230명), 태국(17,500명), 싱가포르(16,650명), 말레이시아(14,409명), 우크라이나(13,053명), 과테말라(12,918명), 프랑스(12,684명), 멕시코(11,800명) 순이다.

국가	재외한인 수(명)	비율(%)
오스트레일리아	132,287	1.82
카자흐스탄	107,130	1.47
필리핀	96,632	1.33
베트남	83,640	1.15

* 출처: 외교통상부 홈페이지(http://www.mofat.go.kr)

재외한인의 37.2%인 2,704,994명이 살고 있는 중국은 재외한인들이 가장 많이 거주하는 국가이다. 세계에서 가장 많은 한인들이 거주하고 있는 중국은 길림성에 1,157,263명으로 가장 많이 살고 있으며, 다음으로 흑룡강성에 395,008명, 요녕성에 274,298명, 북경에 197,600명, 칭다오에 182,600명이 거주하고 있다. 두 번째로 많이 살고 있는 미국에서는 L.A지역에 503,699명, 뉴욕주에 170,700명, 샌프란시스코에 139,942명, 워싱턴주에 134,000명, 뉴저지주에 112,500명이 살고 있다. 일본은 오사카부에 가장 많은 129,992명이 거주하고 있으며, 도쿄도에는 114,273명, 효고현에 53,142명, 아이치현에 40,643명, 가나가와현에 34, 233명, 교토부에 32,305명이 거주하고 있다.

최근 재외한인의 이주와 관하여 주목받는 지역은 오스트레일리아지역이다. 이 지역은 1990년대 이래 한인들의 이민이 급증하고 있는 곳이다. 1980년에 약 6천여 명에 불과하던 한인이 2005년에 84,316명으로 급격히 증가했다. 그 이후 2007년에 105, 558명, 2009년에 125, 669명, 2011년 현재 132,287명으로 꾸준히 증가하고 있다. 1980년 이후 이민이 급증한 배경에는 취업 및 사업·투자 이민, 그리고 자녀교육 문제 등에서 비롯되고 있다.

〈그림 2〉 코리안 디아스포라의 지역별 분포 현황(2011년 현재)

이와 같이, 세계 175개국에 분포한 726만여 명의 재외한인들은 대부분 미국, 중국, 일본, 러시아 등 국제사회에서 시장규모가 크고 강대국으로 꼽히는 주요 국가에 집단적으로 거주하고 있다. 또한 재외한인은 남북한 전체 인구 대비 약 10%에 해당하며, 절대규모면에서 세계 여덟 번째로 큰 이산 민족 집단이다.

재외한인들은 거주 국가에서 매우 적극적으로 한인 단체를 결성하여 민족적 정체성을 유지할 수 있도록 다방면에서 노력을 하고 있다. 재외한인의 단체는 한인회, 상공인 등 직능단체, 문화예술단체, 종교단체, 연고단체(종친회, 향우회, 동문회 등), 시민봉사단체, 전문가단체, 친목 및 체육 동호회단체 등이 있다. 이러한 단체들은 전 세계적으로 2004년에 2,467개, 2006년 2,616개, 그리고 2010년 현재 약 3천 2백여 개가 결성되어 활동하고 있는 것으로 나타났다. 지역별 현황을 보면, 북미지역에 1,235개로 가장 많이 있으며 그 중 미국에 993개 단체가 활동하고 있다. 구주지역에 821개 단체가 활동하고 있으며, 아주지역에는 797개 단체 중 일본에 253개, 중국에 208개 단체가 있다. 중남미지역에 205개, 아프리카지역에 57개, 중동지역에 43개의 단체가 결성되어 활동하고 있다.

III

동북아시아 코리안 디아스포라의 이주루트

이 장에서는 근 · 현대 역사적 공간에서 동북아지역에 거주하고 있는 코리안 디아스포라가 어디에서 출발하여 어디로 이동해 갔는지 그 이주루트를 명명하여 지도화하고, 이 길들을 통해 이루어진 동북아 코리안 디아스포라의 이주와 정착과정을 개괄적으로 살펴보고자 한다.

1. 중국조선족

중국은 56개의 민족으로 구성된 다민족국가이다. 2010년 제6차 인구조사에 의하면, 한족(漢族)이 91.5%(1,225,932,641명)로 대다수를 차지하고 있으며 소수민족은 8.5%(113,792,211명)에 불과하다. 중국의 소수민족은 토착민족과 이주민족으로 나눌 수 있다. 이 중 조선족(朝鮮族, Cháoxiǎn Zú)[1]은 이주민족으로 한반도로부터 중국에 유입된 민족이다. 중국의 국가민족사무위원회의 통계에 따르면, 2000년 인구센서스 결과 조선족 총인구는 192만 3,800명이다. 이는 10년 전 시행한 1990년 센서스 시기보다 481명이 증가하여 자연증가율이 0.13%에 불과해 사실상 인구정체 상태를 이루고 있음을 알 수 있다.[2] 조선족 전체 인구 중, 길림성에 114만 6천 명, 흑룡강성에 38만 9천 명, 요녕성에 24만 1천 명 등 세 지역에 모두 177만 6천 명이 거주하고 있다. 동북 3성을 제외한 지역에 거주하는 인구는 148,644명으로 파악되어 약 13%의 조선족이 내몽골을 포함하여, 중국 관내 지역에 거주하는 것으로 나타나고 있다.

중국과 한국의 연구자들에 의하면, 중국의 조선족은 청조 이래, 즉 19세

---

1 중국에 거주하는 재외한인에 대해 중국 정부는 공식적으로 '차오시엔주(朝鮮族)'이라고 부른다. 또한 대부분의 중국 내 한인들은 스스로를 '조선족'으로 호칭하는데 익숙해져 있어, 현재 국내외 대부분 사람들은 이들을 '재중동포'나 '재중한인' 혹은 '중국 교포'라는 용어 대신에 '조선족'으로 사용한다. 이 책에서도 이들을 조선족으로 호칭하고자 한다.

2 중화인민공화국 국가민족사무위원회의 통계자료 참조(http://www.seac.gov.cn/gjmw/ssmzx/M30index_1.html, 검색일: 2011.10.5)

기 이후 동북지역에 이주한 조선족이라고 이해한다.[3] 중국 동북지역은 1644년 명나라를 멸망시키고 청조를 세운 여진족의 후손인 만주족의 발상지로 봉금령을 내려 타민족의 왕래를 금지하였다. 즉 청나라는 압록강과 두만강 이북 1,000리를 성스러운 지역이라 하여 외부인들의 입주와 개간을 금지시켰다. 그러다가 19세기 중반부터 조선인들이 몰래 이주해와 벼농사를 짓기 시작하면서 조선인들이 집중적으로 거주하게 되었다. 이러한 경제유민(농민)이 근대적 이주의 관점에서, 조선족 이주역사의 시작이라고 할 수 있다.[4] 중국 조선족의 이주루트를 구체적으로 살펴보면 다음과 같다.

1) 월강 이주루트

1677년 청나라는 압록강, 두만강 이북 장백산 지구를 포괄한 지역을 청조의 발상지로 삼고 만주의 봉금구로 정하여 다른 민족의 이입거주를 엄금하였다. 압록강 우안은 '장책위장(長柵圍場)'을 설치하였고 1년에 세 번씩 개방하여 조선의 금, 인삼, 모피와 중국의 한약재, 방직품 교류를 허용했다. 두만강 좌안에는 조선 농민이 아침에 건너와서 농사짓고 저녁에 남몰래 건너가거나 봄에 와서 씨 뿌리고 가을에 와서 걷어가는 일이 극히 개별적으로 있는 이외에 동북지역에 와서 발붙인다는 것은 하늘에 별따기였다. 왜냐하면 청나라나 조선 모두 이 지역에 군대를 파견하여 엄밀하게 감시하고 있었으며, 비법월강자를 붙잡을 경우에는 도로 쫓아내거나 심지어는 사형에 처하기 때문이다. 이러한 '봉금령(封禁令)'이 약 200여 년간 지속되었다.[5]

한반도 북부지방은 원래 경작지가 적고 땅이 척박한데다 해마다 자연재해(특히 1869년 기사년 대재해)가 심했으며, 이로 인해 대기근으로 생계를 유지하기 어려워지자 평안도북부와 함경도북부의 농민들이 생사를 무릅쓰고 압

---

3 왜냐하면 현재 중국조선족의 99%는 1860년 이후 이주한 조선인의 후예이기 때문이다.

4 임채완 외, 『재외한인 집거지역 사회경제』 (서울: 집문당), 2005, p.166.

5 심혜숙, 『중국조선족: 취락지명과 인구분포』 (중국: 연변대학출판사), 1992, pp. 50-51.

록강과 두만강을 건너 동북지역에 잠입하기 시작하였다. 압록강 유역이나 두만강 유역 모두가 이주정착이라고 하기보다 은폐적인 잠입정거였고 자리 잡은 곳이 땅이 비옥하고 살기 좋은 하곡평야가 아니라 대지나 구릉, 저산 산골짜기에 숨어서 농사를 지었다. 지금도 압록강 상류 우안에는 강변에서 깊숙이 들어앉은 산간마을에 조선족이 살고 있다.

1880년대 후반부터 청나라는 국내외의 사회문제를 완화시키고 수시로 밀려드는 러시아의 침략위협에 대처하기 위해 조선과 중국 산동성 등지에서 오는 농민들을 끌어들여 황무지를 개간하고 군량을 해결해야 할 필요성으로부터 봉금령을 해제하기 시작했다. 1875년부터 봉천(현재 심양)에 대한 봉금령이 폐지되었기에 압록강 연안은 두만강 연안보다 더 일찍 조선 농민의 이주가 시작되었으며 정착하였다. 1883년에 길림과 조선간의 지방무역협정의 일환으로 '길림조선상민무역지방장정'을 체결하여 교역을 장려하였다. 1885년에는 화룡욕, 광제욕, 서보강 등지를 중국과 조선 간의 통상지로 정하고 두만강 이북의 길이 700리, 너비 50리가 되는 구역을 조선 개간민 구역으로 정하고 훈춘에는 초간총국(招墾總局)을 세워 조선 인민의 호적등기를 하고 거주를 승인하였다.[6] 뿐만 아니라 관내와 요동에 사람을 파견하여 이주민을 동원해 변방을 개발하기에 힘썼다. 이러한 청나라의 개간 장려책으로 인하여 조선인 농민이 두만강 건너편으로 이주하게 되었다.

청나라 정부가 식량증산과 세입증가를 위하여 개간을 장려하고, 유랑민을 정착시켜 변방의 방어를 강화하는 이민실변(移民實邊) 정책을 실시하자 조선인의 수는 점차 증가하였다. 1886년과 1887년에 두만강 건너편에 정주하던 조선인은 730여 호였으며, 훈춘 등지에는 400여 호였다. 1890년에는 훈춘과 흑정자 관할의 6사에는 조선 농민이 853호로 증가했고, 잘 개간된 토지가 1,550ha나 되었다. 그런데 청나라는 조선인이 치발역복(머리띠를 따고 호복을 입는 것)을 하지 않고 귀화하지 않으면 경작한 토지를 관전(官田)으로 몰수

6 전병칠, 『20세기 중국조선족 10대 사건』 (서울: 환경공업출판사), 1999, p.16.

하였다. 그 당시 조선인의 다수는 치발역복을 강요하는 청 정부의 정책과 불평등한 민족차별 정책에 불만을 가졌지만 생계가 어려워 고향으로 돌아갈 수 없는 실정이었으므로 모욕을 참아가며 청 정부의 정책에 복종하는 수밖에 없었다. 그리하여 치발역복하지 않기 위해 조선 농민들은 만주족이나 한족 지주의 소작농이나 고농이 될 수밖에 없었다. 그러나 조선인으로 토지를 점유할 수 있는 방법이 아주 없었던 것은 아니었다. 귀화하지 않은 조선인 몇 사람이 합자해서 귀화 조선인의 이름으로 토지를 구입하고 출자액에 따라서 토지를 분할 점유할 수 있었다. 그리하여 그들은 조선의 풍습을 그대로 유지할 수 있게 되었다.[7]

이렇게 해서 형성된 조선인촌은 1899년까지 통화・환인・관전・홍경 등지에 8,772호에 3만 7,000여 명에 달하였고, 장백・임강・집안 등지에 이주해 온 조선 개간민은 8,750호에 3만 9,440명에 달하였으며, 안동・봉성 등지방에 이주해 온 조선 개간민은 1,190호에 5,140여 명에 달하였다. 연변지구에 이주해 온 조선이주민은 1904년 5만여 명, 1907년 7만 1,000여 명에 달하였다.[8]

이 시기 조선인 이주의 특징을 보면, 압록강 유역에서는 주로 중상류 지역에 많이 분포하고 하류지역에는 적었다. 1904년 집안 이상 유역에 거주하는 조선인은 집안 이하 유역에 거주하는 조선 사람의 7.8배에 달했다. 이렇게 된 원인은 압록강 하류지역에는 산동에서 들어온 유민들이 먼저 정착했기 때문이다. 두만강유역에서는 조선인이 주로 중하류와 그 지류에 분포되었다. 불완전한 통계에 의하면 1907년 해란강 유역에 이미 3만 2,000여 명 147개의 마을이 있었고, 두만강 유역에 2만 9,920명, 76개 마을이 있었다. 이처럼 좋은 곳을 차지하게 된 원인은 청나라의 봉금정책에 의해 중국 사람들도 정착한 숫자가 매우 적었거나 없었기 때문인 것으로 보인다.[9] 이

---

7 임계순, 『우리에게 다가온 조선족은 누구인가』 (서울: 현암사), 2003, p.58.
8 전병칠, 『20세기 중국조선족 10대 사건』 (서울: 환경공업출판사), 1999, p.17.
9 심혜숙, 『중국조선족: 취락지명과 인구분포』 (중국 : 연변대학출판사), 1992, p.54.

처럼 이 시기에는 조선족들이 통화, 집안, 장백, 신빈, 용정, 화룡 등 압록강과 두만강 지류에서 정착하였다가 점차 연변과 기타지역으로 확산되었다. 여기에 짜르러시아의 동청철도부설로 1900년에 시베리아와 조선에서 모집되어 왔던 노동자들은 1903년에 이 철도의 부설이 끝나자 그 일부가 동청철도동선의 목단강과 목릉하 유역을 따라 하얼빈, 일면파, 횡도하자, 목릉 등 지방에 가서 자리 잡게 되어 중국 동북지역에 조선족사회가 형성되기 시작하였다.

이 시기 조선인이 중국 동북지역으로 이주하게 된 배경은 첫째, 조선의 정치 · 사회 · 경제적 상황 때문이다. 대부분의 농가는 경작할 소작지를 잃게 되어 고농이 되거나 유민이 되었으며, 자연재해로 흉년과 전염병이 농촌사회를 붕괴시켰다. 조선시대에 엄중한 자연재해가 여러 차례 발생하였는데 그 중 가장 심한 것이 숙종과 고종때였다. 숙종 23-25년(1697-1699)에 자연재해와 온역으로 하여 "서울 안에 주검이 3,900여 개 생겼고 각 도의 사망자가 도합 25만 700여 명이나 되었다."[10] 고종 6년과 7년(1869-1870)에 조선 북부 지방에 조선역사에 드문 가뭄이 들어 굶어 죽은 자가 부지기수였다. 더욱이 정부는 피폐해진 농촌사회임에도 불구하고 잡다한 토지세와 군역에 대한 부당한 징수, 지도층의 부패 등이 만연하였다.

둘째, 중국 동북지역이 갖는 지리적 · 자연적 조건 때문이다. 자연적으로 두만강에는 수량이 감소할 때 걸어서 건널 수 있는 곳이 10여 곳이나 되었고, 겨울철이 되면 두만강 하류 일부가 결빙되었기 때문에 조선인들이 두만강을 왕래하는 것은 그리 어려운 일이 아니었다. 게다가 국경 경비도 철저하지 않은 상태에서 바로 강 건너에 농사짓기에 적합한 토질, 경작에 충분한 습도와 기온을 유지할 수 있는 평원과 계곡이 위치하고 있었다.

셋째, 조선인에 대한 청나라 정부의 관대한 정책과 통치력의 부재 때문이다. 청 정부는 봉금령을 통해 이 지역을 관리했으나 많은 수의 가난한 청나라 유민과 조선 농민이 잠입해 들어간 시기에, 청조의 국방을 담당하던 팔

---

10 김종국 외, 『중국조선족사 연구 Ⅰ』(서울: 서울대학교 출판부), 1993, p.69.

기군과 치안을 담당하던 녹영군의 기강이 점차 무너지고 있는 상황이었다. 특히 1894년에 청나라는 자신들보다 더 열등한 나라라고 무시했던 일본에게 패하고 막대한 배상금까지 지불해야 할 상황이었다.[11]

한반도의 조선인이 중국 동북지역으로 이주한 과정을 살펴보면 이주 초기 조선인은 주로 두만강과 압록강 건너편 지역에 정착하기 시작하였다. 중국 동북지역 이주 조선인의 출신 지역을 보면, 두만강 연안의 연변지구와 인접한 목단강 지역에는 함경도 출신이 많았고, 압록강 연안과 요녕성에는 평안도 출신이 많았으며, 흑룡강성에는 경상도 출신이 많았다. 두만강과 압록강을 먼저 건너온 조선 북부 사람이 압록강과 두만강 연안 가까운 곳을 차지하고, 뒤늦게 건너온 남부사람이 흑룡강성이나 내몽고로 이주한 것이다.

이와 같이 조선인이 중국 동북 지역으로 이주해 온 경로는 크게 4개 노선으로 구분해 볼 수 있다. 첫째는 압록강 대안 지역 노선이며, 둘째는 두만강 대안 지역 노선이며, 셋째는 한반도의 서해안으로부터 요녕성 서남지역 항

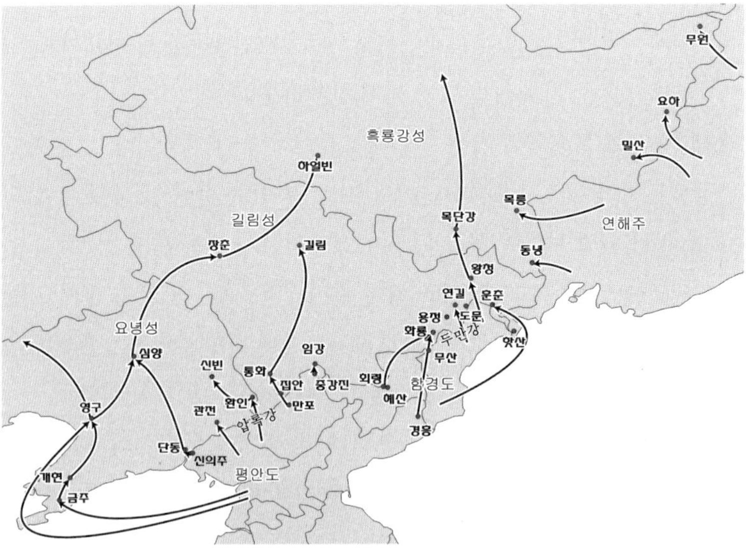

〈그림 3〉 월강 이주루트

11 임계순, 『우리에게 다가온 조선족은 누구인가』 (서울: 현암사), 2003, p.26.

구를 통하여 이주한 노선이며, 넷째는 한반도의 동해안으로부터 러시아 연해주를 거쳐 연변과 흑룡강성의 동부변강 지역으로 이주한 노선이다.

(1) 압록강 루트

19세기말 한 때 '서간도'라 불리운 압록강은 두만강지구보다 한인들의 이주가 먼저 이루어진 곳이다. 압록강을 건너 정착한 지역으로는 임강, 통화, 집안, 환인, 관전, 단동 등이 있다. 이곳은 압록강 유역으로써 이주 초기에 조선의 평안도에서 건너 온 이주민이 많이 분포했다. 시간이 흐르면서 서북지역으로의 이동이 진행되었다. 임강 · 통화 방면은 류하 → 동풍 → 해룡 → 휘남 → 반석 → 길림 → 서란 → 오장 등 북방 지역으로 이동하였으며, 집안 · 환인 방면은 신빈 → 청원 → 무순 지역으로 이동하였으며, 단동 방면은 봉성 → 수계 → 심양 → 철령 → 개원 → 창도 → 이수 → 회덕 → 장춘 → 유수 → 오장 → 하얼빈지역으로 이동하였다.

한반도의 서해안에서 요녕성의 서남지역 즉 영구, 금주 등 항구를 이용한 경로가 있는데, 주로 평안도 사람들이 이주하였다. 조선에서 영구 → 해성 → 요양 → 심양 → 철령 → 개원 → 창도 → 이수 → 회덕 → 장춘 → 유수 → 오장 → 하얼빈 등 흑룡강성 지역으로 이동하였다. 또 영구에서 반산 → 금현 → 금서 등지로, 금주에서는 복선 → 개현 → 영구 방면으로 이동하였다.

출처: 중국 연길시 연변박물관

〈사진 1〉 압록강을 건너는 한인들

〈표 6〉 압록강 유역에 거주한 조선인 현황(1903)

현별 \ 인수	호수	인구수(명)
장백	652	2,450
임강	2,650	11,290
집안	2,223	10,278
환인	1,557	7,634
관전	1,681	7,803
단동	416	1,417
합계	9,179	40,872

출처: 심혜숙, 『중국조선족: 취락지명과 인구분포』, 1992, p.53.

(2) 두만강 루트

두만강 북안의 크고 작은 지류와 수많은 분지나 평원은 당시 조선인들이 이 지역으로의 이주와 정착에 매우 유리한 조건을 제공했다. 두만강을 건너 이주해 온 조선인이 정착하기 시작한 지역은 화룡, 용정, 연길, 훈춘, 도문, 왕청 등이다. 이 지역은 주로 함경북도 조선인들이 건너와 살기 시작하면서 조선인 집단 거주지가 생기게 되었다. 이후 안도→돈화→교하 지역으로 이동하였으며, 왕청 → 동경성 → 영안 → 해림 → 상지 → 연수 등 흑룡강성 지역으로 이동하였으며, 영안에서는 목단강 → 림구 → 발리 → 가목사 등지로 확대되었다.

출처: 연변중국조선족생태문화발전회, 『사진으로 보는 중국조선족민속』, 2012, p.13.

〈사진 2〉 뗏목을 타고 두만강을 건너는 한인들

(3) 흑룡강성 루트

흑룡강성 지역으로 한인의 이주가 이루어진 때는 19세기 중엽부터였지만, 그 인원은 많지 않았다. 흑룡강성에 이주한 한인들은 한반도의 동해안에서 러시아 연해주를 거쳐 연변과 훈춘, 동녕, 밀산 등 흑룡강성의 동부변강에 정착하였다. 훈춘에서는 왕청 → 동경성 → 영안 → 해림 → 상지 방면으로 이동하였으며, 동녕 → 영안 → 목단강 → 림구 → 발리 방면으로 이동하였다. 밀산에서는 호림 → 요하 방면으로 이동하였다. 연해주에서는 나북 → 탄원 → 통하 → 목단 → 파언 → 호란 → 지동 → 안달 → 치치하얼 등 흑룡강성 지역으로 이동하였으며, 호란에서는 수화 → 철력 방면으로 이동하였다. 또한 1877~1903년에 짜르 러시아가 동북지역 중동철로를 수축하는 과정에서 조선유민이 일하다가 철로수축 준공 이후 철로연선에서 거주하게 되었다. 이들은 하얼빈, 일면파, 목릉, 횡도하자 등에 거주하였다.[12]

2) 간도 이주루트

1905년 '을사보호조약'과 1910년 '한일합방조약'으로 일본제국주의는 조선반도를 완전히 강점하였다. 일본의 강제적인 토지강점으로 파산당한 농민들과 생계를 유지하기 어려운 많은 농민들, 그리고 많은 의병과 독립운동가들이 국권회복을 위한 독립운동 기지를 구축하기 위하여 동북지역으로 이주하였다. 중국 동북지역이 독립운동가들의 기지가 될 수 있었던 이유는 한반도와 인접한 지역일 뿐만 아니라 백두산을 중심으로 한 장백산맥이 산악과 밀림이 겹쳐 있어 독립투쟁을 벌이는데 전략적으로 중요한 지역이었다. 여기에 많은 조선인이 이미 이주하여 동포사회를 형성하고 있어 독립운동에 필요한 병력모집과 양성, 무기제조와 구입, 보급품 공급 등 인적 · 물적 자원을 확보하는데 어려움이 없었기 때문이다.[13]

---

12 김종국 외, 『중국조선족사 연구 Ⅰ』(연변대학출판사 · 서울대학교출판부), 1996, pp.66-67.
13 임계순, 『우리에게 다가온 조선족은 누구인가』(서울: 현암사), 2003, p.66.

그런데 중국 동북지역은 조선의 애국지사들의 독립운동 기지이기도 했지만 일본이 중국대륙에 진출하는 전초기지이기도 했다. 러일전쟁에서 승리한 일본은 간도지방에 통감부 파출소를 설치하고 조선인을 관리하는 등 적극적인 이주정책을 실시하였다. 여기에 일제와 일본 기업인들은 식민지 개척 사업을 위해 조선인의 노동력을 필요로 하였으므로 조선인들은 돈을 벌기 위해 이주했다. 그리하여 1910년부터 1920년까지 압록강 건너편으로 이주한 조선인 수는 9만 8,600명이었고, 두만강 건너편으로 이주한 조선인 수는 9만 3,900명이었다.

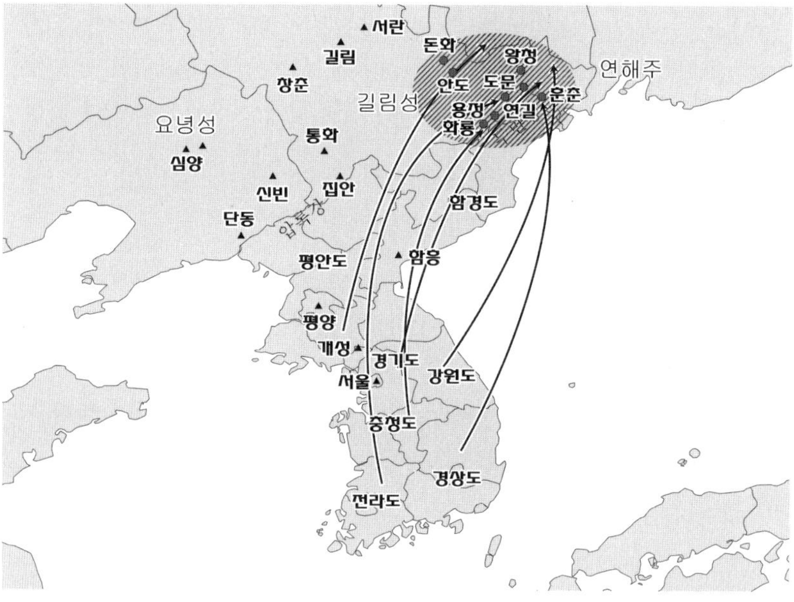

〈그림 4〉 간도 이주루트

1919년 3 · 1운동 이후 조선인의 이주가 대폭 증가하였다. 그 이유는 한반도에서 동양척식주식회사가 조선 농민의 토지를 수탈하였을 뿐만 아니라, 지주가 물어야 할 지세도 소작인이 부담하게 됨에 따라 수많은 조선 농민들이 살길을 찾아 중국 동북지역으로 이주한 것이다. 특히 1920년을 전후하여 간도에서는 토지를 구입할 수 있게 되어 조선인의 수가 급증하였다.[14] 그리하여 1920년에 중국 동북지역의 조선인 인구수는 46만 명에 달했다. 1931년에는 연길, 화룡, 용정, 왕청, 도문, 훈춘, 돈화, 안도 등 간도 일대에만 40만 9천여 명이 거주하여 조선인이 가장 많이 모여 사는 지역이 되었다.[15] 집중 거주한 간도 지역 이외에 요녕성의 봉천, 철령, 길림성의 길림, 장춘, 흑룡강성지역 등에 한인들이 거주하였다. 이러한 사실에서 알 수 있듯이, 길림성 연변지역은 이미 한인의 집중 거주지가 되었으며, 요녕성 및 흑룡강성 지역에서는 한인들이 점차적으로 증가하고 있었다.

아래 〈표 7〉에서 보는바와 같이, 1920년대까지 중국 동북지역에 거주하고 있는 한인들은 주로 함경도, 평안도, 경상도지역에서 이주해왔다. 구체적으로 세 지역에서 이주해 온 한인들은 전체의 86.8%를 차지한다. 함경도지역에서 이주해 온 한인들은 전체의 46.4%를 차지하고 있으며, 평안도는 24.5%, 경상도는 15.9%를 차지하고 있다. 이주경로별 정착 현황을 보면, 대부분의 한인들은 두만강지구와 압록강지구에 거주하고 있는 것으로 나타났다. 구체적으로 함경도지역에서 이주해 온 한인들은 주로 두만강 유역에 정착하였으며, 평안도지역에서 이주한 한인들은 대부분 압록강 지구에 정착하였다. 그리고 경상도지역에서 이주해 온 한인들은 주로 압록강 유역에 정착하였음을 알 수 있다.

〈표 7〉 조선족 이주민의 원적지 현황(1912-1926)

이주지구 / 원적지	두만강 유역	압록강 유역	기타 지구	합계 (명)	원적지 비율(%)
경기도	4,238	517	2,187	6,942	2.5
충청북도	1,090	581	370	2,041	0.7

14 예를 들면, 용정시 지방관부는 가족을 등기할 때, 입적하지 않은 조선인은 별책으로 작성하여 거주 기간에 따라 달리 취급했다고 한다. 거주가 3년 이상이 되면 식염을 지급했고, 10년 이상이 되면 영주자로 보아 토지를 구입할 수 있게 했다.

15 임계순, 『우리에게 다가온 조선족은 누구인가』 (서울: 현암사), 2003, pp.68-69.

원적지 \ 이주지구	두만강 유역	압록강 유역	기타 지구	합계 (명)	원적지 비율(%)
충청남도	165	22	523	710	0.2
전라북도	61	42	422	525	0.2
전라남도	363	40	678	1,081	0.4
경상북도	2,934	27,740	1,215	31,889	11.0
경상남도	780	11,876	1,656	14,312	4.9
황해도	6,136	1,790	2,203	10,129	3.5
평안남도	7,391	5,896	4,659	17,946	6.2
평안북도	3,703	38,323	10,779	52,805	18.3
강원도	9,828	5,337	1,316	16,481	5.7
함경남도	20,135	5,931	16,558	42,624	14.7
함경북도	60,148	13,168	18,476	91,792	31.7
합계	116,972	111,263	61,042	289,277	100.0
이주지구별 비율(%)	40.4	38.5	21.1	100.0	

출처: 박창욱, "해마다 늘어만 가는 조선이주민", 『중국 조선 민족 발자취 총서: 불씨』, 1995, p.87.

특히 이 시기에 한반도의 중부와 남부지역의 조선인들이 동북지역에로의 이주가 본격화되었다. 한반도 이남지역의 농민들은 대를 이어 부쳐오던 토지를 일제에 수탈당하면서 동북지역으로 이주하게 된다. 이들의 이주는 동북지역의 수전을 크게 발전시키는 계기가 되었다. 구체적인 현황은 아래 〈표 8〉에서 확인할 수 있다,

〈표 8〉 동북지구 한인이 개간한 수전 현황(1930)

지명	면적*	지명	면적*	지명	면적*
심양	9,028	신빈	8,842	해룡	5,291
철령	1,470	돈화	3,444	휘남	380
개원	3,185	관전	1,272	류하	679
동풍	296	환인	4,007	수원	72
서안	169	림강	53	료원	20,945
서풍	643	집안	1,125	길림	1,635
료양	15,532	장백	35	장춘	2,940

지명	면적*	지명	면적*	지명	면적*
신민	2,481	무순	1,147	이통	2,695
안동	1,626	본계	132	몽강	429
농안	2,940	아성	313	액목	2,315
화전	3,246	연길	11,153	왕청	2,260
반석	2,510	녕안	4,293	화룡	1,880
쌍양	919	훈춘	2,041	목릉	1,298
덕혜	1,990	동녕	291		

* 면적단위: 에이커(1에이커=4.047평방미터)
출처: 중국 연길시 연변박물관

조선인들은 동북지역에서 토지를 구입하여 마을을 형성하고 주민을 조직하여 반일 계몽운동을 전개하였다. 또한 이 지역에 거주하는 조선인들에 의해서 수많은 조선족 학교가 건립되어 민족교육을 실시하게 되었다. 이러한 교육기관의 설립과 더불어 간도지역에서는 무관학교가 세워져 독립운동에 더욱 적극적으로 가담함으로써 민족교육으로부터 본격적인 독립운동으로 민족운동의 성격이 전환된다.[16]

출처: 중국 연길시 연변박물관

〈사진 3〉 이상설이 세운 서전서숙

16 임채완 · 전형권, 『재외한인과 글로벌 네트워크』(서울: 한울아카데미), 2006, p.190.

3) 만주국 집단 이주루트

1931년 '9 · 18 사변'[17] 후 만주지역은 완전히 일제의 식민지로 전락하였다. 일제는 만주지역의 식민통치를 확고히 하기 위해 1932년 3월 1일 청조의 마지막 황제였던 부의를 집정으로 추대하여 만주국을 건국하였다. 이 만주국의 선포는 만주지역으로의 한인 이주의 양상과 성격을 완전히 다른 것으로 바꾸어 놓았다. 만주국 수립 이전의 한인 이주는 함경도와 평안도 등 국경 인접지역을 중심으로 이루어졌으며, 이주의 동기는 보다 나은 삶을 위해 비교적 자발적으로 이루어졌다. 이에 반해, 만주국 수립 이후에는 논농사에 익숙한 한반도 남부지역으로까지 확대되었으며, 일본의 15개년 계획에 의해 조직적이고 집단적으로 이루어졌다.

만주국 수립 이후 만주에로의 한인 이주는 무엇보다 만주지역의 철도 건설에 힘입은 바 크다. 일제는 1932년부터 1936년 사이에 만주지역의 자연자원을 약탈하고 정치와 군사 통치를 강화하기 위하여 만주 각지에 철도를 부설하였다. 이 기간 동안 부설된 철도선은 장도선(장춘-도문), 목도선(목단강-도문), 목가선(목단강-가목사), 림밀선(림구-밀산), 빈북선(하얼빈-북안) 등이었다.[18] 일제는 만주 철도 부설 이후 1936년 8월, 만주국의 '재만조선인지도요강' 제정과 함께 '만선척식주식회사' 라는 한인 이민 경영기구를 설립하면서 본격적으로 만주로의 집단이주 정책을 추진하였다. 만주국은 관동군과 함께 한인의 이주 지역을 미리 선정하여 배치했다. 구체적으로 요녕성의 심양과 단동 일대의 16개현과 길림성의 연길, 화룡, 훈춘, 왕청, 안도, 반석, 목릉, 무순, 홍경, 청원, 유하, 해룡, 동풍, 금천, 휘남, 몽강, 관전, 환인, 집안, 임강,

17 1931년 9월 18일 밤 10시 20분, 가와모도는 병사 7-8명을 거느리고 할빈-대련 철도선(원 남만철도선)의 대련에서부터 404.44킬로미터 상거한 곳을 폭파시켜 놓고, 이것은 중국군대가 한 짓으로 우기며 북대영과 심양성에 불의의 습격을 가했다. 심양주둔군은 쨩쩨이스의 명령을 받고 저항하지 않았으며 19일 아침 일본군은 손쉽게 심양을 강점하였다. 그 이후 매우 짧은 시간에 요녕, 길림 두 개성의 주요 도시를 장악하였다. 주성화, 『중국조선족 이주사』(파주시: 한국학술정보), 2007, p.199.

18 강위원, 『흑룡강성의 조선족』(서울: 고함커뮤니케이션), 2004, p.33.

돈화, 무송, 장백 등 23개 현에 집중 배치했다.[19]

〈표 9〉 동북지역에서의 한인 집단이주 분포 현황(1937-1939)

지역		부락수	호수	인구수
간도	안도	38	2,845	14,408
	왕청	19	1,693	9,282
	연길	14	640	3,265
봉천	심양	1	29	166
	흥경	4	329	1,772
통화	휘남	2	200	992
	금천	3	149	758
	류하	7	440	1,748
	통화	1	160	909
길림	화전	13	885	4,448
	회덕	6	310	1,633
	반석	1	64	392
목단강	목릉	7	588	3,325
	녕안	2	323	1,799
빈강	빈강	3	282	1,515
	연수	1	70	371
룡강	태래	1	51	292
금주	반산	4	329	1,843
북안	룡진	10	250	250
	눈강	10	250	1,350
총계		147	9,887	50,518

출처: 중국 연길시 연변박물관

이러한 집중배치 정책은 일제의 식민지통치하의 특수한 역사적 산물이다. 당시 간도지방은 한인 이주민의 집거지로서 항일독립운동의 중심지가 되었으며, 간도지역의 한인 마을은 항일유격대의 든든한 후원자 역할을 담당하였다. 이에 일제는 항일운동 세력과 한인간의 연계를 단절시키고, 한인 이주자들을 한 곳에 집중시킴으로써 효율적인 통제가 가능한 '안전농촌'을

19 임계순, 『우리에게 다가온 조선족은 누구인가』 (서울: 현암사), 2003, p.89.

건설하였다.

일제는 1932년 소위 '통제와 안정' 방침을 근거로 1932년에서 1937년까지 조선의 이주민들을 몇 개의 지역에 집중시켜 관리하였다.[20] 이 시기에 건설된 안전농촌은 아래 〈표 10〉에서 확인할 수 있다.

〈표 10〉 안전농촌 현황

명칭	건립 시기	지리적 위치	인구수		
			년대	호수	인수
철령 안전농촌	1932년	요녕성 철령남부	1933년말	233	1,271
하동 안전농촌	1933년	흑룡강성 주하, 연수, 상지	-	851	3,485
영구 안전농촌	1933년	요녕성 영구시	1934년	1,817	5,482
수화 안전농촌	1934년	흑룡강성 수화현	1934년	400	2,000
삼원포 안전농촌	1935년	길림성 류하현 삼원포	1936년말	177	854

출처: 중국 연길시 연변박물관

철령, 하동, 영구, 수화, 삼원포 이외에도 영흥 안전농촌에 조선이주민 1,832가구, 중리진 안전농촌에 120가구, 길성훈 안전농장에 234가구, 유가촌 안전농장에 130가구 등 만주지역 일대에 안전농촌을 세웠다.

만주에로의 집단이주 과정에서 나타난 중요한 특징 중 하나는, 이전 시기의 이주민들과는 달리 한반도의 남부지방, 즉 경기도 · 강원도 · 충청도 · 전라도 · 경상도 지역 출신들이 이주민의 대부분을 차지했으며, 출신 지역별로 마을을 형성하였다.

일제의 만주 집단이주 정책은 한반도 삼남지방, 특히 그중에서도 경상도 지역 농민들의 대량 이주로 이어졌다. 경상도 사람들이 당시 중국으로 이주한 경로는 세 가지 정도였다. 신의주를 거쳐 봉천으로 이어지는 철도와 길림성 통하시 · 유하 · 매하구시 · 장춘시 · 구태시를 거쳐 흑룡강성으로 이어지는 경로, 도문을 거쳐 길림시와 영길현 · 흑룡강성 오상시와 상지시, 아성시 등지로 이어지는 노선 등이다. 서로 중복되기도 하는 이같은 경로를

20 권태환, 『세계의 한민족-중국』 (서울: 통일원), 1996, p.64.

거쳐 만주로 이주한 경상도 농민들은 흑룡강성 전역은 물론 내몽골 지역으로까지 확산, 현재 함경도와 평안도 출신에 비해 상대적으로 소수이면서도 가장 넓은 지역에 퍼져 있는 양상을 보이고 있다.[21] 구체적인 집단마을의 분포는 아래 〈그림 5〉와 같다.

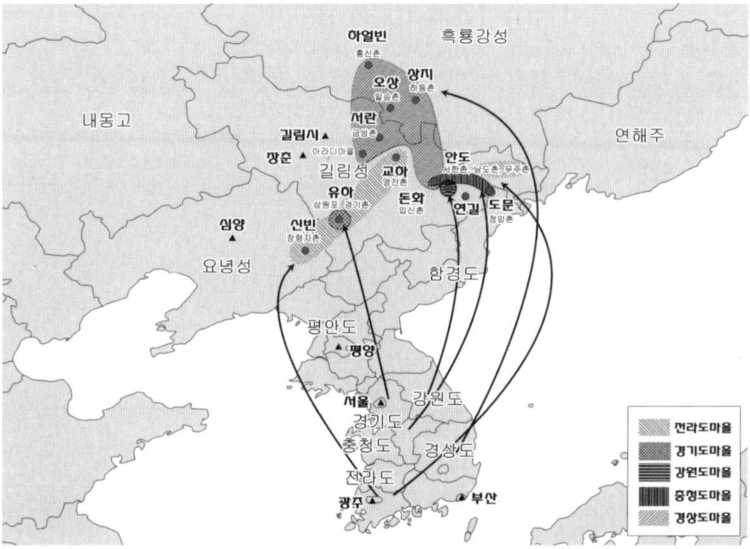

〈그림 5〉 만주국 집단 이주루트

중국 동북지역에 있는 경상도 마을은 길림성 길림시 아라디마을, 길림성 서란 금성촌, 길림성 안도현 오봉마을(합천)과 새마을(밀양), 흑룡강성 태래 서광촌, 군력 우의촌, 오상 일승촌, 상지 하동촌, 하얼빈의 홍신촌 등이 있다.

전라도 마을은 길림성 안도현 송강진 무주촌 · 남도촌 · 북도촌 · 정읍촌, 유하현 삼원포 광양촌, 교하현 천북향 영진촌, 교하현 청강진 홍풍촌, 요녕성 신빈현 장령자촌 등이 있다.

21 영남일보, "중국속의 경상도를 찾아서", 2004/06/07(http://blog.daum.net/24031551/5883.65, 검색일: 2012.10.08)

충청도 마을은 대표적으로 길림성 도문시 양수진 정암촌이 있다. '정암촌'은 1938년 일본의 만주지역 식민지 정책에 의해 충북 청주, 청원, 충주, 보은 옥천의 농민 80가구가 강제로 집단 이주하면서 만들어진 마을이다. 한때 900여 명의 인구가 있었을 정도로 번창했으나, 지금은 인구감소로 100여 가구에 300여 명이 농사를 짓고 살고 있다. 정암촌의 조선족들은 전통 건축양식에 따라 귀틀집과 격자문의 전통적 초가집 3~4채를 잘 보존하고 있으며, 충청도 방언과 노래, 전설, 춤과 농악, 풍습이 잘 보존되어 있다.[22] 이외에도 길림성 돈화현 입신촌이 있다.

강원도 마을은 길림성 안도현 신합향 서한촌, 안도현 만보진 고성촌 · 김화촌, 안도현 명월진 청구촌 등이 있다.

경기도 마을은 길림성 유하현 강가점 경기촌이 있다. 1940년 3월에 일제의 만주개척사업으로 집단이주를 간 경기도 사람들이 모여서 살고 있다. 일본인들은 '만주에 가면 배부르게 먹고, 잘 살 수 있으며 3년만 참으면 된다. 땅과 집을 준다'고 회유하였다. 부랴부랴 어린나이에 물 한 그릇 떠놓고 혼인을 하고, 가족이 함께 혹은 친척을 따라서 만주행 기차를 탔던 것이다. 이때 같은 열차에 타고 같은 곳에 내려 자리 잡은 사람들이 수원 출신 25호, 평택 출신 25호였다. 그래서 마을 이름을 평택촌, 수원촌이라 구분하지 않고 '경기촌'이라고 붙였다. 이 마을 외에도 가까이에 가평촌, 안성촌, 광주촌, 경광촌이 있다.

22 옥천신문, "중국 내 충북인 마을 '정암촌'을 아시나요", 2012/06/08(http://www.okinews.com/ news/articleView.html?idxno=56454, 검색일: 2012.10.08)

출처: 중국 연길시 연변박물관

〈사진 4〉 간도성 연길현 명월촌 도안구 개척민부락

4) 글로벌 이주루트

1980~1990년대 개혁 · 개방이후 급속한 자본주의화, 공업화, 도시화와 더불어 한국과 중국 간 국교수립으로 조선족은 동북3성 지역에서 중국의 연해 · 내륙의 대도시 및 공업도시로 이주하거나 한국을 비롯한 미국, 일본, 러시아, 캐나다, 호주, 유럽 등 세계 곳곳으로 이동하여 삶의 공간을 확장하고 있다.

먼저, 중국 내륙으로의 이주루트를 살펴보면 다음과 같다.

1980년대 중국조선족 사회에서 인구이동의 흐름은 해안도시 지역이나 대도시로 주로 향하였다. 이것은 중국에서 진행되던 시장개혁과 함께 이주통제가 약화됨에 따라 농촌에서 도시로 이동이 구체화되기 시작했다.[23] 아래 〈그림 6〉을 보면, 주요 해안 도시로 조선족 이주가 이루어짐을 확인할 수 있다. 과거에는 조선족이 별로 없던 지역인 베이징, 톈진, 다롄, 칭다오, 친황다오와 같은 도시에서 조선족의 인구가 급증했다. 그러면서 이미 많은 조선족이 살고 있던 동북지역의 주요 도시인 선양, 창춘, 하얼빈, 옌지 등지에서도 인구 수가 증가하였다. 이러한 사실은 중국의 개혁 · 개방정책으로 인해 조선족 사회내에서 농촌과 도시 간 이동이 진행되고 있음을 보여준다. 중국 국가민족사무위원회의 자료에 따르면, 1990-96년 기간 동안 약 20만 명의 조선족 농촌인구가 연해지방이나 동북의 도시지역으로 이동하였다. 이러한 조선족의 국내이동은 한국기업의 중국진출과 매우 밀접하게 연관되어 있다.[24]

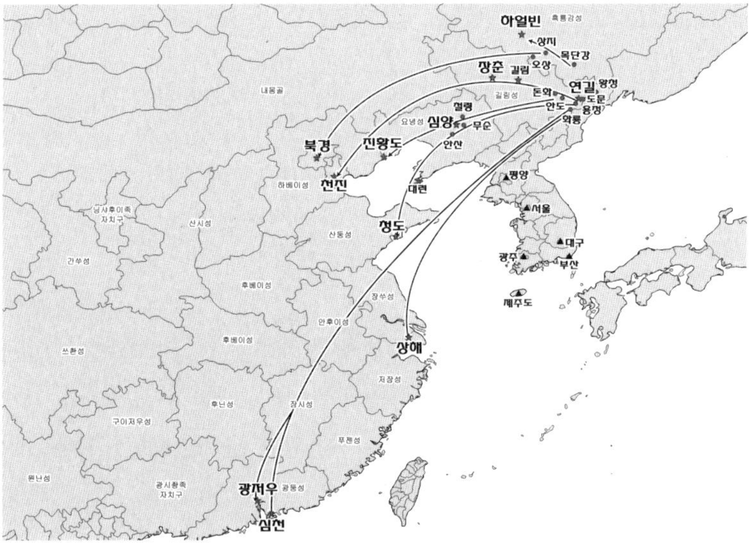

〈그림 6〉 내륙 이주루트

23 프레드 벅스텐 · 최인범, 『코리안 디아스포라와 세계경제』, 국제경제연구소, 2003, p.147.
24 리상우, “개혁기 중국조선족사회의 정체성에 대한 고찰: 구심력과 원심력을 중심으로”, 『동아연구』 제53집, 2007, p.470에서 재인용.

조선족은 어느 한인 디아스포라보다 지구적 차원의 이산집단이다. 조선족의 세계 각국으로의 초국가적 이주는 무엇보다 더 나은 삶을 위해 적극적, 자발적으로 가족의 이산을 감수하면서 이루어지고 있다. 현재 한국에 53만 명, 일본에 5~6만 명, 러시아에 5~8만 명, 미국에 7만 명, 중동에 4~5만 명 등 약 70여만 명 이상이 전 세계적으로 새로운 삶의 공간을 형성하고 있다. 이러한 해외이주의 증가로 그들은 '중국출신 또는 중국국적의 조선족'이지만 더 이상 '중국조선족'이 아닌, '재한조선족', '재일조선족', '재미조선족' 등으로 불리고 있다.[25]

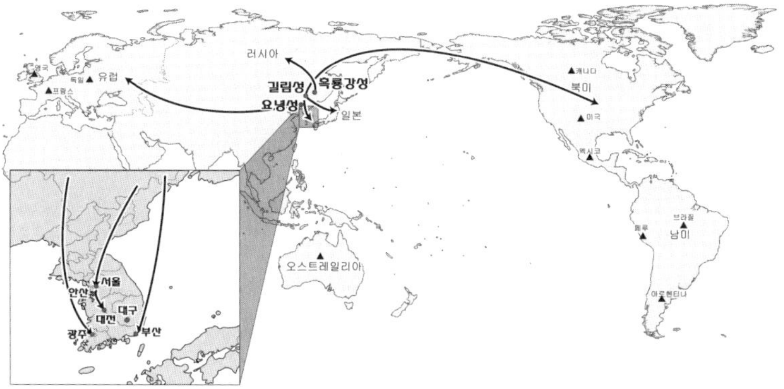

〈그림 7〉 초국가적 이주루트

조선족의 초국가적 이주의 특징은 무엇보다 대부분이 한국에 집중 거주하고 있다는 점이다. 그 수도 조선족 총 인구(183만 명)의 약 30%를 차지할 정도이다.[26] 행정안전부의 2012년 지방자치단체 외국인주민 현황 자료에 의하면, 조선족은 530,880명으로 그 중 462,268명은 한국 국적을 취득하지 않

25 중국동포타운신문, 2006/09/08.

26 중국 국가통계국의 2010년 제6차 전국인구조사 민족별 인구통계에 따르면, 중국조선족 인구는 183만 929명으로 2000년 제5차 전국인구조사의 192만 3천 842명보다 9만 2천 913명이 감소하였다.

았으며, 68,612명은 한국 국적을 취득한 것으로 나타났다.[27] 조선족의 16개 지방자치단체별 분포 현황을 보면, 서울특별시에 207,711명(29,086명), 부산광역시에 5,192명(1,760명), 대구광역시에 3,463명(1,049명), 인천광역시에 19,489명(3,826명), 광주광역시에 2,396명(519명), 대전광역시에 2,313명(594명), 울산광역시에 7,440명(942명), 경기도에 161,771명(22,006명), 강원도에 3,031명(642명), 충청북도에 7,748명(957명), 충청남도에 14,964명(2,060명), 전라북도에 3,593명(1,004명), 전라남도에 5,057명(846명), 경상북도에 6,295명(1,327명), 경상남도에 11,115명(1,683명), 제주특별자치도에 690명(311명)이 살고 있다.[28]

재한조선족의 지역별 거주 특징을 살펴보면, 우선 전체 총 인구의 약 84%에 해당하는 443,889명이 서울, 인천, 경기도 등 수도권지역에 집중 거주하고 있다. 서울지역에서는 영등포구(43,394명), 구로구(32,553명), 금천구(20,977명), 관악구(18,277명), 광진구(11,381명), 동작구(10,000명) 등 몇 개 지역에 집중적으로 살고 있다. 경기도의 경우는 안산시(29,867명), 수원시(22,268명), 성남시(13,048명), 시흥시(12,019명), 부천시(11,114명), 화성시(9,284명) 등에서 집중 거주하고 있다. 수도권 이외의 지역을 보면, 충청남도 천안시(5,619명), 아산시(3,630명), 충청북도 음성군(2,142명), 경상남도 창원시(3,119명), 김해시(2,734명) 등에서 많이 거주하고 있다. 이러한 지역별 거주 특성을 보면, 재한조선족은 상대적으로 공업단지를 끼고 있는 지역이나 소규모 공장이 밀집한 지역에서 조선족타운을 형성하여 살고 있다.

조선족의 일본 이주는 송출지인 중국과 수용지인 일본의 제도적 · 정책적 조치에 의해 이루어졌다.[29] 1980년대에는 일본 내 "출입국관리및난민인정법" 제정과 "유학생 10만 명 유치정책", 그리고 중국의 "중국공민출입국

27 행정안전부 홈페이지 (http://www.mopas.go.kr, 검색일: 2012.10.08.)

28 괄호 안의 숫자는 한국 국적을 취득한 조선족을 뜻한다.

29 권향숙, "조선족의 일본 이주와 에스닉 커뮤니티: 초국가화와 경계의 심화사이의 실천," 2012 조선족의 이주와 콘텐츠 국제학술회의 자료집 『조선족의 신이주와 콘텐츠 기획』, 2012, p.17.

관리법"이 제정되면서 노동자들과 유학생들이 일본으로 유입되었다. 1990년대에는 주로 일본의 정책변화, 즉 "개정출입국관리법" 시행과 1996년 12월 "신원보증인제도"가 폐지되면서 기존의 형성된 민족네트워크를 통해 대규모로 이루어졌다. 2000년대 들어서는 일본의 IT 관련 기업들이 중국 동북지방의 조선족 기술자들을 직접 스카우트하는 활동을 전개함으로써 조선족 IT 기술자들이 일본 기업에 취업하는 경향이 높아졌다. 이러한 일련의 정책변화에 따라 현재 일본 내 조선족은 약 5~6만여 명에 달하며, 대부분이 도쿄와 오사카에 거주하고 있다.

조선족의 미국 이주는 2000년대에 들어서면서 본격적으로 이루어졌으며, 현재 불완전 통계이지만 약 7만여 명이 거주하고 있다. 이들 중 약 5만여 명은 미국 동부의 뉴욕, 뉴저지 등에 밀집해 있으며, 특히 코리아타운과 차이나타운이 공존하는 뉴욕의 플러싱에 '미국의 연변거리'라는 조선족타운을 형성하여 살고 있다.[30] 이들 대부분은 재미한인이 운영하는 '네일숍'의 노동자로 일하고 있다.[31]

30 한겨레신문, "태평양 너머 '네일숍의 슬픔', 2011/11/17(http://www.hani.co.kr/arti/society/society_general/506029.html, 검색일: 2012.10.08)

31 뉴욕한인네일협회에 따르면, 뉴욕주에만 3,500여 개의 네일숍이 있으며, 종사자는 3만여 명에 달하고 있다. 조선족은 재미한인 네일숍 사장이 가장 선호하는 노동자이다. 무엇보다 언어가 같고 섬세한 손재주를 가지고 있기 때문이다.

2. 러시아 연해주 고려인

연해주(沿海州)는 한반도의 두만강 건너 동북방향으로 전개되는 극동지역을 말한다. 연해주는 한반도와 접경을 이루고 있다는 지리적 조건과 더불어 1860년대에 한인이 처음 이곳으로 이주하여 삶의 터전을 마련했다는 역사적 의의를 가지는 지역이다. 1937년 소련의 스탈린이 이 지역에 거주하고 있는 한인(고려인)을 중앙아시아로 강제 이주시켰고, 1991년 소연방 해체 이후 중앙아시아의 각 공화국이 독립하면서 초래된 정치경제적 혼란과 민족관계의 악화로 인해 고려인 일부가 연해주로 다시 귀환하는 등 한민족의 애환이 깃든 지역이다.[32]

러시아 연해주 고려인의 이주는 크게 네 시기로 구분하여 볼 수 있다. 첫 번째 이주는 19세기 후반 한반도 봉건왕조 사회의 위기와 타락, 그리고 자연재해로 인한 대기근으로 한반도 이북지역의 유민들이 두만강을 건너기 시작하면서부터이다. 그리고 1910년 일제의 강제병합으로 조국이 식민지화되면서 항일독립운동을 위한 정치적 망명이 이루어졌다. 두 번째 이주는 1937년에 이루어 진 것으로서, 이는 스탈린의 강제이주 정책의 실시로 인해 극동에서 중앙아시아로 이주된 것이며, 세 번째 이주는 1953년 스탈린 사후 거주지 제한이 철폐된 이후 중앙아시아에서 러시아 본토 전역으로 이주해 간 자유이주 시기이다. 네 번째 이주는 소연방 해체 이후 중앙아시아 국가에서 민족주의의 발현으로 인해 불안을 느낀 고려인들이 고향인 연해주로 재이주한 것이다.[33] 이러한 이주시기를 바탕으로 고려인의 이주루트를 살펴보면 다음과 같다.[34]

---

32 정옥자, 『러시아 · 중앙아시아 한인의 역사(상)』 (과천시: 국사편찬위원회), 2008, p.38.
33 고가영, "우랄지역 원로 고려인들의 생애사 연구," 『역사문화연구』제30집, 2008, p.53.
34 연해주 고려인의 이주루트는 문화콘텐츠닷컴, 연해주 우수리스크 고려인 문화센터, 우수리스크 거주 고려인의 구술자료 등을 활용하여 작성하였음.

1) 원동 개척 이주루트

한인의 러시아 극동지역으로의 이주는 언제부터 시작되었을까? 학자들 간에 차이가 존재하나, 현재 가장 널리 알려지고 있는 학설은 1863년 한인 농민 13가구가 두만강을 건너 노루고르드만 연안에 있는 포시에트라는 곳에 관유지를 점유하고 정착하면서부터이다.[35] 한인의 연해주 이주는 1858년 중국의 청 정부와 러시아 간 이루어진 아이훈조약과 1860년 북경조약으로 연해주가 러시아로 편입되면서 극동변방을 개척하고자 하는 러시아의 이주정책과 밀접한 연관이 있다. 러시아 정부는 1861년 "동시베리아 아무르주와 연해주 거주 러시아인과 외국인의 이주 규칙"을 제정하여 극동지역으로의 이주를 추진하였다. 그러나 대다수 이주민들은 아무르주 지역에 정착하여 상대적으로 토양이 척박한 포시에트지구를 포함한 연해주 지역에서 극심한 노동력 부족 현상을 겪게 되었다.[36] 이러한 상황에 한반도에서의 정치경제적 혼란과 1869년 기사년 대기근으로 극심한 굶주림에 빠져있던 한반도 북부지역 한인들이 두만강을 건너 핫산, 크라스키노, 포시에트와 같은 변경지대로 유입되었다.

그렇다면 한인들은 러시아 연해주지역으로 어떤 경로를 통해 이주했을까? 19세기 후반 조선 봉건왕조 사회의 부정부패와 자연재해로 인한 대기근 등으로 조국을 등져야 했던 한인들은 육로는 물론 해로 등 다양한 경로를 통해 러시아 극동지방으로 이주했다. 이러한 한인의 이주행렬에 대해 당시 러시아는 물론 조선의 국경초소나 국경수비대의 경계는 숫적 열세뿐만 아니라 잘 알려지지 않은 수많은 샛길들이 있었기 때문에 한인의 유입을 막는 데에 많은 어려움이 있었다.

한인의 연해주 이주루트는 일반적으로 지리적으로 최단거리라 할 수 있는 두

35 이광규, 『재외한인의 인류학적 연구』 (서울: 집문당), 1997, p.147.

36 보리스 박 · 니콜라이 부가이 저, 김광환 · 이백용 옮김, 『러시아에서의 140년간』 (서울: 시대정신), 2004, pp.25-26.

만강하구를 건너는 두만강노선, 중국(당시 청나라)의 훈춘 및 만주 국경 노선, 그리고 배를 이용하여 포시에트만이나 블라디보스토크 지역으로 이주하는 동해노선 등이 있다. 특히 육로를 이용해 연해주로 이주하는 루트는 조선과 러시아, 러시아와 청 등 국경선상에 너무 많은 샛길이 있었으며, 해로 루트 또한 두만강하구에서부터 포시에트만, 블라디보스토크에 이르는 해안가 중 국경수비대의 검문이 비교적 소홀한 틈을 타 다양한 샛길이 주 경로였다고 볼 수 있다. 이 시기 러시아 극동지역으로의 한인 이주루트는 〈그림 8〉과 같이 나타낼 수 있다.

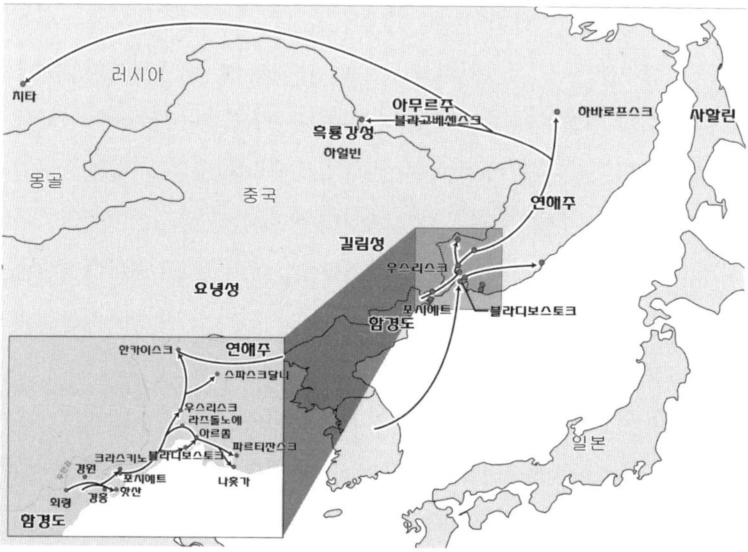

〈그림 8〉 원동 개척 이주루트

한반도의 북부, 즉 함경도지역에서 연해주에로의 이주는 주로 경흥 방향의 두만강하구를 건너는 두만강노선을 이용하여 핫산, 크라스키노, 포시에트지역에 정착하였다. 함경도지역 일부 한인들은 중국 청나라의 훈춘 부근의 국경을 넘어 포시에트지역으로 이주했으며, 청진항에서는 한인들이 돛 없는 작은 거룻배를 타고 포시에트만 부근의 해안가를 통해서 인근 지역에 정착하였다. 이때 당시 한인의 극동지역으로의 이주는 한인 최대 정착지였던 포시에트를 통해서 이루어졌다. 포시에트는 중국의 만주와 조선과 접하고 있으며, 바다뿐만 아니라 철도가 가까이 있다는 지리적 여건 때문에 한인 이주의 교량 역할을 담당하였다.[37]

〈사진 5〉 러시아 연해주 포시에트 입구

이렇게 원동으로 이주한 한인들은 조선, 러시아, 청 등 삼국의 국경지대를 중심으로 집거지를 형성하였다. 러시아 최초의 한인마을로써, 이주 초기 한인마을 형성의 진원지였던 '지신허(현재 비노그라드나야)마을'[38]을 형성하였다. 지신허마을이 형성된 이후 한인들은 지신허마을을 거쳐 현재의 크라스키노 주변에 위치한 '연추'에 정착하여 한인집거지인 '연추마을'을 형성하였다. 이 연추마을은 두만강과 가까운 지리적 위치와 최대의 한인마을이었던 관계로 블라디보스토크의 신한촌이 등장하기 이전까지 연해주 남부지역

37 보리스 박 · 니콜라이 부가이 저, 김광환 · 이백용 옮김, 『러시아에서의 140년간』 (서울: 시대정신), 2004, p.109.

38 함경도 무산의 최운보와 경흥의 양응범 두 사람이 이끄는 함경도 농민 13가구가 당시 엄금했던 국법을 어기고 목숨을 걸고 1863년 두만강을 월경하여 지신허에 정착한 것이다.

〈사진 6〉 연추마을이 있는 연해주 크라스키노 전경

한인사회의 중심을 담당했다.[39]

한반도에서의 대기근 이후 연해주로의 대규모 한인 이주가 본격화되면서 한인의 정착지도 점차 연해주 북쪽으로 확대되어 갔다. 한인들은 연추마을을 기점해서 멍구가이(현 바라바쉬)지역에 아지미마을과 시지미마을을 형성하였고, 북쪽으로 수이푼강(현재 라즈돌리노예강)지역까지 확산되어 갔다. 특히 수이푼강지역은 니콜스크-우수리스크(현 우수리스크)가 중심지가 되어 뿌칠로브카, 시넬리니코보, 코르사코프카, 크로우노브카 등에 한인 집거지를 형성하였다. 우수리스크지역 한인 마을은 항카호수 지역과 하바로프스크 등 연해주 북쪽으로 이주하는데 중요한 요지였다. 우수리스크는 1937년 중앙아시아로의 강제이주전까지 러시아 극동지역 최대의 한인 집거지로 발

39 특히 연추마을은 한말 연해주 의병운동의 중심지였을 뿐만 아니라, 저명한 애국지사들이 북조선과 중국의 훈춘, 북간도을 왕래할 때면 거쳐간 곳이기도 했다. 연추마을은 특히 한국침략의 원흉 이등박문(伊藤博文)을 처단했던 안중근(安重根)의사가 1908년 봄 최재형(崔在亨), 이범윤(李範允), 이위종(李緯鍾) 등 한인지도자들과 동의회(同議會)를 조직하고, 그해 여름 국내로 진격하여 일본군과 전투를 벌였던 연해주 의병운동의 중심거점이었다.(주블라디보크총영사관 홈페이지, 반병률, 러시아 한인 발자취를 찾아서, 검색일 : 2013. 02. 18.)

전해갔으며, 러시아를 포함한 독립국가연합 고려인의 마음의 고향이었다.

드물기는 하지만, 한반도 중부지역의 한인들은 작은 배를 타고 라자노프카 항구 지역으로 정착하거나, 남부지역의 한인들은 기선을 타고 블라디보스토크에 정착하였다.[40] 이들은 블라디보스토크에 정착하여 구개척리, 신한촌 등과 같은 한인 집거지를 형성하였고, 라즈돌노예지역과 수찬(빨치산스크)지역으로 확산되어 갔다. 라즈돌노예 방향으로의 이주는 수이푼지역의 우수리스크 일대에 정착하였다. 빨치산스크로의 이주는 블라디보스토크까지 거룻배를 타고 해로로 이주한 한인들이 유입되었다. 이들은 육로나 배를 이용하여 나홋카, 올가까지 이주하여 정착하였다.

〈표 11〉 블라디보스토크 관구 내 한인 이주자 거주 분포(1929)

지역	인구 수(명)	지역	인구 수(명)
블라디보스토크	7,994	포시에트	37,755
니콜스크-우수리스크	2,896	스파스크	4,424
스파스크	1,332	수이푼	20,718
수찬	19,960	한카이	9,099
올가	4,959	체르니코프	4,275
그로데코프	7,860	쉬코토프	10,837
이바노프	3,380	쉬마코프	3,166
미하일로프	2,174	야코블레프	1,575
포크로프	10,391	합계	150,795

출처: 김게르만, 『한인 이주의 역사』 (서울: 박영사), 2005, p.184.

한편, 러시아정부는 한인들의 연해주 이주가 매년 증가하자 "연해주지방 한인들에게 러시아 거주권을 발급하는 절차에 대한 규정"을 만들어 '공식적으로' 한인의 연해주 이주 경로를 제시했다.[41] 첫째, 국경에서 연해주지역으로 들어오거나 혹은 연해주지역에서 나갈 경우, 국경경비대 초소를 거치게 될 경우에는 훈춘과 뽈따프스크, 크라스노셀스크 초소만을 지나도록 했

40 이상근, 『한인 노령이주사 연구』 (서울: 탐구당), 1996, p.42.
41 이상근, 『한인 노령이주사 연구』 (서울: 탐구당), 1996, pp.40-41.

다. 둘째, 카자크마을을 지나갈 경우는 까자께비체프, 코즐로프스크, 그라프스크, 블라디보스토크 등지를 경유하도록 했다. 셋째, 연해주에 도착하게 된 모든 한인들은 반드시 위에서 열거한 관문 중 한 곳에서 조선정부가 발급한 여권을 제시하도록 했으며, 이 여권은 러시아에서 배서한 사증을 내주는 한에서만 효력을 갖도록 했다. 마지막으로 해로를 이용하여 연해주에 도착한 한인들은 노보키예프스코예, 블라디보스토크, 빨치산스크지역의 블라디미로프카, 니콜라에프스크 중 한 곳에서 사증을 받아야 한다.

그러나 이러한 러시아정부의 공식적인 이주경로를 통해 연해주지역에 정착한 한인들은 그다지 많지 않아 보인다. 왜냐하면, 두만강을 건너는 한인들은 극심한 대기근을 견디지 못한 사람들로, 국경수비대를 통과할 때 필요한 세금조차 지불할 능력이 없었기 때문이다. 그리하여 그들은 경비가 느슨한 국경초소가 있는 국경을 넘거나, 두만강하구에서부터 중국의 훈춘에 이르는 잘 알려지지 않은 여러 갈래의 샛길을 이용하여 연해주지역의 한인촌으로 들어왔다.

러시아정부는 블라디보스토크에도 한인들의 이주행렬이 계속되자 기존의 한인들이 정착하여 마을을 형성한 지역을 한인 거주지로써 1893년에 한인촌 1구를 설정하기에 이르렀다. 그러나 이 마을에서 콜레라가 발생하자 러시아정부는 한인들의 최초 정착지인 개척리 마을을 강제폐쇄하고 블라디보스토크 북부 변두리의 한 지역으로 이전시켰으며, 이곳을 신한촌이라 불렀다.[42] 신한촌은 당시 한인사회의 결절점(node) 역할을 하였다. 1910년 한일강제병합으로 애국지사[43]들이 연해주지역으로 속속 집결하면서 성명회, 권업회와 같은 독립운동단체결성, 한인학교 설립, 신문발간, 13도의군 창설, 그리고 1919년에 망명정부인 '대한민국의회'를 수립하는 등 항일 독립운동의 전진기지가 되었다. 그러나 신한촌은 1937년 스탈린의 강제이주

42 이상근, 『한인 노령이주사 연구』 (서울: 탐구당), 1996, pp.47-48.
43 대표적인 애국지사는 대한민국 임시정부 국무총리인 이동휘를 비롯하여 신채호, 이상설, 장지연, 이종호, 장도빈 등이다.

정책으로 인해 폐허가 되었다. 현재 블라디보스토크지역에 있는 고려인의 삶의 흔적은 '신한촌기념탑'과 '서울거리 2번지'라는 주소판이 붙어있는 한 채의 가옥이 있다. 신한촌 기념탑은 (사)해외한민족연구소가 주체가 되어 3 · 1독립선언 80주년을 맞이하여 1999년 8월 15일에 건립되었다.

〈사진 7〉 러시아 연해주 블라디보스토크시 소재: 신한촌 기념탑

〈사진 8〉 러시아 연해주 블라디보스토크시 소재: 서울거리 2번지 가옥

신한촌의 한인들은 1919년 국내에서 3 · 1운동이 일어나자 같은 해 3월 17일과 이듬해 3월 1일에 독립만세 운동을 벌였으며, 당시 블라디보스토크에 있던 11개국 영사관과 6개 러시아 관청에 독립선언서를 배포하였다. 이러한 이유로 러시아 극동지역에 주둔해 있던 일본군은 1920년 4월 4일 밤부터 이튿날 아침까지 신한촌을 포함하여 우수리스크 한인 거주지, 러시아 혁명군 · 정부기관 · 관공서 등을 대대적으로 공격했다. 그 결과 한인 동포 300여 명이 집단 학살당하고 최재형, 김이직, 엄주필, 황경섭 등 항일독립운동가들이 검거되어 정식 재판절차도 없이 학살당했다. 이 집단학살이 바로 '4월 참변'이다. 블라디보스토크 한국총영사관은 러시아 우수리스크시와 우수리스크시 고려인민족문화자치회 등과 공동으로 4월 참변 희생자를 추모하기 위한 추모제를 우수리스크시에서 개최하고 있다.[44]

〈사진 9〉 연해주 우수리스크시 소재: 항일독립운동가 최재형의 집[45]

44 연합뉴스(http://www.yonhapnews.co.kr, 검색일: 2012. 01. 15.).

45 이 사진은 연해주의 대표적 항일독립운동가이며 전로한족중앙총회 명예회장으로 활동하였던 최재형선생이 1919년부터 1920년 4월 일본헌병대에 의해 학살되기 전까지 거주하였던 곳이다.

〈사진 10〉 연해주 우수리스크시 소재: 4월참변 기념탑

요컨대, 1863년 함경도 무산의 최운보와 경흥의 양응범 두 사람이 이끄는 농가 13가구가 두만강하류를 건너 연해주 최남단지역 지신허에 최초로 정착한 것을 시작으로 핫산, 크라스키노, 포시에트, 바라바쉬, 블라디보스토크, 빨치산스크, 올가, 라즈돌노예, 우수리스크, 스파스크, 달레네첸스크, 하바로프스크, 아무르주의 블라고베셴스크, 자바이칼주의 치타시 등의 척박한 황무지를 개척하면서 러시아 극동지역 전역에 한인촌을 건설하였다. 이 시기 한인들은 연해주라는 새로운 땅에서 자신의 삶을 개척하는 그야말로 '개척이주'의 성격을 가진다. 게다가 한인들은 연해주의 황무지를 개간하여 논밭을 만들고 러시아에 벼농사를 전파하였을 뿐만 아니라 한인촌을 무대로 항일 독립운동가들에게 독립운동을 할 터전을 마련해주었다.

2) 스탈린 강제 이주루트

1930년대 중반 18만 명에 달할 정도로 성장하였던 극동지역의 고려인들은 아무런 영문도 모른 채 하루아침에 중앙아시아 사막지대로 죽음의 강제 이주를 당해야 했다. 그렇다면 연해주 고려인의 강제이주는 어떠한 배경에서 일어나게 되었는가?

먼저, 1930년대 후반부의 국제정치적 환경과 밀접한 관련이 있다. 당시 유럽에서는 독일과 소련이 전쟁준비를 강화하고, 일본의 만주침략 이후 극동지역에서는 소련과 일본 사이에 긴장이 고조되었다. 일본과 소련은 상호 첩자를 파견해 상대방을 탐색하였고, 이에 일본은 연해주에 거주하는 한인들을 이용한다는 소문이 있었다. 연해주의 한인이 일본의 첩자에게 이용당한다는 이유 이외에 한인들의 항일 독립운동이 일본에게 시비의 구실이 될 것이라고 생각한 스탈린은 한인을 비롯한 소수민족들을 중앙아시아로 강제이주 시킬 것을 결정하였다.[46]

둘째, 스탈린은 레닌의 소수민족정책과는 달리, '일국사회주의론'에 입각하여 평등한 관계를 폐기하고 다른 민족 공화국들이 러시아에 종속하는 상하관계를 만들었다. 스탈린은 다민족주의를 부정하고 중앙통제를 강화하면서 소수민족 지도자를 대거 숙청하는 등 소수민족을 억압하였다.[47] 이러한 정책은 당시 연해주지역에서 고려인 자치주 건설 및 고려공화국 건설 방안 등 민족자치를 요구하는 고려인에 대한 정치적 탄압의 형태로 강제이주 방식으로 결정되었다.[48]

셋째, 당시 소비에트의 집단화 정책으로 인해 대규모의 인구감소가 일어난 중앙아시아 지역을 재건하려는 이유에서이다. 이는 이미 연해주지역

---

46 김연수, 『소련속의 한국문제』 (서울: 일념), 1986, p.68; 이광규, 『재외한인의 인류학적 연구』 (서울: 집문당), 1997, p.160.

47 최진욱 외, 『동북아 한민족 사회의 역사적 형성과정 및 실태』 (서울: 통일연구원), 2004.

48 임채완 · 전형권, 『재외한인과 글로벌 네트워크』 (서울: 한울아카데미), 2006, p.176.

에서 검증된 한민족의 우수성, 특히 뛰어난 벼농사 영농 기술을 가지고 있는 고려인들을 이들 지역에 집단적으로 배치했다는 것이다.[49] 물론, 러시아 전역에서 폴란드인 35,000명, 독일인 1만 명, 이란계 6,000명, 자카프카지예공화국의 쿠르드족 2,000명 등 일부 다른 민족들이 이미 강제이주를 당했다. 다음 예방적 조치대상인 극동지역 고려인들은 1930년대 중반부터 일본의 스파이라는 오명을 안고 살아야 했다.

1937년 고려인 강제이주에 대한 스탈린 정부의 공식적 입장은 '고려인들의 일본제국주의를 위한 간첩행위와 이의 위험성 대비'였다. 러시아 극동지역에 거주하던 고려인들의 중앙아시아로의 강제이주의 구체적인 원인은 아직 확실히 밝혀지고 있지 않지만 스탈린 정부의 입장은 고려인의 강제 이주가 전시상황, 민족 간의 폭발적 위험상황에서의 불가결한 조치, 즉 소수민족들의 간첩, 첩보, 내부교란, 적대적 행위, 배반적 행위의 방지를 위한 조치였다라는 입장이다

바로 이러한 상황에서 한인들은 1937년 8월 21일 소련인민위원회와 전소련공산당 최고회의에서 "극동지방 국경지역으로부터의 한인 이주에 대한 결의안" 제1428-326(1급비밀)호가 채택됨으로써 강제이주가 공식적으로 결정되었다. 이 결의안의 일부 내용을 소개하면 다음과 같다.

> '소련 인민위원회와 전소련공산당 최고회의'는 극동지방의 일본 스파이 활동의 침투차단을 목적으로 다음과 같은 조치를 취한다.
>
> ① 극동지방 전소련공산당과 극동지방 집행위원회, 극동지방 내무인민위원부에게 다음의 극동지방 국경지역에서 모든 한인을 이주시킬 것을 권고한다.
>
> • 대상지역: 포시에트, 몰로토프, 한카이, 호홀리스크, 체르니고프, 스파스크, 슈마코프, 포스티쉐프, 비킨스크, 뱌젬스크,

---

49 윤인진, 『코리안 디아스포라: 재외한인의 이주, 적응, 정체성』 (서울: 고려대학교출판부), 2004, p.197.

하바로프스크, 수이푼, 키로프스크, 카리닌, 라조, 스바보드넨, 블라고베센스크, 탐보프스크, 미하일로프스크, 아르하린스크, 스탈린스크, 블류헤로프스크 지구에서 남부 카자흐스탄주의 아랄해 지역과 발하샤 지구 그리고 우즈베키스탄소비에트공화국으로 이주시킬 것. 이주 작업은 포시에트지구와 그로데코보 지구 인근부터 개시할 것.

② 이주작업은 즉각 개시하며 1938년 1월 1일까지 종료할 것.

③ 이주대상 한인들에게 이주 시 재산과 가재도구 그리고 가금류를 가져가도록 허락할 것.

④ 이주민들에 의해 남겨지는 동산, 부동산 그리고 농지에 대해 보상을 할 것.

⑤ 카자흐스탄소비에트공화국과 우즈베키스탄소비에트공화국의 인민위원회에게 조속히 이주 지역 및 위치를 정하게 하고 이주민들에 대하여 필요한 협조를 제공하여 이주민들의 새로운 지역에서의 농업활동을 보장해줄 수 있는 조치를 결정토록 할 것.[50]

이 결의문에 의하여, 한인들은 두 차례에 거쳐 화물 열차를 타고 우즈베키스탄에 16,272가구 76,525명, 카자흐스탄에 20,170가구 95,256명으로 총 36,442가구 171,781명이 중앙아시아 사막지대로 강제이주당했다. 1차 이주는 주로 국경지대에 거주하는 한인들을 시급히 이주시키는 것을 목표로 진행되었으며, 2차 이주는 극동 지역 전역의 한인들을 모두 이주시키는 방향으로 이루어졌다. 한인의 중앙아시아 강제 이주루트는 〈그림 9〉와 같다.

스탈린의 중앙아시아 강제이주는 지체 없이, 그리고 매우 치밀한 계획하에 이루어졌다. 스탈린은 당시 주로 당 및 소비에트 행정기관, 붉은 군대

50 보리스 박 · 니콜라이 부가이 저, 김광환 · 이백용 옮김, 『러시아에서의 140년간』 (서울: 시대정신), 2004, p.303.

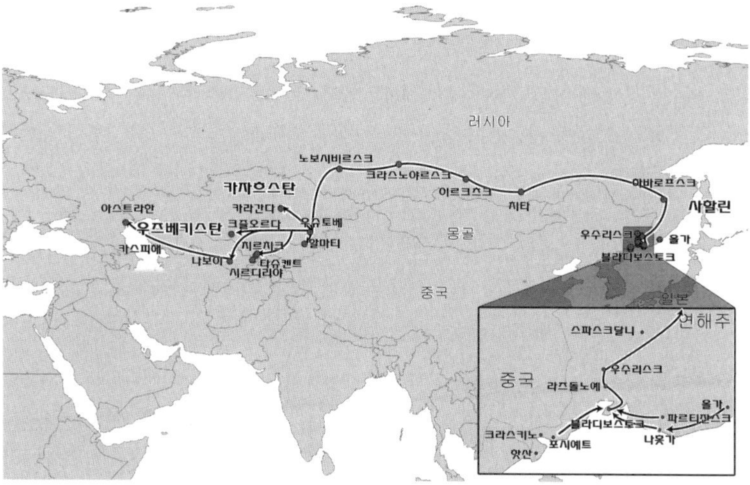

〈그림 9〉 스탈린 강제 이주루트

등에서 일하는 한인의 정치적 지도자 2천 5백여 명을 숙청하였다. 이러한 사실은 스탈린의 민족정책을 추진하기 위한 것으로, 극동지역에서의 한인들을 제거하기 위한 정치적 조치였다. 이어 스탈린은 극동변강 지역에서부터 추방에 착수하여 1938년 1월 1일전에 완수할 것을 지령했으며, 교통인민위원부에는 고려인 이주자들을 수송할 열차를 일순간의 지연도 없이 대기시키라는 명령이 하달되었다. 또한 당시 일본의 관할권에 있었던 조선과 만주국경을 간단하게 월경할 수 있도록 눈을 감아주라는 지시도 있었다. 강제이주를 준비하라는 지령은 지역에 따라 차이가 있었다. 농촌지역에서는 보름내지는 한 달여 정도 시간을 주어 짐을 꾸릴 수 있게 한 반면, 도시지역에 사는 고려인들에게는 가장 짧게는 하루, 또는 2-3일 내지 1주일 정도 시간을 주어 다른 지역으로 도망가지 못하도록 했다. 또 어느 지역에 사느냐에 따라, 예컨대 바닷가에 사는 고려인들은 강제이주 지역도 비슷한 곳으로 이주시켰다.

강제집단 이주과정에서 고려인들은 얼마나 희생되었는가? 정확한 수치는 알 수 없지만, 열차 안에서 배고픔으로 또는 유행병으로 인해 상당수의 어린이들과 노인들이 숨졌으며, 하바로프스크 근방에서는 열차 전복사고로 많은 고려인들이 죽었다. 한 달여 정도 기차를 타고 마침내 도착한 새 정착지에서도 고통은 계속되었다.

카자흐스탄으로 강제이주 된 고려인의 첫 기착지는 까라딸강 유역에 자리잡아 수원이 풍부한 농업지대였던 우슈토베였다. 그 외 알마티, 크질오르다, 카라간다 등에 정착하였다. 1938년 봄이 되자 한인들은 카자흐스탄 영토 내 다른 지역으로 재이주하기 시작했다. 대표적으로 알마티 주, 크질오르다 주, 카라간다 주, 악튜빈스크 주, 쿠스타나이 주, 구르예프 주, 세베로-카자흐스탄 주, 자파드노-카자흐스탄 주, 유즈노-카자흐스탄 주 등이다. 초원지대인 우즈베키스탄으로 강제이주 된 한인들은 타쉬켄트 지역에 정착하였고, 일부 고려인들은 볼가강 유역의 아스트라한 지역에 정착하기도 하였다. 고려인들이 이들 지역에 도착했을 때는 겨울의 길목에 있었거나 늦게는 12월이 되었다.

스탈린의 대러시아주의에 입각하여 국가적 폭력에 의해 중앙아시아로 강제이주 된 고려인들은 척박하고 낯선 곳에서 적성민족으로서 거주 이전의 자유를 박탈당한 채 살아가야만 했다. 그러나 고려인들은 비극적인 상황에도 불구하고 우수한 민족성을 바탕으로 새로운 땅을 개척하였다. 이들은 '콜호즈'라는 집단농장을 형성하여 벼농사 및 목화재배를 일구면서 성공적으로 정착하였다. 1938년 당시 우즈베키스탄의 집단농장은 타쉬켄트주의 니쥐네치르칙구 6개, 스레드네치르칙구 13개, 베르흐네치르칙구 4개, 사마르칸트주 9개, 페르가나주 5개, 호레즘주 3개, 카라칼파카야자치공화국 5개 등이 있었다. 카자흐스탄의 경우는 1938년 12월 당시 크질오르다주 28개, 알마티주 19개, 악튜빈스크주의 카라부탁구 4개, 세베로-카자흐스탄주의 켈레토프구 5개, 유즈노-카자흐스탄주 2개, 구르예프주 3개, 카라간다주 3개, 쿠스타나이주 2개 등이 건설되었다.[51]

---

51 김게르만, 『한인 이주의 역사』 (서울: 박영사), 2005, pp.211-214.

이처럼 고려인들은 카자흐스탄과 우즈베키스탄에서 집단농장을 성공적으로 운영, 정착시키면서 커다란 경제적 성공을 거두었으며, '사회주의 노동영웅' 칭호를 받은 고려인들이 대거 등장하였다. 가령, 우즈베키스탄에서는 1948년부터 1954년까지 약 130명 이상의 고려인들이 벼 및 면화 수확량의 증산에 헌신적으로 기여한 공로로 농업영웅이 되었다.[52] 대표적으로 타쉬켄트주의 집단농장인 '북극성'의 김병화회장이다. 김병화회장은 1947년과 1951년에 면화의 증산과 곡물의 다수확에 관한 업적으로 두 차례에 걸쳐 사회주의 노동영웅 칭호를 받은 유일한 소수민족 출신의 고려인이다. 김병화회장의 업적을 기념하기 위하여 1961년 북극성 콜호즈 입구에 그의 흉상이 건립되었고, 1974년 사망 이후에 북극성 콜호즈가 김병화 콜호즈로 개명되었다. 이처럼 제2차 세계대전 이후 중앙아시아 지역에서 소비에트 농업 엘리트들이 등장하면서 거주국에서의 고려인의 사회적 위상은 급속히 향상되기 시작했다.

3) 자유 이주루트

1953년 스탈린의 사망은 중앙아시아지역에 거주하고 있는 고려인의 삶에 지대한 영향을 끼쳤다. 1937년 중앙아시아에로의 강제이주를 당한 고려인들은 거주이전의 자유가 박탈당한 채 일정한 거주 구역이 명시된 신분증을 소지해야 했으며, 민족교육이 금지되고 국가기관의 취업 등 사회, 정치적 진출이 사실상 봉쇄된 채 살아가야만 했다.

스탈린 사망 이후, 흐루시초프는 1956년 2월 25일 제20차 당 대회에서 "개인숭배와 그 결과"라는 제목의 비밀연설에서 스탈린의 실책을 폭로하였다. 같은 해 7월에는 "특별이주자들의 법적 지위상 특별 거주에 따른 제한 조치 해제에 관해서"라는 법령을 채택하여 스탈린시대에 자행된 개별 시민

---

52 손영훈, "중앙아시아 고려인 엘리트와 지원방안", 「제2차 중앙아시아 국내학술대회 자료집」, 2010.

이나 전체 민족에 대한 탄압이 불법적으로 시행되었다고 평가하였다. 1954년부터 1961년까지 진행된 흐루시초프의 명예회복 정책은 '반혁명분자'로 내몰린 사람들을 포함하여 탄압대상자로 분류되었던 약 70만 명의 정치가, 민족집단 구성원에 대한 명예를 회복시켜주었다.

1955년 12월 소련 최고회의 간부회의는 강제이주 된 독일인과 그 가족들이 특별 이주지에서 거주하면서 받았던 제한조치들을 해제시켜 주었다. 그 결과, 독일인들은 어느 지역에서나 노동 정착을 할 수 있도록 자유로이 주거를 이동할 수 있는 시민적 권한을 회복하였다.[53] 이를 계기로 고려인들은 거주 이전 제한이 폐지되고 이주의 자유를 보장받으면서 소련 전역으로 이주할 수 있게 되었다.[54] 이 시기 이루어진 고려인의 이주루트를 지도화하면 〈그림 10〉과 같다.

〈그림 10〉 자유 이주루트

흐루시초프의 거주이전 제한 조치 철폐와 법적, 정치적 지위를 회복한 고

53 정옥자, 『러시아 · 중앙아시아 한인의 역사』 (과천시: 국사편찬위원회), 2008, p.226.
54 고가영, "우랄지역 원로 고려인들의 생애사 연구", 『역사문화연구』 30, 2008, p.66.

려인들은 우선, 고려인의 '마음의 고향'이라 할 수 있는 연해주로 이주해갔다. 또한 소수민족으로서 사회적 성취욕구가 남달랐던 상당수의 고려인들은 학업이나 재취업 교육을 위해 소련에서 교육도시로 널리 알려진 톰스크와 노보시비르스크로 이주했다. 그리고 경제적 성취 등의 이유로 농촌을 떠난 고려인들은 소련의 대표적인 도시인 모스크바와 상트페테르부르크 지역으로 이동하였다.

아울러 고려인들은 중앙아시아지역에서 지리적으로 인접해 있는 러시아 남부지역으로도 이주하였다.[55] 러시아 남부지역은 로스토프주, 볼고그라드주, 아스트라한주, 카프카즈 산맥 이북에 위치해 있는 카바르지노발까리야 자치공화국, 북오세치아자치공화국, 스타보로폴주, 크라스노다르주, 우크라이나 등이다. 러시아 남부지방은 볼가강이나 돈강을 끼고 있어 상대적으로 기름진 땅과 농사에 알맞은 기후조건을 갖추고 있어 농업에 종사하는 고려인들이 많이 이주하였다.[56]

한편, 중앙아시아의 고려인들은 거주국의 산업화의 진전과 더 나은 삶을 위해 비교적 교육기회 및 환경이 우수한 도시로 이주하게 되면서 도시를 중심으로 한 고려인 집거지가 형성되기 시작했다. 우즈베키스탄 고려인의 농촌과 도시에서의 거주 변화를 살펴보면 〈표 12〉와 같다.

〈표 12〉 우즈베키스탄 고려인의 도시와 농촌 인구 변화 추이 (단위: 명)

구분 \ 연도	1939	1959	1970	1979	1989
도시	11,000	44,000	85,000	117,000	146,000
농촌	62,000	94,000	42,000	46,000	37,000
합계	73,000	138,000	127,000	163,000	183,000

출처: 손영훈, "중앙아시아 고려인 엘리트와 지원방안", 「제2차 중앙아시아 국내학술대회」, 2010, p.54.

55 김혜진, "러시아 로스토프주 내 고려인 사회의 형성과정과 특징," 『동북아역사논총』 28호, 2010, p.343.

56 심헌용, "고려인의 신이주와 NGO의 역할: 연해주와 볼고그라드", 『한국시베리아연구』 제11집 1호, 2007, p.16.

1956년 거주이전의 제한이 철폐된 직후인 1959년의 인구 분포를 보면, 도시인구가 44,000명으로 1939년 11,000명에 비해 4배 가까이 증가했다. 특히 1970년을 기점으로 고려인은 전체의 절반 이상이 도시지역에 거주하게 되었다. 1989년에는 고려인 전체 인구의 80%가 도시에 집중 거주하게 되었음을 알 수 있다. 이처럼 중앙아시아의 고려인들은 높은 교육수준과 급속한 도시화의 경험으로 강제이주 초기의 전통적인 농업사회에서 탈피하고 다수의 전문직 엘리트들이 배출되면서 주류사회로 진입하게 되었다.

요컨대, 1937년 연해주에서의 강제추방으로 중앙아시아에 정착한 고려인들은 권리가 지극히 제한되었음에도 불구하고 특유의 근면성과 성실함, 그리고 높은 교육수준을 바탕으로 거주국에서 발군의 역량을 발휘하여 정부기관, 교육, 산업, 건설, 체육 등 다양한 분야에서 성공을 거두었다.

4) 연해주 귀환 이주루트

중앙아시아 고려인의 연해주 이주는 산발적이지만 구소련시기에도 있었다. 위에서 살펴본 바와 같이, 고려인들은 1953년 스탈린사망 이후 흐루시초프의 등장으로 자유롭게 이주가 가능해지면서 자신들 혹은 부모님의 고향인 연해주로 되돌아갔다. 중앙아시아의 고려인들이 본격적으로 연해주로 귀환하는 데는 몇 가지 이유가 있다. 먼저, 중앙아시아지역에서의 요인을 보면 다음과 같다. 1980년대 후반 고르바초프의 페레스트로이카 정책과 1991년 소련 연방체제의 붕괴, 그에 따른 중앙아시아 국가들의 독립은 고려인들에게 많은 영향을 끼쳤다. 소련으로부터 독립한 중앙아시아 국가들은 공식어로 러시아어에서 자국의 언어를 채택함으로써 소수민족들은 독립된 국가의 공용어, 러시아어, 그리고 민족어 등 3중 언어를 습득해야 하는 부담을 갖게 되었다. 특히 러시아어에만 익숙해 있던 고려인들은 자신뿐만 아니라 자녀교육에도 부정적인 영향을 미칠 것으로 판단하여 심각하게 이주를 고려해야만 했다.[57]

1990년대 중앙아시아지역의 국가들에서는 크고 작은 내전과 민족갈등이 발생했다. 1992년 5월에 이르러 타지키스탄에서 본격적으로 내전이 발발하기 시작하면서 고려인들의 국내외의 재이주가 본격화되었다. 특히 전투가 심했던 크랴브주와 크루간츄베주의 고려인 4,000여 명은 우즈베키스탄, 카자흐스탄, 러시아의 볼고그라드주와 클라스다르주에 주로 이주한 것으로 알려지고 있다.[58]

다음은 연해주지역의 요인으로, 연해주는 고려인들의 조상이 거주하던 제2의 고향이라는 정서적인 이유와 함께 한국과 지리적으로 매우 인접해 있다는 것이다. 또한 연해주 정부가 재이주 고려인을 배려하고 있다는 점도 작용하였다. 즉 1991년 러시아는 최고회의에서 "피억압 민족의 복권에 관한 법안"과 강제이주 된 한인들의 "명예 회복법"이 통과되었다. 1993년 4월 1일 러시아정부는 "1937년부터 시작하여 주 러시아 한인들을 대상으로 채택되어 러시아연방 국토 내 이전 거주지로부터의 강제이주, 유배지에서의 특별 거주제도 설정, 자유와 기타 권리 제한 하에서의 강제노동 강요 등 반한인 정치탄압의 근거를 이루었던" 일체의 결정서가 불법적이라고 결정하였다.[59] 이와 같이 국가에 의한 복권이 이루어지면서 연해주로 귀환하는 고려인이 급증하였다.

캐슬즈와 밀러(Castles & Miller)에 의하면, 국제이주의 흐름은 초기 단계에서는 개인단위의 이주가 대부분을 차지하다가 그들의 이주 경로를 따라 연쇄이주(chain migration), 그리고 가족 및 집단 이주가 이루어지면서 하나의 공동체가 형성된다.[60] 이러한 점에서 고려인들의 연해주 귀환 이주는 이미 거주

57 이채문 · 박규택, "중앙아시아 고려인의 러시아 극동 지역 귀환 이주", 『한국지역지리학회보』 9(4), 한국지역지리학회, 2003, p.562.

58 이애리아, "타지키스탄의 민족분쟁과 고려인", 전남대 사회과학연구소 편, 『중앙아시아 한인연구』, 1999.

59 고려사람, 1993, 6-7호.

60 Stephen Castles and Mark J. Mkiller, *The Age of Migration* (London: Macmillan Press Ltd, 1996): 전형권, "국제이주에 대한 이론적 재검토: 디아스포라 현상의 통합모형 접근", 『한국동북아논촌』 제13권 제4호, 2008, p.276에서 재인용.

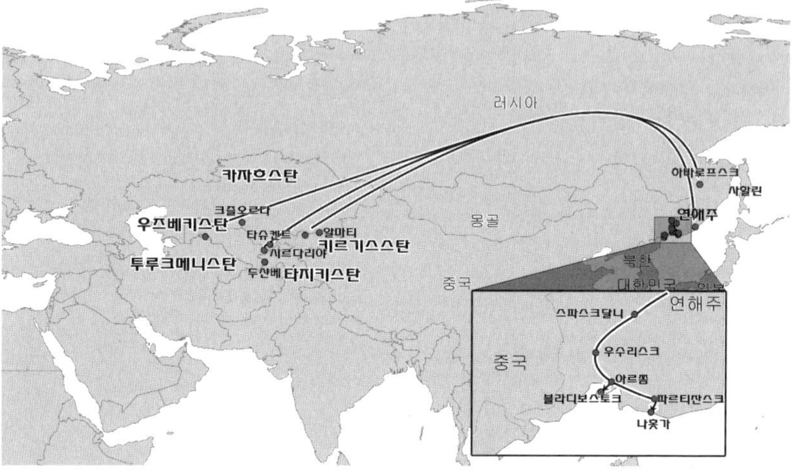

〈그림 11〉 연해주 귀환 이주루트

지에서 자리를 잡고 있던 가족 혹은 친척 등 사회적 연결망(social networks)에 기초하여 이루어진 측면이 있다. 중앙아시아 고려인의 연해주 귀환 이주루트를 지도화 하면 〈그림 11〉과 같다.

이 같이 연해주지역에 미리 터전을 잡고 있는 가족 및 친척들의 존재와 권유, 그리고 중앙아시아에서의 정치경제적 상황이 복합적으로 작용하여 자신들의 또는 선조들의 고향인 연해주로 이주한 것이다. 이들은 주로 연해주 남부의 주요 도시인 우수리스크, 빨치산스크, 나홋카, 블라디보스토크,

〈표 13〉 연해주지역 고려인의 지역별 분포 현황

지역	인원수	지역	인원수
우수리스크	15,400	하산스크	120
빨치산스크	3,000	쉬키돕스크	320
나홋카	3,000	나제진스크	200
블라디보스토크	2,000	라좁스크	100
아르쫌	2,000	올긴스크	50
스파스크달리	1,000	아르세니예브	328
달레고르스크	160	아누친스크	50

지역	인원수	지역	인원수
아르세니예프	328	카바렐롭스크	120
레쏘자보드스크	420	크라스노아르메이스크	50
키로프스크	80	옥자빌스크	200
호롤스크	40	떼르네이스크	60
한카이스크	20	우제브스크	80
체르니콥스크	500	야콥렙스크	65
미하일로프스크	400	합 계	30,063

출처: 최진욱 외, 『동북아 한민족 사회의 역사적 형성과정 및 실태』 (서울 : 통일연구원), 2004. p.112.

아르쫌, 스파스크달리 등에 집중 거주하고 있다.

1991년 소련 해체 이후 러시아 극동지역은 동북아의 식량과 에너지, 교통 등 다방면에서 중요해지고 있으며, 한 · 러관계는 더욱 긴밀해지고 있다. 특히 러시아정부는 한국에 매우 우호적인 입장을 취하고 있다. 가령, 극동지역에서 땅을 임대할 때 한국은 50년, 중국과 일본은 1년 마다 갱신하도록 하고 있다[61]. 이러한 한 · 러관계의 진전의 표상이 바로 '우정마을'이다. 우정마을은 대한주택건설협회와 재외동포재단, 동북아평화연대 등 여러 기관 및 단체들이 중앙아시아에서 연해주로 귀환한 고려인들의 정착을 지원하기 위하여 건설한 집단거주지이다. 원래 우정마을은 1998년 8월부터 대한주택건설협회에서 1,000가구의 고려인 농업 정착촌을 건설할 계획으로 시작되었으나, IMF 외환위기의 여파와 현지조사 부족 등 각종 어려움으로 인해 30여 가구의 주택만 건설된 채 중단되었다.

61 김승근, "러시아 연해주지역의 고려인마을 만들기와 운영 실태에 관한 조사연구: 우수리스크 우정마을을 중심으로," 『한국농촌건축학회논문집』 9(2), 2007.

〈사진 11〉 연해주 미하일로프카의 우정마을

그런데 2004년부터는 (사)동북아평화연대가 러시아 연해주 농업의 가능성에 주목하여 고려인 정착 지원 사업을 본격적으로 벌이고 있다. 미하일로프카의 우정마을, 순야센의 고향마을, 끄레모바, 아시노브카, 치칼로프카, 노브르사노브카 등이 대표적이다. 연해주 고려인 정착지원사업은 우선 고려인들에게 있어 유민의 역사를 끝내고 새 삶의 근거지를 확보한다는 것이며, 러시아 입장에서는 연해주 농업의 부활로 식량자립 기반을 확충한다는 의미를 담고 있다.[62] 동북아평화연대는 재이주한 고려인의 자활프로그램을 바탕으로 마을의 자생력과 생활터전의 기틀을 잡는 프로그램을 운영하고 있다. 구체적으로, 차가청국장 사업, 비닐하우스 영농사업, 육묘사업, 유기농 자연농법 등을 지원하고 있다.

62 신상문, "재러한인의 현황과 주요과제: 연해주 고려인 농업정착지원 현황과 과제를 중심으로," 『재외한인연구』 17, 2006.

3. 재일코리안

근 · 현대 코리안 디아스포라 역사에서 '재일코리안'[63]은 1910년 한일 강제병합에서 시작되는 일본제국주의 식민 통치의 직접적 산물이다. 재일코리안은 일제의 강제징용 정책으로 인해 대부분 비자발적 · 강제적 성격의 이주였다. 물론 1910년 강제병합 이전에도 한반도에서 일본으로 많은 한인이 도항하거나 혹은 연행되어 간 기나긴 역사가 존재한다. 기원전 2세기경부터 한반도로부터의 도래인 집단이 일본에 이주하였고, 도요토미 히데요시의 조선침략 때에도 많은 조선인들이 강제적으로 연행되어 갔다. 그러나 근대 이전의 도래인이나 조선인 포로 및 그 자손들은 일본인의 한 구성요소가 되었기 때문에 근대의 재일코리안과는 질적으로 그 성격을 달리한다. 그리고 일본의 근대화시기에 조선에서의 많은 정치가들과 유학생들이 조선의 근대화를 위해 도일하였으나, 학업을 마치기까지의 일시적 체류자로서 지위를 가졌기 때문에 식민지 통치하의 재일코리안과는 질적으로 그 성격이 다른 것이다.[64]

일본으로의 한인 이주는 크게 세 단계로 나누어 볼 수 있다. 첫째, 1910년 강제병합 이후 1938년에 이르기까지 일제의 식민지 정책과 조선에서의 농민층의 몰락으로 도일한 시기(1910-1938); 둘째, 일본의 전쟁 수행을 위한 대대적인 강제동원이 이루어지던 시기(1939-1945.8); 셋째, 1963년 한일조약 이후, 특히 1989년 한국정부의 '해외여행 자유화' 조치 이후 도일한 이른바 '뉴커머'의 이주이다.

---

63 우리는 일본에 거주하는 '또 다른 우리'에 대해 '재일동포,' '재일교포,' '재일한국인,' '재일조선인,' '재일코리안,' '재일(자이니치),' '한국계 일본인' 등 다양한 용어로 부르고 있다. 국적으로 보면 대한민국, 조선민주주의인민공화국, 귀화 일본인, 무국적 등 네 가지가 있다. 이처럼 용어부터 시작하여 국적에 이르기까지 매우 복잡한 상황이 연출된다. 이는 무엇보다 일본 제국주의의 조선 침략으로부터 기인한 것이다. 여기에다 해방 이후 남북한의 분단으로 인한 이념대립이 더해져 그렇다.이 글에서는 다수 학자들과 같이 국적, 이념, 세대의 구분 없이 일본에 거주하는 한인들 모두를 지칭하는 '재일코리안'이라는 용어를 사용하도록 한다.

64 강재언 · 김동훈 지음, 하우봉 · 홍성덕 옮김, 『재일한국 · 조선인-역사와 전망』 (서울: 소화), 2000, pp.23-28.

2011년 현재 외교통상부 자료에 의하면, 재일코리안은 재외국민(영주권자 461,627명, 일반체류자 96,146명, 유학생 20,362명) 578,135명과 시민권자 326,671명으로 총 904,806명이다. 주요 거주 지역을 보면, 오사카부에 가장 많은 129,992명이 살고 있으며, 다음으로 도쿄도에 114,273명, 효고현에 53,142명, 아이치현 40,643명, 가나가와현 34,233명, 교토부에 32,305명, 사이타마현에 19,750명, 후쿠오카현에 19,087명, 치바현에 18,853명, 히로시마현에 10,792명으로 전체의 절반이 넘는 473,070명(52%)이 10개 지역에 거주하고 있다.

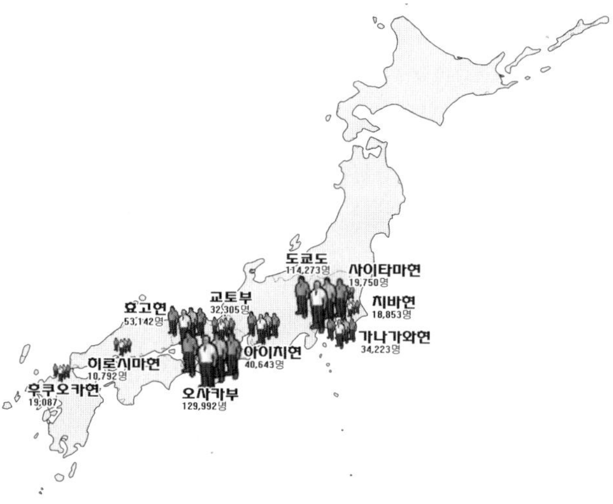

〈그림 12〉 재일코리안의 지역별 분포 현황

1) 식민노동 이주루트

일본은 조선반도를 장악하기 위해 1901년 6월 경부철도주식회사를 세워 1904년 12월 27일에 경부선을 완공하고 1905년 1월 1일에 개통하였다. 경부선이 개통되던 해 9월 11일, 일본은 시모노세키와 부산을 연결하는 관부연락선을 취항시켰다. 이 관부연락선은 다름 아닌 일제의 대륙침략을 위한 수송선 역할을 담당했다.[65] 관부연락선은 1945년 해방 이후 국교단절로 정기 운항이 폐지될 때까지 제국주의의 물적 기반을 담당하였고, 이와 동시에 식민지 조선인의 디아스포라적 삶의 연결체가 되었다.

초창기에 관부연락선을 이용한 사람들은 대부분 일본인으로서, 조선침략의 용이한 통로를 확보하고 효과적으로 지배하려는 목적을 갖고 조선으로 건너온 반면, 일본으로 가는 조선인들은 신학문을 배우려는 유학생들이 대부분이었다. 조선학생의 일본으로의 유학은 1876년 강화도조약 이후 5년이 지난 1881년 6월에 22명의 유력한 양반가문 출신 자녀들이 법학과 군사학을 배우기 위해 도일한 것이 최초이다. 1884년 12월 친일 유학파가 중심이 되어 일어난 갑신정변 이후에는 일본으로의 유학이 중단되었다가, 1904년 11월에 재개되어 도쿄 일반 교육학교에 들어가기 위해 도일하였다. 1905년 을사보호조약 이후 일본의 조선유학생 수는 급격히 늘어나 1910년에는 그 수가 500명을 넘어섰다.

1910년 5월 일본 내 조선인 유학생 현황을 보면, 전문학교(정치학, 법학, 경제학)에 90명, 학교(기술, 문학, 의학)에는 102명, 보통학교(일반학교) 70명, 초등학교 8명, 통합학교(외국어학교 포함) 137명, 기타 97명 등 총 504명이었다.[66] 이들

---

65 일본은 약 40여 년 동안 13척의 연락선을 취항시켰다. 이중에는 화객선이 11척이고 화물전용선이 2척이었다. 계절과 특수기에 따라 임시운항편을 두었는데 이때는 배를 용선하여 추가로 그 항로에 투입했다. 그리고 화객선 11척을 띄우면서 그 배이름 하나하나가 예사롭게 붙여진 이름이 아니었다. 1905년도 같은 해에 제일먼저 취항한 연락선이 이키마루(壹岐丸)이고 그 다음이 쓰시마마루(對馬丸)란 배였다. 이들 이름은 현해탄에 있는 일본 섬에서 따왔다. 그로부터 8년 후인 1913년도에는 시라기마루(신라환)와 고라이마루(고려환)이란 배를 띄웠는데 그 이름을 우리의 신라와 고려의 왕조에서 찾았고, 이어 1922년에서 1923년 사이는 경복궁의 이름을 딴 요시토마마(경복환), 창덕궁의 이름을 딴 쇼케이마루(창경환), 덕수궁의 이름을 딴 도쿠주마루(덕수환)라는 3척의 연락선을 띄웠다. 그리고 1936년에는 금강산의 이름을 딴 곤고마루(금강환), 1937년에는 만주의 홍안령산맥에서 이름을 딴 고안마루(홍안환)을 띄웠다. 1942년에서는 중국의 영산인 텐산의 이름을 딴 텐산마루(천산환), 1943년에는 만주 쿤룬산맥의 이름을 딴 곤론마루(곤륜환)가 취항했다. 이렇듯 관부연락선은 처음에는 일본식 이름이었다가 점차 조선과 만주, 중국의 이름을 사용하면서 일본의 아시아대륙 침략 야욕을 반영한 것이 관부연락선이 가지고 있는 본심이다.(부산본부세관 홈페이지, "곤륜산으로 날아간 관부연락선", http://www.customs.go.kr/kcshome/site/index.do?layoutSiteId= busan, 검색일: 2012. 08. 23.)

유학생의 출신지역을 보면 서울이 24%로 가장 많고, 평안도가 23%로 많다.[67] 〈표 14〉에서 확인할 수 있듯이, 일본 내 조선 유학생들은 일본의 여러 도시의 교육기관에서 유학을 했으나 상당 수가 도쿄 지역에 집중되어 있었다. 도쿄의 조선 유학생 수는 1915년의 362명에서 1920년 682명으로 증가했고, 1921년에는 전체 유학생 1,330명 중 1,141명(86%)이 도쿄에 거주하고 있었다.

〈표 14〉 조선 유학생의 일본 도시 거주 분포(1915-1921)

연도 / 도시	1915년	1917년	1920년	1921년
도쿄	362	436	682	1,141
교토	28	39	47	58
오사카	8	10	10	14
고베	13	17	12	20
기타	70	87	77	97
총계	481	589	828	1,330

출처: Weiner M., *The Origin of the Korean Community in Japan (1910~1923)*, New York: Humanities Press International, Inc., 1989, p.125; 김게르만, 『한인 이주의 역사』(서울: 박영사), 2005, p.372에서 재인용.

1910년 일본의 한반도 강제합병은 재일코리안 이주사에서 큰 의미를 갖는다. 강제합병 이후 조선인의 일본으로의 이주가 본격화되면서 재일코리안 사회의 뿌리를 이루었다. 일본은 1899년 7월 28일에 '외국인노동자입국제한법'이 실시되면서 조선인이나 중국인 노동자의 입국을 허가하지 않았다. 그러던 것이 1910년 강제병합으로 인해 이 법을 조선인에게 적용할 수 없게 되었다. 일본의 자본가들은 조선에 가서 노동자를 활발히 모집하기 시작했는데 오사카 세쓰방적 및 기즈가와 공장, 효고현 아카시 공장이 대표적이다. 더불어 일본은 1914년 제1차 세계대전의 발발로 군수붐의 파도를 타

66 김게르만, 『한인 이주의 역사』(서울: 박영사), 2005, pp.368-371.
67 국사편찬위원회, 『일본 한인의 역사(상)』(파주: 국사편찬위원회), 2009, p.35.

고 경제호황을 맞이하게 되었다. 그리하여 일본 자본가들은 일본인 노동자보다 더 낮은 임금과 열악한 노동조건을 강제할 수 있는 식민지 노동력으로서 조선인 노동자들을 모집하였다.[68] 요컨대, 식민지시기 초기에는 체류자의 대부분이 유학생이었으나, 1911년 오사카부(大阪府)의 방적공장이 조선인을 고용한 것을 시작으로 취업을 목적으로 일본에 건너가는 조선인이 급격하게 증가했다.[69]

〈표 15〉 1920년대 조선인의 일본 도항 이유

독신자			세대주		
이유	인구 수(명)	비율(%)	이유	인구 수(명)	비율(%)
노동을 위해	750	61.8	심신수양을 위해	1	0.2
돈벌이를 위해	38	3.1	노동을 위해	288	61.3
생활곤란 때문에	291	24.0	생활곤란 때문에	136	28.9
고학	102	8.4	고학	6	1.3
관광	4	0.3	돈벌이를 위해	16	3.4
자동차학교 입학	1	0.1	자동차기사 견습	4	0.9
상업	8	0.7	자유권을 위해	1	0.2
엿 장사(행상)	5	0.4	상업	12	2.6
김(행상)	1	0.1	공업기술 습득	1	0.2
공업기술 습득	4	0.3	요리 견습	1	0.2
페인트기술 견습	4	0.3	인쇄 견습	1	0.2
인쇄업 견습	2	0.2	공무원이 되기 위해	1	0.2
작부 봉공	3	0.3	자녀교육을 위해	2	0.4
이발 도제	1	0.1	-	-	-
합계	1,214	100.0	합계	470	100.0

출처: 고베시청 사회과, 『재신(고베)반도민족의 현황』(1927)에서 발췌, 박종명, 『재일조선인-역사, 현황, 전망』, 명석서점, 1999, p.87에서 재인용.

식민지 지배 초기 한반도에서 일본으로 도항하는 이유는 〈표 15〉에서 보

68 강재언 · 김동훈 저, 하우봉 · 홍성덕 옮김, 『재일한국 · 조선인-역사와 전망』(서울: 소화), 2000, p.31.

69 김용찬, "남북한의 재외동포정책"『민족연구』 제5호, 2000, p.62.

는 바와 같이, 일본의 노동시장에 편입하기 위한 노동이주가 주를 이루었다. 즉 식민지 초기 재일코리안의 주류는 노동자였고, 이는 다시 한반도에 있는 노동자의 일본 도항을 이끄는 요인이 되었다.[70]

일본 국내의 노동력 부족과 임금상승을 억제하기 위해 한반도에서 노동자를 모집했던 일본 본토의 공장들을 살펴보면 〈표 16〉과 같다.

〈표 16〉 조선인 노동자를 모집한 일본의 공장 현황

구분 / 지역	공장명	모집 시기
오사카부	세쓰방적 키즈카와공장	1911년
	토요방적 산겐야공장	1914년
	스미토모 주강소	1916년 3월
	아마가사키 츠모리공장	1917년 6월
	닛타 조선소	1917년 6월
	세쓰방적 히라노공장	1917년 7월
	후지나카타 조선소	1917년 7월
	키비 조선소	1917년 9월
효고현	세쓰방적 아카시공장	1912년 6월
	가와사키 조선소	1914년 4월
	고베 제강소	1916년 6월
	후쿠시마방적 하리마공장	1917년 5월
	가와사키조선소(분공장)	1917년
	미쓰비시고베 조선소	1917년 5월
	키시모토제정소	1917년 8월
	하리마조선소	1917년 8월
와카야마현	아사히화학공업(주)	1916년 1월
	우츠미방적공장	1916년 10월
	와카야마방적공장	1916년 11월
	키요직포공장	1916년 11월
	유라염료공장	1917년 8월
	히노데방적공장	1917년 9월

70 강재언 · 김동훈 저, 하우봉 · 홍성덕 옮김, 『재일한국 · 조선인-역사와 전망』 (서울: 소화), 2000, pp.37-38.

지역 \ 구분	공장명	모집 시기
미에현	미에목재건류공장	1916년 1월
	요시제면공장	1917년 1월
	토요방적츠공장	1917년 7월
	하라마츠모직공장	1917년 7월
	오오하시주물공장	1917년 10월
오카야마현	토요칸성냥공장	1913년 11월
	쿠라방적마스공장	1917년 7월
	키비직물공장	1917년 9월
	쿠라방적타마시마공장	1917년 11월
	이시이직물공장	1917년 11월

출처: 일본 농상무성 공장감독관 요시자카조, 『조사보고서』, 1917; 강재언 · 김동훈, 『재일한국 · 조선인-역사와 전망』, 2000, p.37에서 재인용.

일본은 식민지 조선의 노동자들을 본토로 실어 날리기 위해, 그리고 중국 대륙으로의 진출을 위해 제주-오사카, 여수-시모노세키, 부산-하카다, 청진-츠루가 등 새로운 여객 항로를 개설하였다. 〈그림 13〉은 식민지 조선 노동자들의 일본으로의 이주루트를 지도화한 것이다.

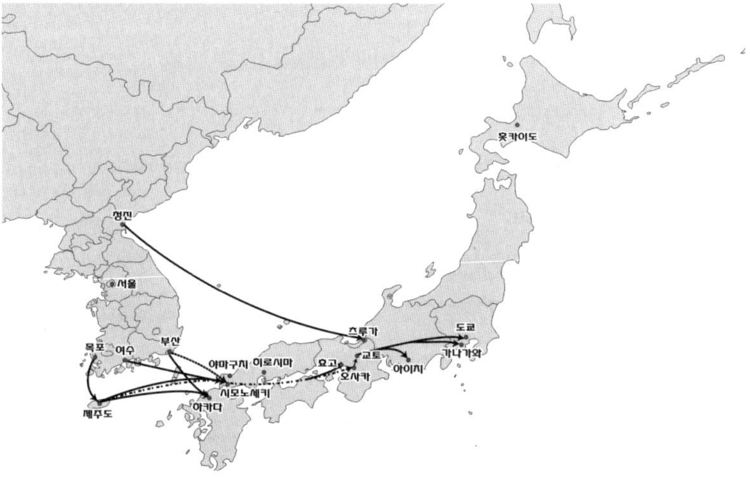

〈그림 13〉 식민노동 이주루트

이러한 이주루트를 통해 조선인들은 오사카, 도쿄, 후쿠오카, 교토 등 주로 대도시에 정착하였다. 이들 지역으로의 정착은 일본 사회의 산업구조나 노동조건과 밀접한 관련을 갖는다. 즉, 일본지역에서도 홋카이도(北海島)와 규슈(九州)가 탄광지대로 유명하다면, 상공업의 중심지는 오사카를 중심으로 한 간사이(관서) 지방이었다. 이러한 일본의 당대 산업구조로부터 나타나는 지역적인 특성은 재일코리안의 거주지 특성 가운데 한 양상으로 나타났다.[71]

1910년대 한인의 일본으로의 도항은 주로 관부연락선을 이용했다. 이 정기 여객선의 운행으로 시모노세키 인근에 위치하면서 대규모 탄전이 있는 후쿠오카현에 한인들이 모여들기 시작했다. 당시 후쿠오카는 오사카지역에 비해 노동조건이 매우 열악했는데도 불구하고 조선인 노동자들이 증가한 이유는 관부연락선의 종착지와 가까운 곳에 위치함으로써 도일 조선인에게 '관문'의 역할을 했기 때문이다. 특히 일본 노동시장에 대해 아무 정보나 연고가 없던 조선인이 탄광노동자로서 첫 발을 내딛었던 곳이 후쿠오카였다.[72]

오사카 지역은 이주 초기부터 오늘날에 이르기까지 재일코리안의 최대 집주지역인데, 이는 오사카 지역의 특성에서 비롯된 것으로 보인다. 오사카는 당시 일본의 상업, 금융의 중심이면서 면방직과 기계 공업이 매우 발달된 도시였다. 그러면서 동시에 일본 내 다른 지역에 비해 비교적 안정적인 노동시장과 양호한 노동조건을 갖추고 있었기 때문에 재일코리안 노동자의 밀집 지역으로 되었다. 또한 1923년 2월 제주와 오사카를 잇는 정기항로가 개설되면서 조선인 노동자들의 도일이 집중적으로 이루어졌다. 특히 '기미가요마루(군대환)'이 취항하면서 오사카방적은 제주도에 직접 들어와 노동자들을 모집해감으로써 제주도민의 오사카 이주가 본격화되었다.

1920년대 후반부터 1930년대에는 매년 8~15만 명의 조선인들이 일본으로 건너갔다. 도일의 이유는 그들 대부분이 토지조사 사업으로 농토를 잃거

---

71 최석신 · 임채완 외, 『재일코리안사회의 경제환경』 (서울: 집문당), 2005, pp.30-31.
72 최석신 · 임채완 외, 『재일코리안사회의 경제환경』 (서울: 집문당), 2005, pp.32-33.

나 일제의 산미증산정책으로 인한 부채로 생활고에 시달렸기 때문이다. 아래의 통계자료는 이를 확인해 볼 수 있다.

〈표 17〉 1930년 이후 조선인의 일본 도항 이유

도일 이유	인구 수(명)	비율(%)
농업부진 때문에	6,587	55.7
생활곤란 때문에	2,037	17.2
돈벌이를 위해	1,745	14.7
구직	241	2.0
상업부진 때문에	228	1.9
불황 때문에	162	1.4
노동	148	1.3
생활향상	140	1.2
수학	115	1.0
상업경영	88	0.7
기타	344	2.9
합계	11,835	100.0

출처: 『대판(오사카)조선인의 생활상황』(1934)에서 발췌, 박종명, 『재일조선인-역사, 현황, 전망』, 명석서점, 1999, p.87에서 재인용.

재일코리안의 이주 증가율이 가장 컸던 시기는 1939년 이후부터 1945년 8월 이전이었는데, 이는 일본이 중일전쟁 발발 후 전시 총동원의 일환으로 조선인에 대한 대대적인 강제징용이 이루어졌기 때문이다.[73]

2) 강제징용 이주루트

1910년 일제의 강제병합 이후 1938년까지의 한인의 이주는 당시의 역사적, 사회적 배경에 의한 비교적 자유도항의 성격이 강했다. 즉 흡입요인으로서 일본 자본주의의 성장에 따른 저임금 노동자의 필요와 배출요인으로서 식민지기 조선 농촌사회의 몰락에 따른 노동이주가 대부분이었다. 그리

73 김광열, 『한인의 일본 이주사 연구: 1910-1940년대』 (서울: 논형), 2010, pp.18-19.

고 이 시기 조선인의 일본에로의 도항은 대부분 자발적인 성격을 띠었다. 그러나 1937년 7월 7일에 시작된 중일전쟁과 전선의 확대, 그리고 1941년 12월 8일 태평양전쟁의 발발은 조선인의 일본 이주의 성격을 전혀 다르게 변화시켰다.

일본은 1937년 중일전쟁 이후 산업의 군수체제화에 필요한 노동력이 부족하자 식민지 조선인에 대한 강제징용을 본격적으로 추진했다. 1938년 4월 인적 · 물적 자원의 총동원을 위해 '국가총동원법'을 제정했다. 이후 일제는 1939년 7월 후생성, 내무성, 조선총독부 3자 합의로 '조선인내무자내지이주에관한건'을 발표했다. 이로써 조선인은 이전의 도일정책과는 완전히 다른 형태로 실시된 '노무동원계획'에 의해 강제적으로, 그리고 집단적으로 도일하게 되었다.

일본의 조선인에 대한 '강제동원'은 1938년 4월 국가총동원법의 제정 · 공포에서부터 1945년 8월 종전까지 노동력 동원, 병력동원, 준병력동원, 여성동원, 조선농업보국청년대 등의 다양한 유형으로 이루어졌다. 국가총동원법은 일제 말기 전시 동원체제를 총괄하는 기본 골격이자 각종 동원의 법적 근거가 되었다. 이 법에 근거하여 일제는 '국민징용령,' '가격통제령,' '조선징병령,' '식량관리령,' '농지관리령' 등을 잇따라 공포하였다.

이 시기 조선인에 대한 강제동원은 모집(1939년 9월~1942년 1월), 관 알선(1942년 2월~1944년 8월), 강제징용(1944년 9월~1945년 8월) 등 전쟁 상황에 따라 단계별로 실시되었다. 시기적으로 노무자 동원의 방법은 다르지만, 본인의 의사를 무시한 채 반강제적 혹은 강제력을 통해 노동력을 수탈했다는 점에서 사실상 큰 차이는 존재하지 않는다.[74]

일제의 강제동원으로 조선인들은 어디로 갔을까? 그들의 구체적인 강제동원의 이주루트를 보면 〈그림 14〉와 같다.

이주루트에서 보듯이, 강제징용으로 끌려간 조선인들은 후쿠오카, 야마

---

74 김남일 외, 『분단의 경계를 허무는 두 자이니치의 망향가: 재일한인 100년의 사진기록』 (서울: 현실문화연구), 2007, p.42.

구치, 나가사키, 오사카, 효고, 아키다, 히로시마, 가나가와, 홋카이도, 오키나와 등의 탄광, 제철소, 수력발전소, 철도, 토목공장 등지에서 야만적인 노예의 삶을 강요당하였다.[75] 대표적으로 조선인 강제징용과 수탈의 역사적 거점지였던 후쿠오카현의 지쿠호탄광, 제국주의 일본의 상징이었던 기타큐수의 야하타 제철소, 야마구치현 우베의 초세이 탄광, 히로시마의 미쓰비시중공업, 홋카이도의 유바리탄광 등이 그것이다.

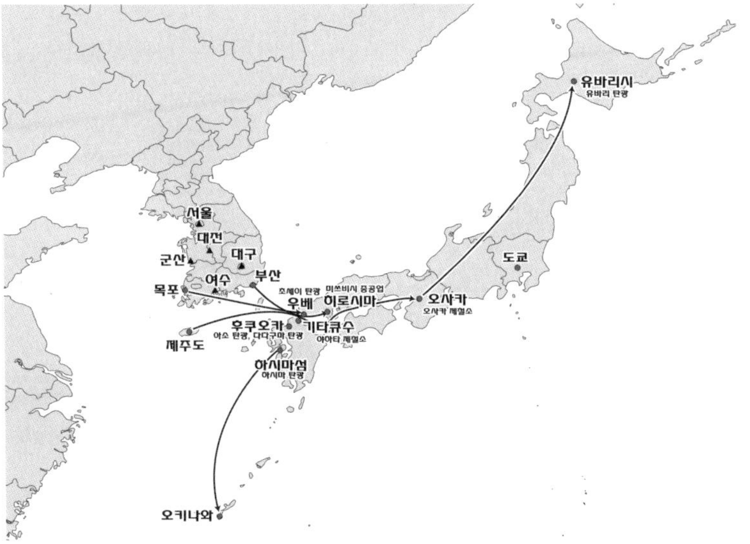

〈그림 14〉 강제징용 이주루트

1939년부터 1945년 8월 해방 전까지 일본 본토로 강제동원(노무자) 된 조선인은 667, 684명이고, 그 중에서 394,295명(59%)은 석탄 및 금속광산에 집중 배치되었다. 구체적인 강제동원 노무자 현황을 보면 〈표 18〉과 같다.

75 일본 지역 이외에도 필리핀, 싱가포르, 팔라우, 사이판, 파푸아뉴기니, 솔로몬제도 등 동남아시아와 태평양 섬 지역까지 강제동원되어 비인간적인 삶을 살았다.

〈표 18〉 조선인 강제연행자 수(노무동원) (단위: 명)

년도	석탄산	금속산	토건	공장·기타	계
1939	24,279	5,042	9,379	-	38,700
1940	35,431	8,069	9,898	1,546	54,944
1941	32,099	8,988	9,540	2,865	53,492
1942	74,576	9,483	14,848	13,100	112,007
1943	65,208	13,660	28,280	15,089	122,237
1944	85,953	30,507	33,382	130,462	280,304
1945	1,000	-	2,000	3,000	6,000
계	318,546	75,749	107,327	166,062	667,684

출처: "일본의 전시생활 표준과 인적자원의 이용", 『미국전략폭격조사단보고서』 제42권에서 발췌, 박종명, 『재일조선인-역사, 현황, 전망』, 명석서점, 1999, p.91에서 재인용.

1939년부터 시작된 강제동원은 조선인의 일본 내 지역 거주에 있어 변화를 가져다 주었다. 1938년과 1943년의 자료를 비교해보면, 탄광이 많이 분포해 있는 후쿠오카, 야마구치, 홋카이도 등의 인구가 급증했음을 볼 수 있다.

〈표 19〉 해방 이전 재일코리안의 일본 내 지역별 분포(상위 10위)

1938년			1943년		
지역	인원(명)	비율(%)	지역	인원(명)	비율(%)
오사카	241,619	30	오사카	395,380	21
도쿄	78,250	10	후쿠오카	172,199	9
후쿠오카	64,321	8	효고	135,170	7
아이치	61,654	8	야마구치	132,526	7
효고	60,105	8	아이치	126,325	7
교토	53,446	7	도쿄	123,126	7
야마구치	45,439	6	홋카이도	82,950	4
홋카이도	24,878	3	교토	74,079	4
카나가와	16,663	2	히로시마	68,274	4
히로시마	12,063	2	카나가와	54,795	3
총수(명)	799,878		총수(명)	1,882,456	

출처: 1928년 통계는 박경식, 『재일조선인운동사: 8 · 15해방 전』, 1979; 1938년과 1943년 통계는 강재언 · 김동훈, 『재일한국 · 조선인-역사와 전망』, 2000 자료 인용.

일제의 식민지 지배 동안 자발적이든, 강제적이든 일본 본토로 이주해 간 조선인은 1944년 까지 약 2백여만 명에 가까웠다.

〈표 20〉 해방 이전 재일코리안 인구동태 (단위: 명)

연도	인구수	연도	인구수	연도	인구수
1882	4	1903	224	1925	129,870
1883	16	1904	233	1926	143,798
1884	1	1905	303	1927	165,286
1885	1	1906	254	1928	238,102
1886	0	1907	459	1929	275,206
1887	6	1908	459	1930	298,091
1888	7	1909	790	1931	311,247
1889	8	1911	2,527	1932	390,543
1890	9	1912	3,171	1933	456,217
1891	6	1913	3,635	1934	537,659
1892	5	1914	3,542	1935	625,678
1893	7	1915	3,917	1936	690,501
1894	7	1916	5,624	1937	735,689
1895	12	1917	14,502	1938	799,878
1896	19	1918	22,411	1939	961,591
1897	155	1919	26,605	1940	1,190,444
1898	71	1920	30,189	1941	1,469,230
1899	188	1921	38,651	1942	1,625,054
1900	196	1922	59,722	1943	1,882,456
1901	355	1923	80,415	1944	1,936,843
1902	236	1924	118,152		

출처: 재일조선인수는『재일조선인 90년의 궤적-효고와 조선인』중의 "효고 재일조선인 인구통계" 자료에서 발췌, 박종명,『재일조선인-역사, 현황, 전망』, 명석서점, 1999, p.82.

1945년 8월 15일 일본은 무조건 항복하였고, 식민지 지배로부터 해방된 재일코리안은 조국과 가족의 품으로 귀환했다.

3) 조국귀환 이주루트

재일코리안의 조국으로의 귀환은 크게 두 가지 방법에 의해 이루어졌다. 한 가지는 개별적 귀환으로, 1945년 8월 15일 이전에 재일코리안들은 거주지 근해에서 자신들이 직접 배를 구입하거나 빌려서 출항하였다. 이러한 개별적 귀환은 1944년 후반부터 이루어지기 시작했다. 공식적이지는 않지만 한 기록에 의하면 1945년 8월 15일 이전에 이미 재일코리안 중 30만 명 이상이 귀환했으며, 1945년 8월 초에는 5,000명 이상이 시모노세키 항에서 귀환할 배를 기다리고 있었다고 기록하고 있다.[76] 개별적 귀환자들은 대부분 발동기가 달린 소형의 기선이었기 때문에 바다의 태풍이나 풍랑, 그리고 전쟁시기 미군과 일본군이 설치해 놓은 기뢰에 의해 침몰되기도 하였다.[77]

재일코리안의 귀환길에서 일어난 가장 비극적 수난사는 '우키시마마루(浮島丸)'의 참상일 것이다. 일본 해군 특별수송선이던 우키시마마루는 1945년 8월 24일 동북지역의 오미나토항에서 강제연행 한인 2,838명, 일반 한인 897명을 태우고 부산을 향해 출발했으나 도중에 교토(京都)의 마이즈루로 회항하다가 갑자기 폭발, 침몰해 1,000여 명의 한인이 희생당했다. 우키시마마루 폭발사고의 원인은 일본군의 의도적 폭침이었는지, 아니면 미군 기뢰에 의한 우발적 사고였는지 지금껏 밝혀지지 않은 채 미제사건으로 남아있다.

다른 한 가지는 1945년 11월 이후부터 연합군사령부(GHQ)[78]와 일본정부의 통제와 지원하에 이루어진 공식적 귀환이다. 일본정부는 하카다, 센자키, 사세보, 시모노세키, 마이즈루, 하코다테, 우라가, 미이케, 우스노우라, 모지, 하기, 사카이, 유노츠, 후시키, 나나오, 니이가타, 오타루, 무로란 등을 재일코리안의 귀환 항으로 지정하여 雲仙丸, 長白丸, 黃金丸, 會寧丸, 間宮丸, 大愚丸 등의 선박과 해군 함정을 운항하였다.[79] 해방 이후 본격적인 귀환 정책이 수립되면서 재일코리안의 귀환지원 활동을 위한 단체들이 결성되었는데, 재일본조선인연맹 · 조선해외전재동포구제회 · 건준구호특파대 · 귀국동포보호협회 · 조선구호단체연합 등이다.

재일코리안의 구체적인 조국귀환 루트는 〈그림 15〉와 같이 지도화할 수 있다. 재일코리안의 귀환은 귀향지가 경상남북도나 충청북도인 경우는 센자키, 하카다, 하코다테, 마이즈루 항에서 부산항으로 귀환하였으며, 전라

76 채영국, "해방 후 재일한인의 지위와 귀환," 『한국근현대사연구』 제25집, 2003, p.95.

77 키타큐슈 와카마쓰(若松)의 오다야마(小田山) 묘지 한구석에는 '조선인조난자위령비(朝鮮人遭難者慰靈碑)'가 외롭게 세워져 있다. 이 묘지의 주인공은 1945년 9월 중순, 조그만 목선을 타고 귀환길에 올랐다가 마쿠라자키 태풍에 의해 참변을 당한 80여 명의 한인들이다.

78 일본이 제2차 세계 대전에 패한 이후 1945년 10월 2일부터 샌프란시스코 강화조약이 발효된 1952년 4월 28일까지 6년 반 동안 일본에 있었던 연합군의 사령부이다.

79 채영국, "해방 후 재일한인의 지위와 귀환," 『한국근현대사연구』 제25집, 2003, p.96.

남북도와 충청남도인 경우는 사세보 항에서 군산항이나 목포항으로, 경기도나 강원도인 귀환자는 사세보 항에서 인천항으로 수송하기로 했다. 그러나 이러한 원칙에도 불구하고 재일코리안 귀환자 대부분은 가까운 부산으로 귀환했다.[80]

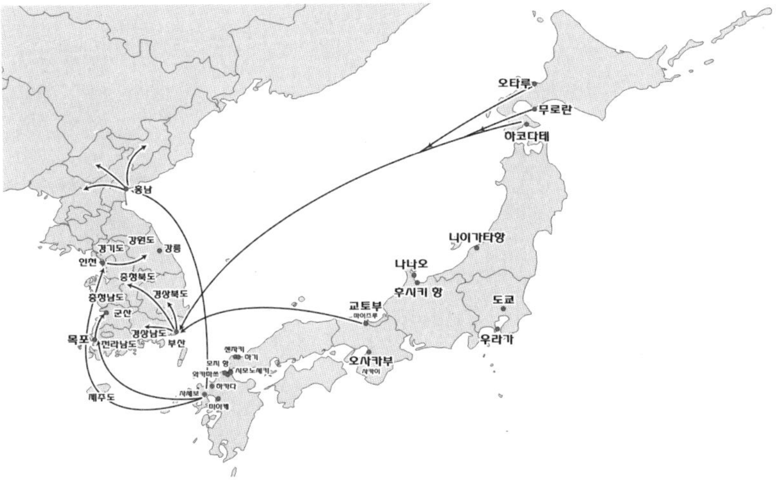

〈그림 15〉 조국귀환 이주루트

재일코리안의 귀환은 1945년 8월 이후부터 1946년 말까지 집중적으로 이루어졌다. 재일코리안의 일본 이주 관문이었던 후쿠오카현 하카다항에서 가장 많은 494,820명이 귀환했으며, 야마구치현 센자키 항에서 330,434명, 홋카이도 하코다테 항에서 86,476명이, 나가사키현 사세보 항에서 72,582명이, 교토부 마이즈루 항에서 29,062명이 귀환하였다.

재일코리안의 귀환은 남한 지역에 한정하여 이루어지다가, 1946년 12월 19일 미국과 소련간에 '소련지구 인양에 관한 미소의 협정'이 체결되면서 북한으로의 귀환이 시작되었다. 북위 38도선 이북에서 태어난 재일코리안

80 최영호, 『재일한국인과 조국광복』, 1995, pp.117-118; 이현주, "해방 후 인천지역의 전쟁동포 귀환과 사회변화," 『인천학연구』 4, 2005, pp.253-254에서 재인용.

〈표 21〉 재일코리안의 남한 귀국자 수 (단위: 명)

승선항 \ 년도	1945.8 - 1946.3	1946.4 - 1946말	1947	1948	1949	1950	계
사세보	55,306	286	8,392	2,822	3,482	2,294	72,582
하카타	425,713	69,107	-	-	-		494,820
센자키	320,517	9,917	-	-	-	-	330,434
마이즈루	25,676	3,385	-	-	-	-	29,061
하코다테	86,271	205	-	-	-	-	86,476
우라가	2,540	-	-	-	-	-	2,540
기타	24,415	-	-	-	-	-	24,415
계	940,438	82,900	8,392	2,822	3,482	2,294	1,040,328

출처: 『재일조선인 처우의 추이와 현황』, 박종명, 『재일조선인-역사, 현황, 전망』, 명석서점, 1999, p.96에서 재인용.

의 귀환은 당초 1만 명을 예상했으나 실제 귀환한 한인은 1947년 3월 15일에 233명, 6월 26일에 118명이었다. 이들 한인은 나가사키현 사세보항에서 출발하여 홍남으로 들어갔다. 1950년 6월 26일 마지막 귀환선이 마이즈루항에서 627명을 태우고 출발할 예정이었으나, 한국전쟁이 일어나자 중단되었다. 연합군최고사령부는 이들에게 원래 살던 곳으로 돌아가라는 지시를 내렸고 이후 귀환선은 다시 뜨지 않았다.[81]

4) 뉴커머 이주루트

뉴커머(new comer)는 1965년 한・일 국교정상화 이후 일본에 건너가 정착한 한국 주민등록 소지자를 말한다. 특히 1985년 일본 나카소네 정권의 유학생 10만 명 유치 정책과 1988년 한국의 해외여행 자유화 조치 이후에 일본으로 건너가 정착한 사람들이 대부분이다.[82] 이 용어는 제2차 세계대전

81 이현주, "해방 후 인천지역의 전쟁동포 귀환과 사회변화," 『인천학연구』 4, 2005, p.99.

82 18만 뉴커머들의 이해를 대변하고 당면문제 해결을 위해 결성된 '재일본한국인연합회'(이하 한인회) 홈페이지에는 "1965년 한일협정을 기점으로 일본에 와 정착하기 시작한

이전에 정치경제적 사정으로 도일한 조선인과 그 자손, 즉 올드커머(old comer)와 구별하기 위한 개념으로 사용되고 있다. 그래서 현재 재일코리안 사회는 전쟁 전 부터 거주하는 조선인을 중심으로 한 올드커머와 1980년대 이후 새롭게 유입된 뉴커머라는 역사적 배경을 달리하는 두 계층으로 구성되어 있다[83]. 특히 뉴커머들은 올드커머가 가지고 있는 강제징용, 민족차별 등 과거사로부터 비교적 자유롭고 역동적이고 당당하여 재일코리안 사회 및 일본사회의 의식변화에 큰 영향을 주고 있다.[84]

뉴커머의 이주 배경에는 먼저 흡인요인을 보면, 일본의 버블 경제에 따른 노동력 부족과 저출산, 고령화에 따른 경기위축이 배경이 되었다. 배출요인은 무엇보다 한국정부의 해외여행의 전면 자유화 조치가 해당된다. 1989년 해외여행 전면화 이후 수도 도쿄를 중심으로 여성, 일본어학교 학생, 유학생, 주재원들이 점차 증가하였다. 1997년 외환위기 이후에는 한국에서 고학력의 교육을 받고 일본에서 비즈니스를 전개하였으며, 2000년도 중반 이후에는 한류 붐으로 인해 코리아타운의 방문객 증가로 한인 음식점이 눈에 띄게 증가하였으며, 한류상품들이 큰 인기를 끌고 있다.

한국인들을 우리는 뉴커머로 명명하고 있습니다"라고 명시되어 있다.(http://www.haninhe.com/About/info3.asp, 검색일: 2012. 08. 15.) 한인회는 2000년 12월 2일, 도쿄 신주쿠 오쿠보의 도쿄코리아타운 한국상점 대표들을 중심으로 가칭 '재일한국인사회를 생각하는모임'을 갖고 뉴커머들의 이해를 대변하고 당면한 문제를 함께 풀어갈 수 있는 단체가 필요하다는데 동의하고 2001년 1월 17일 '한인회 추진위원회'를 설립하였다. 2001년 5월 20일에 창립 총회를 개최하였으며, 본부사무소는 도쿄도 신주쿠구 신오쿠보에 위치하고 있다.

83 마츠다 토시히코, "재일코리안과 뉴커머 문제," 청암대학교 재일코리안연구소 제1회 국제학술대회, 「재일코리안 디아스포라의 형성과 전개 : 이주와 정주를 중심으로」 자료집, 2012, p.101.

84 선봉규, "근·현대 재일한인 디아스포라의 이주와 재영토화 연구: 오사카와 도쿄를 중심으로", 『한국동북아논총』 제16집 제3호, 2011, p.184.

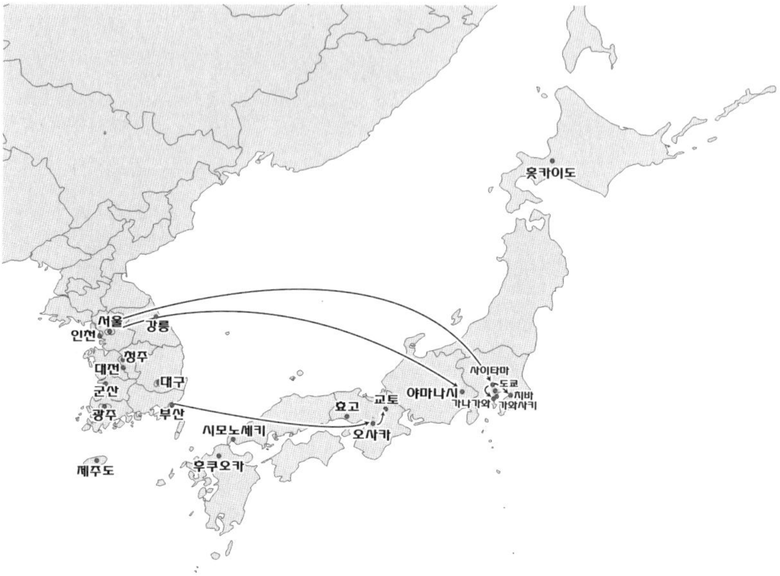

〈그림 16〉 뉴커머 이주루트

뉴커머들은 주로 도쿄도, 가나가와현, 사이타마현, 치바현, 야마나시현 등 동일본에 거주하고 있다. 특히 도쿄 신주쿠구 오오쿠보 일대에 코리아타운이 형성되어 있다. 이곳은 은행, 병원, 약국, PC방, 교회, 절, 미용실, 한류기념품점, 떡집, 안경가게, 여행사, 화장품, 식당, 슈퍼, 세탁소, 부동산, 유흥업소, 식품점, 한국학교 등이 설치되어 있어 도쿄 안의 작은 한국이라 불리운다.

신주쿠 코리안 타운은 1980년대 중반 크라브가 성업하면서 수천명의 한인 호스티스들에 의해 개척되기 시작했다. 이들을 상대로 한 상점과 식당들이 하나둘씩 개업하고, 1989년 한국의 해외 여행 전면 자유화로 인해 본격적으로 한인들의 이주가 이루어졌다. 이처럼 신주쿠구의 한인 집거지 형성과정은 크게 3단계를 거치는데, 첫째 단계는 1980년대 중반 이후 유학생과 한인 여성 호스티스들의 이주, 둘째 단계는 1989년 이후 한국의 해외여행 자유화 이후의 이주, 셋째 단계는 1997년 외환위기를 맞아 일거리를 찾아온 한인들의 이주이다.[85]

도쿄 지역 내 코리아타운에 거주하고 있는 연령별 인구 구성의 특성을 살펴보면, 아래 〈표 22〉와 같다. 도쿄지역에는 2009년 현재, 전체 한인의 19.9%(114,273명)가 거주하고 있다. 연령별로 분류해서 보면, 20대가 23.6%(26,958명)로 가장 많이 거주하고 있으며, 다음으로 30대가 21.9%(25,049명), 40대가 15.6%(17,844명), 50대가 11.7%(13,415명), 60대가 7.5%(8,610명), 10세 미만이 5.5%(6,261명), 70대가 4.3%(4,893명), 80세 이상이 2.8%(3,185명) 순으로 나타났다. 특히 도쿄지역은 20대와 30대, 40대, 그리고 50대가 72.9%(69,851명)를 차지하고 있어 전체 한인의 연령대별 인구 구성과 큰 차이를 보여주고 있다. 이러한 사실은 도쿄지역 코리아타운이 다른 지역보다 뉴커머들이 중심이 되어 형성되어 있음을 확인할 수 있다.

〈표 22〉 도쿄지역 재일코리안의 연령별 인구 구성(2009년 현재)

연령	전체	도쿄	연령	전체	도쿄
10세 미만	24,174 (4.2%)	6,261 (5.5%)	50대	90,695 (15.8%)	13,415 (11.7%)
10대	37,823 (6.6%)	8,058 (7.1%)	60대	77,393 (13.5%)	8,610 (7.5%)
20대	84,552 (14.7%)	26,958 (23.6%)	70대	43,458 (7.6%)	4,893 (4.3%)
30대	100,727 (17.5%)	25,049 (21.9%)	80세 이상	24,800 (4.3%)	3,185 (2.8%)
40대	94,873 (16.5%)	17,844 (15.6%)	총계	578,495 (100%)	114,273 (100%)

출처: 日本 獨立行政法人 統計센터, "都道府縣別 年齢 · 男女別 外國人 登錄者(韓國 · 朝鮮)," 2009 (http://www.e-stat.go.jp/SG1/estat, 검색일: 2011. 06. 25.)

신주쿠 코리안타운을 만든 사람들은 1980~90년대 취업 · 유학 등으로 도쿄를 찾은 뉴커머들이다. 뉴커머 한인들은 재일동포 사회 및 일본사회에서 민족차별 등 과거사로부터 비교적 자유로우며, 당당하게 자신들의 이해와 요구를 실현해나가고 있다. 뉴커머들은 올드커머들과는 달리, 민단에 가입하지 않고

85 장윤수, 『재외한인 집거지역 사회경제』 (서울: 집문당), 2005, p.110.

독자적인 조직인 '재일본한국인연합회'[86]를 결성하여 거주국에서의 성공적인 적응을 위해 상호간 정보공유와 사회적 네트워크를 구축하고 있다.

4. 사할린 한인

사할린은 역사의 흐름 속에서 그 영토의 주권자가 수시로 바뀌었다. 한인들이 이주하기 전 사할린은 제정 러시아시대 '죄수의 유형지'로 러시아로부터 추방당한 정치범과 죄수들에게 악명 높은 곳이었다. 그렇다면 역사적, 지리적으로 우리와는 전혀 관계가 없는 사할린에 한인이 이주하기 시작한 것은 언제부터인가? 사할린 지역에서 처음 한인이 나타난 것은 1870~ 1880년대로 추정된다. 이들은 대개 남부 콜샤크 등지에 살았는데 두만강을 넘어서, 연해주에서 블라디보스토크, 그리고 아무르강을 건너서 사할린으로 이주한 것으로 보인다.[87]

1905년 러일전쟁에서 일본의 승리로 끝나자, 1875년 상트페테르부르크조약 이후 러시아 영토였던 사할린은 포츠머스조약에 의해 섬의 남쪽 절반에 해당하는 북위 50도 이하가 일본에 넘어가게 된다. 특히 남사할린지역은 일본의 입장에서 러시아에 대한 전략적인 군사적 요충지가 되었으며, 영유 이후부터는 어업, 임업, 탄광 등을 중심으로 개발이 진행되면서 대량의

---

86 재일본한국인연합회는 2001년 5월 20일에 신주쿠 코리아타운 내 한국가게 경영자들이 중심이 되어 결성하였다. 재일본한국인연합회이 역할은 첫째, 이국생활에서도 민족적 정체성을 잃지 않도록 서로 격려하는 한편, 정보의 공유와 다양한 협력 사업을 통해 공동의 이익을 실현해 나가는 것; 둘째, 한인회는 재일 한국인의 권익옹호를 위해 노력할 것; 셋째, 재일 한국인들이 일본사회에 정착하는데 필요한 안내와 상담을 적극적으로 펼칠 것; 넷째, 일본 사회에서 우리에게 요구되는 책임과 의무에도 소홀히 하지 않을 것; 다섯째, 지역사회와 공존할 수 있도록 다양한 친목도모 사업을 전개할 것; 마지막으로 한 · 일 교류의 실질적 담당자로서의 역할을 적극적으로 개척해 갈 것이다. 재일본한국인연합회 홈페이지(http://www.haninhe.com/About/Info3.asp, 검색일: 2011. 06. 26.)

87 최길성, "한인의 사할린이주와 문화변용," 『동북아문화연구』 제1집, 2001, pp.243-271.

노동력이 필요했다. 초기에는 일본 본토에서 노동력을 충당했는데, 1910년 일본의 강제병합으로 조선이 일본의 식민지로 편입되면서 한반도에서 조선인들이 유입되기 시작하였다. 당시 사할린으로의 조선인 이주는 생계문제를 해결하기 위해 또는 부모님을 찾기 위해 자발적으로 건너간 사람들이 있었지만, 1930년대 후반 중일전쟁의 장기화와 태평양전쟁의 시작으로 일제의 「모집」 및 「관 알선」, 「강제징용」 등이 본격화되었다.[88] 전쟁막바지인 1944년 8~9월에는 일본 본토로 「이중징용」이라는 강제동원을 당하여 또 다른 가족이산의 아픔을 겪어야만 했다.

1945년 8월 종전 이후 사할린 한인들은 당연히 고향으로 돌아갈 것을 믿어 의심치 않았으나 그들은 그대로 섬에 남겨졌다. 반면에 일본인들은 전원 일본에 귀환하였다. 사할린 한인의 모국 귀환은 1988년 소련의 서울 올림픽 참가를 계기로 본격적으로 논의되기 시작하였다. 1989년 소련과 한국의 양국 정부가 사할린 한인의 한국 방문 및 영주귀국 사업에 합의하였으며, 1994년 4월에는 한 · 일 양국정부가 사할린 한인의 영주귀국 정착시범사업을 실시하기로 합의하였다. 그 이후 한국정부는 1996년 국무총리주재 재외동포 정책위원회에서 사할린동포 영주귀국사업에 대한 대책을 마고, 1999년 아파트 489세대와 100명 수용 규모의 요양원이 완공됨으로써 역사적인 영주귀국이 실시되게 되었다.[89]

사할린 한인은 크게 두 부류로 구분된다. 하나는 취업 이주자로서, 스스로 일자리를 찾아서 사할린으로 유입된 사람들이다. 이들은 1870~1880년대에 탄광노동자로, 또는 어부로 사할린에 정착한 사람들이다. 다른 부류는 1939년부터 1945년까지 일제에 의해 강제징용되어 이주한 자로서, 주로 남사할린의 탄광개발에 참여한 한인들이다.[90] 한인의 사할린으로의 이주루트를 추적해보면 다음과 같다.

---

88 당시 사할린으로 건너간 사람들은 주로 한반도에서 경기도와 경상도, 전라도 지방에 있는 사람들이 일본 본토를 거쳐 사할린으로 유입되었다.

89 지구촌동포연대, 「영주귀국 사할린동포 처우개선을 위한 1차 실태조사」, 2009, p.1.

90 이순형, 『사할린 귀환자』 (서울: 서울대학교출판부), 2003, p.11.

1) 탄광노동 이주루트

사할린에 한인들이 이주하기 시작한 것은 러시아 연해주에 한인들이 이주하던 시기보다 약 10여년 뒤이다. 그것은 사할린지역에서의 석탄개발과 관련되어 있다. 사할린에서는 1856년에 탄광이 개발되기 시작하였는데, 당시 노동력이 부족하여 외국인 노동력을 고용하게 되었다. 그래서 1869년에는 홍콩에서 중국인 쿨리를 모집하였고, 1870~1880년에는 탄광노동에 한인들도 동원하였다. 또한 어업에서도 한인들이 고용되면서, 이때부터 사할린에 한인들이 거주하기 시작했다고 볼 수 있다.

러시아의 첫 인구조사가 이루어진 1897년에 사할린에는 모두 28,113명이 거주하였는데, 그 당시 한인들은 67명이 있었다. 당시에 사할린은 유형지였기 때문에 연해주에 거주하고 있는 한인들이 유형을 받아 사할린으로 보내지는 경우가 있어 점차 한인들의 수가 증가하기 시작하였다.[91] 연해주

〈그림 17〉 북사할린 노동 이주루트

---

91 권희영, 『세계의 한민족: 독립국가연합』 (서울: 통일원), 1996, p.80.

에 거주하고 있는 한인들은 북부지역의 하바로프스크, 니콜라예프스크를 지나 알렉산드로프스크사할린스키 등 북사할린지역에 정착하였다. 이처럼 한인들은 처음에 러시아의 영토인 북사할린에 더 많이 거주했다.

러일전쟁 이후 1906년에 사할린은 위도 50도를 따라 분할되었다. 소련이 면적상으로 약간 더 큰 부분을 차지하였지만 지리적으로, 경제적으로 유리한 남부 사할린 지역은 일본이 차지하였다. 1910년 북사할린의 알렉산드로프스크에는 한 개의 한인촌락이 형성되어 25가구가 거주하였고, 1920년 4월에는 960명의 한인이 북사할린에 살고 있었다.

한편, 1910년 한반도에 대한 일본의 식민통치가 시작되면서 시행된 토지조사사업으로 토지를 잃은 농민들과 더 나은 생활을 위해 수많은 한인 노동자들이 일본령인 남사할린지역으로 이주하게 된다. 여기에 일본은 남사할린지역을 차지한 이후 자원 확보를 위한 탄광 채굴을 시작하면서 조선인의 노동력을 활용하기 시작했다. 일례로, 에스토루(현 우글레고르스크)의 가와카미 탄광은 1917년 9월에 조선인을 모집하여 탄광부로 사용했다. 이 시기 남사

〈그림 18〉 남사할린 노동 이주루트

할린으로의 한인 이주루트를 보면, 조선에서 일본 본토를 거쳐 가는 경우와 출가 노동자로 도일한 한인들이 일본 본토에서 들어간 경우가 대부분이다. 이들은 상대적으로 일본 본토보다 남사할린지역의 임금수준이 높은 관계로 탄광, 벌목장, 제지공장 등의 노동자로 이주하게 되었다.[92] 구체적인 남사할린으로의 이주루트를 지도화하면 〈그림 18〉과 같다.

이처럼 남사할린으로의 한인 노동자들의 이주가 이루어지기 시작하면서 1930년대 중반 한인 이주자들은 포로나이스크(1,439명), 우글레고르스크(1,815명), 마카로프(783명), 보스토치느이(302명), 토마리(227명) 홀름스크(133명), 네벨스크(239명), 돌린스크(188명), 코르사코프(44명), 유즈노-사할린스크(216명), 아니바(90명), 체호프(71명) 등 5,547명이 거주하게 되었다.[93]

2) 사할린 강제징용 이주루트

1937년에 발발한 중일전쟁의 장기화와 1941년부터 시작된 태평양전쟁으로 인해 수많은 일본인 남자가 징병을 당하면서 노동력 부족 현상이 심화됐다. 이에 대처하기 위해 일제는 조선인을 노동력으로 확보하기 위한 조치들을 잇달아 실행했다. 1939년 9월 일제는 '조선인노동자모집요강'과 '조선인노동자이주에관한사무취급절차'를 제정하고 한국인 노동자의 집단모집을 개시했다. 이것은 정부가 전국의 사업주로부터의 구인 요청을 심사한 후, 각 사업주에게 조선에서 노동자를 모집할 군, 면을 할당하여 각 사업주는 그 지역에서 허가된 인원을 모집하는 제도이다. 이러한 '모집'은 철저하게 일본 정부의 관여하에 이루어졌다.[94]

1942년 2월, 각의 결정 '반도인노무자활용에관한방책'과 조선총독부 '선

---

92 일제강점하강제동원피해진상규명위원회, 『사할린 '이중징용' 피해 진상조사』 (서울: 일제강점하강제동원피해진상규명위원회), 2007, pp.11-25.

93 김게르만, 『한인 이주의 역사』 (서울: 박영사), 2005, p.190에서 재인용.

94 오누마 야스아키 지음, 이종원 옮김, 『사할린에 버려진 사람들』 (서울: 청계연구소), 1993, pp.4-5.

인내지이입알선요강'을 통해 관민일체의 노동력 확보조치를 법제화했다. 이것이 한인 노동력 확보를 위해 실시되고 있는 모집에 이어 시행된 '관 알선'이다. 알선은 면사무소, 경찰, 노무협회로 이어지는 상부로부터의 지시에 다름 아니었으며, 당시의 한인들은 이를 거부할 수가 없었다. 일제에 있어 한인 노동력 동원의 최후의 수단은 국민징용령에 의한 동원이었다. 국가총동원 체제하에서 징용령은 일본 국내에서는 이미 1939년 10월부터 적용되고 있었는데, 한국에 대해서는 민족적 반발 및 저항을 우려해서 그 적용을 형식상 보류하고 있었다.

그러나 전쟁말기에 이르러 전사자가 급증하고 징병이 한계에 달하면서 성인 남자 노동력이 절대 부족함에 따라, 일제는 여하한 수단을 동원해서라도 노동력을 확보해야 할 상황에 직면했다. 그리하여 1944년 9월 징용령이 한국에도 적용되어 명실공히 법적 강제에 의한 강제징용이 개시되었다. 아래의 〈표 23〉은 강제징용이 시작된 이래 사할린에 동원된 한인들의 수를 나타내는 통계이다.

〈표 23〉 1939년 이후 강제징용된 사할린의 한인 노무자

구분 \ 연도	1939	1940	1941	1942	1943
동원계획 수	-	8,500	1,200	6,500	3,300
석 탄	2,578	1,311	800	3,985	1,835
금 속	190	-	-	-	-
토 건 공장 및 기타	533	1,294	651	1,960	976
계	3,301	2,605	1,451	5,945	2,811

자료: 재일본조선인의개황(법무부특별심사국, 1949); 『전후보상문제자료집』 2집, 1991; 권희영, 『세계의 한민족: 독립국가연합』 (서울: 통일원), 1996, p.83에서 재인용.

1939년 9월부터 1945년 8월까지 강제동원 된 한인들은 일본 본토를 거쳐 남사할린의 탄광지대로 배치되었다. 대표적인 탄광지대로는 우글레고르스크(일본명 에스토루), 샤흐초르스크(일본명 토로), 포로나이스크(일본명 시스카), 돌린스크(일본명 오치아이), 유즈노사할린스크(일본명 토요하라), 코르사코프(일본명 오토

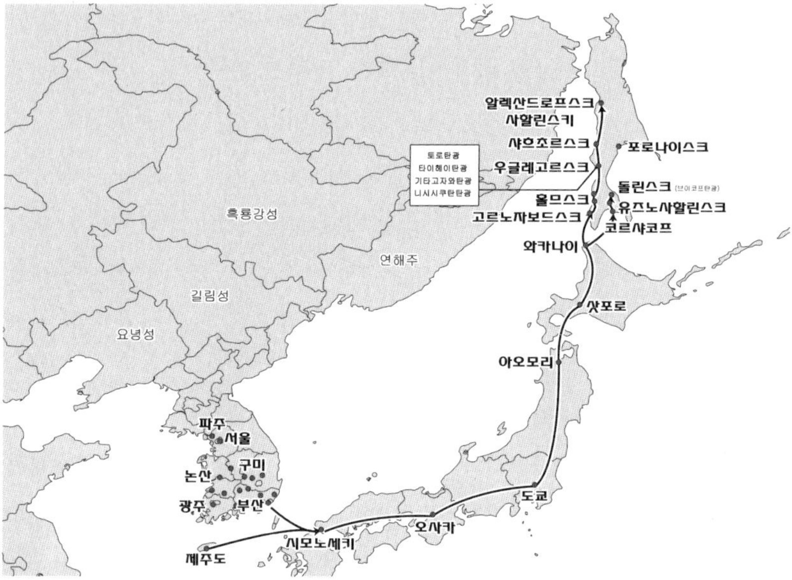

〈그림 19〉 사할린 강제징용 이주루트

마리), 고르드자워스크(일본명 나이호로) 등이 있다. 구체적인 사할린 강제징용 이주루트를 지도화하면 〈그림 19〉와 같다.

'석탄의 도시'로 불리우는 우글레고르스크에는 토오로탄광, 타이헤이탄광, 기타고지와탄광, 니시시쿠탄광 등 14개의 탄광이 있었으며, 특히 이 지역은 대다수의 한인광부들이 일본 본토로 이중징용 된 곳이기도 하다. 돌린스크 인근 브이코프탄광은 약 900여 명의 한인들이 배치되어 강제노역을 했던 곳이다.

3) 이중징용 이주루트

일본의 강제징용에 의해 사할린에 정착한 한인들은 이주 후에도 '겹쳐진 이산'을 경험해야 했다. 1945년 종전 이전 사할린 한인들이 일본 본토의 규슈 섬과 이바라키, 나가사키 등에 있는 탄광으로 재징용 된, 이른바 '이중징용'을 하게 된다. 당시 일본 정부는 먼저 노동자가 혼자서 가고, 나중에 가족을 불러들이겠다고 약속했지만, 전쟁말기의 혼란한 상황에서 이러한 약속은 지켜지지 않았다. 결국 이중징용으로 인해 사할린 한인들 속에서는 많은 이산가족이 생겨났다.[95]

이렇게 사할린 한인의 이중징용이 일어나게 된 배경을 살펴보면 다음과 같다.

당시 사할린 북서부지역은 철도가 부설되어 있지 않아 선편을 통해서 직접 일본 본토로 석탄을 운반하였다. 그러다 1944년 일본 본토가 미군의 제공·제해권에 들어가게 되면서 사할린 북서부지역에서 생산되는 고품질의 석탄이 일본 본토로 운반되기 어려워졌다.[96] 일본 각의는 1944년 8월 11일 '가라후토 및 구시로 탄광근로자, 자재 등의 급속전환에 관한 건'을 결정하였다. 그리하여 사할린 북서부 지역의 우글레고르스크(석탄의 도시), 샤흐초르스크(광부의 도시)에 있는 토오로, 다이헤이, 기타고자와, 니시시쿠타 탄광 등은 폐광되거나 휴광되었고, 일본 본토의 석탄 생산량을 늘리기 위해 거기에서 일하던 한인 광부 3,000여 명을 일본 내지로 징용하였다.

사할린 한인 광부들은 1944년 8월 19일부터 3일간 징용령을 전달받고, 8월 25일부터 9월 16일까지 일본 홋카이도 와카나이와 사할린 남부 코르사코프를 항해하는 '야니와 마루호'를 타고 일본 본토에 입항했다. 이처럼 사할린 한인의 이중징용 루트를 지도화하면 〈그림 20〉과 같다.

이중징용 된 사할린 한인들은 후쿠시마현, 이바라키현, 나가사키현, 후쿠오카현 등 4개현에 있는 26개 탄광에 집중 배치되었다. 구체적으로 살펴보면, 후쿠시마현에서는 오다탄광, 이바라키현 소재 탄광은 세키모토탄광·야마구치탄광·야마이치탄광·도호쿠시타카 탄광·나가사키현에서는 기타마치탄전에 시카마치탄광, 니시소노 탄전에 다카시마탄광·오오시마탄광·사키토탄광, 후쿠오카현에서는 후타세탄광을 포함한 17개 탄광이다. 이중징용 한인들이 집중적으로 배치된 4개 현의 한인 수를 살펴보면

---

95 일제강점하강제동원피해진상규명위원회, 『사할린 '이중징용' 피해 진상조사』(서울: 일제강점하강제동원피해진상규명위원회), 2007, pp.8-26.

96 조성길, 『사할린 한인들의 어제와 오늘: 겨울꽃』(서울: 파랑새미디어), 2012, pp.51-52.

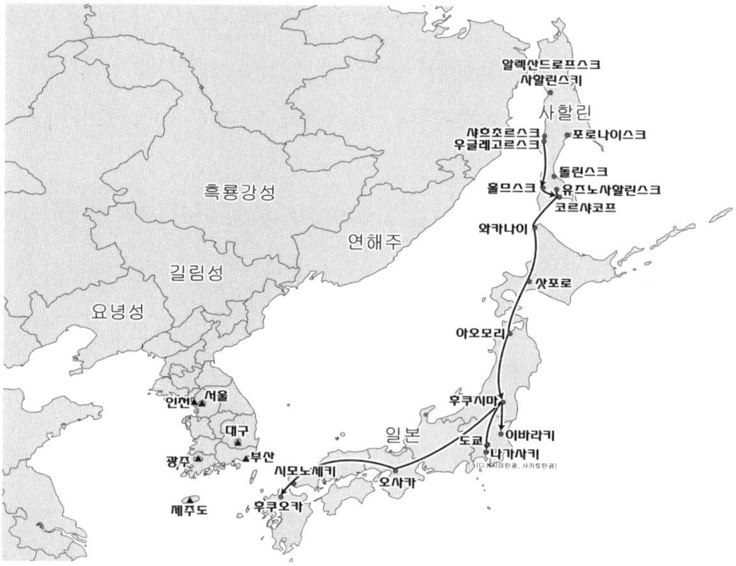

〈그림 20〉 이중징용 이주루트

〈표 24〉와 같다. 사할린으로부터 일본 내지의 4개 현으로 이중징용 된 해인 1944년의 한인 수를 비교해 보면, 4개 지역 모두 전년도에 비해 증가했음을 알 수 있다.

〈표 24〉 이중징용 지역의 한인 수 변화 추이(1937-1945) (단위: 명)

연도 \ 지역	이바라키	후쿠시마	나가사키	후쿠오카
1937	1,658	2,086	7,625	50,565
1938	2,086	1,906	8,852	60,105
1939	2,316	2,805	11,343	83,520
1940	3,877	5,549	18,144	116,864
1941	5,367	7,696	22,408	136,436
1942	6,684	10,168	34,515	156,038
1943	9,482	12,148	47,415	172,199
1944	13,149	18,133	59,573	198,136
1945	13,635	18,803	61,773	205,452

출처: 일제강점하강제동원피해진상규명위원회, 『사할린 '이중징용' 피해 진상조사』, 2007, pp.52-66.

이중징용의 가장 큰 후유증은 무엇보다 가족과의 이산이다. 이중징용 된 한인들은 대부분 가족을 사할린에 남겨두고 떠났다. 일본정부는 가족을 데려다주겠다는 약속을 했으나 실제로 이루어지지 않았다. 사할린에 남은 가족들은 생존이라는 현실적인 어려움에 직면하게 되었다. 이러한 가족들의 불안을 해소시키기 위해 일본정부는 '가족원호', '징용원호'라는 조치를 취했으나, 직접적인 부조나 원호로 이루어진 경우는 매우 제한적이었다고 한다.[97]

1945년 전쟁이 끝나자 사할린의 한인들은 조국으로 귀환을 기대했으나, 일본의 무책임, 소련의 방기, 조국의 무관심 등으로 약 4만 3천여 명의 한인들은 사할린에 남게 되었다. 사할린에 남겨진 한인들은 조국으로 돌아가겠다는 희망으로 차별을 견뎌냈으며, 조국귀환을 위한 운동을 전개했다. 1958년 2월 일본 도쿄에서 박노학을 중심으로 '사할린억류귀환한국인회'를 결성했으며, 1970년 8월 한국에서는 '사할린억류교포귀국촉진회'를 결성하여 사할린 이산가족의 의견과 이익을 대변하였다. 1975년 12월 사할린 코르사코프에 거주하고 있는 엄수갑 등 4명이 원고가 되어 일본을 피고로 '사할린잔류자귀환청구소송'을 도쿄지방재판소에 제기하여 약 15년간 소송이 지속되었다. 이러한 노력 끝에 1987년 7월 17일 일본의 국회의원을 중심으로 '사할린잔류한국 · 조선인문제 의원간담회'가 발족되면서 사할린에 남겨진 한인들의 귀국문제가 본격적으로 논의되기 시작했다.[98]

4) 영주귀국 이주루트

1985년 소련의 페레스트로이카와 1988년 서울올림픽을 계기로 한 · 일 양국간의 사할린 동포 모국방문 사업이 추진되기 시작했다. 1990년 한-러

97 일제강점하강제동원피해진상규명위원회, 『사할린 '이중징용' 피해 진상조사』, 2007, pp.106-107.
98 사할린희망캠페인단 준비위원회, 『강제동원 70년, 사할린을 향합니다』, 2009, p.16.

간의 국교수립 이후에는 사할린고려인연합회 대표단이 한국을 방문하여 영주귀국을 요구하는 등의 노력에 힘입어, 1992년 사할린 독거노인 72명이 조국으로 귀환하였다. 이처럼 사할린 한인의 영주귀국은 1990년 이후 친척이나 민간단체 수용에 의해 고령 단신자에게 제한하여 소수로 이루어지다가 1994년 한 · 일정부[99]가 합의한 영주귀국 시범사업이 2000년 고향마을 입주를 앞두고 임대아파트 활용정책에 따라 공식적으로 매년 수십 명씩 대규모로 시작되었다.[100] 현재 영주귀국 사업은 대한적십자와 일본적십자가 공동으로 추진하고 있으며, 사할린 한인의 영주귀국과 영주귀국 한인의 사할린 친지방문 등을 주요 사업으로 진행하고 있다. 사할린 한인의 영주귀국 이주루트를 지도화하면 〈그림 21〉과 같다.

〈그림 21〉 영주귀국 이주루트

99 1994년 한국과 일본정부는 한일공동조사단을 사할린현지에 파견하여 영주귀국을 희망하는 사할린 한인들을 조사하였다. 영주귀국자를 위한 주택 및 요양시설 건설에 필요한 부지는 한국 측에서 제공하고, 건설비용과 정착지원금은 일본정부가 제공한다는데 합의하면서 영주귀국사업이 본격화되었다.

100 조재순, "사할린 영주귀국 동포의 주거생활사: 안산시 고향마을 거주 강제이주 동포를 중심으로," 『한국주거학회논문집』 제20권 제4호, 2009, p.103.

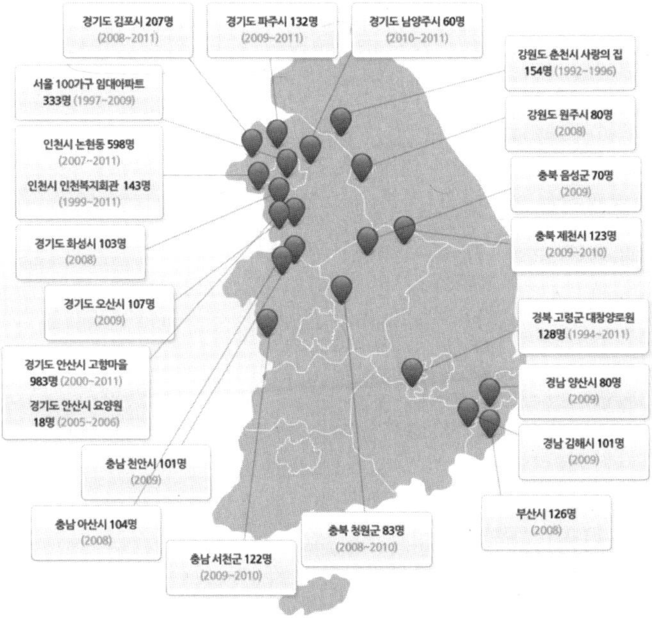

출처: 사할린희망캠페인단 홈페이지(http://www.sahallin.net)

〈그림 22〉 영주귀국 사할린 한인의 지역별 거주 현황(2012)

2012년 현재 사할린 한인의 영주귀국은 22개 지역 및 시설에서 4,008명이 살아가고 있다. 주요 거주지역은 안산 고향마을을 비롯해 인천, 춘천, 청원, 아산, 화성, 원주, 부산, 김포, 김해, 양산, 음성, 오산, 파주, 천안, 제천, 서천, 남양주 등지에서 생활하고 있다.

그러나 사할린 한인의 영주귀국 사업은 영주귀국의 조건에 따라 새로운 이산가족문제가 발생하게 되었다. 한일정부에 의해 합의된 영주귀국 대상자는 1945년 8월 15일 해방 당시 사할린에 거주했거나 출생한 1세 한인들에 한해서만 가능하다는 점에서 자식들을 사할린에 남겨두고 귀국하게 된 것이다. 이 원칙은 2007년까지 지켜지다가, 2008년 이후부터는 2세들도 부분적으로 영주귀국 할 수 있게 되었다. 하지만 그들 또한 1세들과 결혼하였을 경우에만 해당된다. 또한 2인 1세대를 이루어야 하므로 부부 이외의 사람들은 낯선 사람과 짝을 이루어 한 집에 살아야한다는 조건이 있어 조국으로 귀환은 했지만 매우 불편한 생활을 해야 하는 어쩔 수 없는 상황이 발생하고 있다.

요컨대, 영주귀국 사할린 한인들은 80년이 넘은 이주생활을 마감하며 다시 모국의 품으로 돌아온 것은 사실이지만, 일본으로부터 과거에 대한 배상과 사죄는 물론 모국으로부터 제대로 된 역사적 평가도 받지 못한 상태이므로 완전한 귀환이라고 볼 수 없다.[101] 특히 이들은 사할린에 두고 온 후손 등과 '제2의 이산'을 경험하며 살고 있다는 점에서 그 끈질긴 '디아스포라'적 삶을 오늘도 지속하고 있다고 할 수 있다.

---

101 이와 관련하여, 최근 헌법재판소와 대법원에서 한국정부에 적극적인 문제해결을 촉구하는 판결을 내린바 있다. 먼저, 헌법재판소는 2011년 8월 군대위안부와 원폭피해자의 재산권 및 인간으로서의 존엄과 가치라는 기본권의 중대한 침해가능성, 구제의 절박성 등을 고려할 때, 한국정부의 그동안 행태가 위헌임을 판시하며 분쟁해결에 한국정부가 적극 나서도록 촉구했다. 또한 2012년 5월 대법원은 미쓰비시 중공업과 신일본제철의 한국인 피징용자 그룹이 제기한 소송의 최종판결에서, 1965년 청구권 협정에도 불구하고 피고 기업은 이들의 미지불 임금을 지불할 의무가 있고, 불법적으로 이루어진 강제징용에 대한 손해배상 청구권이 소멸되지 않았다고 판결하였다. 사할린희망캠페인단(http://www.sahallin.net/, 검색일: 2013. 01. 15)

IV

동북아시아 코리안 디아스포라의 이주경험과 기억

이 장에서는 근 · 현대 역사적 공간에서 자의적이든 외적 강제에 의해서든 본래의 삶의 터전을 떠나 낯선 환경에서 살아나야 했던 동북아지역 코리안 디아스포라의 마음 깊은 곳에 자리 잡은 디아스포라적 삶과 경험에 대한 기억을 따라가 보고자 한다.

1. 항일운동 그리고 자치주 건설

〈사진 12〉 중국조선족의 구술참여자들

이 절에서는 19세기 후반 모국의 정치 · 경제 · 사회적 혼란으로부터 자신의 삶의 터전을 버리고 두만강, 압록강을 건너 동북3성 지역에 정착하게 된 조선족의 디아스포라적 삶과 경험을 추적해보고자 한다.

1) 이주 배경

조선족의 이주역사는 시기별로 여러 단계로 나누어 설명되지만 대부분 조선에서의 경제적 어려움에서 벗어나 더 나은 삶을 찾아 중국으로 이주한 것이 주를 이룬다. 이주시기의 구분에서는 학자들마다 다른 의견이 있긴 하지만, 대체로 제1시기는 1885년 청조의 봉금령 폐지시기부터 1909년 가지의 잠입이민시기, 제2시기는 1910년 한일 합방부터 1931년 만주사변까지의 자유이민 시기, 제3시기는 1391년 9 · 18사변부터 1945년 해방까지의 일제의 강제 이민정책 시기로 구분된다. 1920년대 조사에 따르면 중국 동북지역으로 이주한 조선인의 93.6%가 경제적 이유 때문에 조선을 떠났다.[1] 이처럼 이주의 근본적 원인은 더 나은 삶을 찾아 떠나는 것인데 이 과정에서는 본인 스스로 중국으로 떠나온 경우와, 먼저 중국으로 건너간 가족이나, 친척들의 권유로 중국으로 건너간 경우, 이렇게 둘로 나누어 살펴 볼 수 있다.

---

1 김왕배 · 이수철, "1930년대 만주의 조선족 마을 공동체-흑룡강성 오상현 조선족 마을 형성과정을 중심으로", 『동방학지』 vol.14, 2008, pp.41-42.

(1) 더 나은 삶, 만주드림을 찾아 중국으로 이주

〈사례 7〉

아버지가 농사지었어요. 일꾼질 했어요. 그 때는 못 살아서 들어왔죠. 한국서 중국으로 들어올 때는 다 못 살아서 들어왔죠. 처음에는 토지를 조금 얻어가지고 아버지하고 큰아버지하고 할아버지 삼부자가 일을 했죠. 그 뒤로부터 일어섰죠. 그 뒤로부터 땅도 사고 그랬어요. 흑량에 있을 적에 지주로 살았어요. 지주로 살았으니깐 8 · 15 광복날 적에 상중농으로 배치받았어요.

〈사례 7〉의 가족은 아버지가 경상북도 의성군에서 소작농으로 일하며 근근히 생활하다 생계유지를 위해 중국으로 이주했으며, 이후 열심히 일하여 땅도 사고 지주가 되었다. 〈사례 7〉이 이주한 시기는 대략 1936~1937년으로 이 시기는 일본의 정책에 의해 많은 조선인들이 만주의 토지개발에 투입시키기 위한 수단으로 동원되었다.

〈사례 1〉

나는 고향이 많습니다. 이사를 많이 다녔기 때문에. 출생지는 조선 평안북도. 어… 어딘가하믄,,,의주군, 신의주 옆에 있는 의주군, 권영산면 평안북도 ,,,,, 근데 그 다음에는 이사를 많이 다녔습니다. 그니깐 이제 조선사람들이 생활이 안정되지 않았기 때문에 이사를 많이 다니죠. 농민들뿐만 아니라 보통사람들도 이사를 많이 다녔어요. 우리는 올 때는 단독으로 왔습니다. 내가 구성군 방현면 일련농에서 소학교 다니다가 예배당에도 가고, 평안도에 예배당이 많습니다. 그래서 유치원때부터 예배당에 갔습니다. 그러다가 소학교 얼마 안다니다가 우리집이 또 삭주군 외남면 청계동으로 이사갔습니다. 청계동 버스바하골이라는데 금광이 새로 생겼습니다. 그 때 한국에서 금광으로 유명한 최창학이라는 사람인데, 아마 역사에도 이름이 있을 겁니다. 그 사촌 동생이 최창을입니다. 최창을이라 형님 덕분에 돈 좀 얻어가지고 일본사람들한테 허가를 맡아가지고, 청계동 버스바하골이라는데 천일 광산이라고 꾸렸어요. 근데 우리 아버지가 거기 사무원으로 취직하게 됐습니다. 그래서 우리 거기로 이사갔습니다. 산골이지요. 그러다가 그 금광이 처음에 좀 나오다가 안나와가지고 없어지게 됐어요. 그래 우리 아버지는 무직으로 있었어요. 그래 우리 외삼촌은 금광에 있다가 시내 청계동 소학교에 선생으로 들어가고, 그 때 결혼도 하고 그랬지. 그래 이제 광산이 없어지게 되니깐, 소학교 교원으로 들어가고, 우리 아버지는 직장이 없어지니깐 다시 중국으로 들어왔습니다. 그래서 중국에 왔습니다.

〈사례 3〉
가난해서 왔죠. 아버지가 여기 와가지구서, 지금도 야부리가면 야부리서 목단강쪽으로 나가는데 철도가 두 쪽으로 갈라집니다. 북쪽은 일본놈들이 논 철도입니다. 그 철도를 놓을 때 일거리가 있어서 아버지가 들어왔습니다. 그때 우리 동포들이 아주 많았습니다. 한 50리 간에는 중국사람 하나도 없고 12개 촌에 세 개 역전에 몽땅 다 우리민족이었습니다. 아주 강있고, 철도 있고 아주 편리하죠.

〈사례 5〉
고향에서 어떻게 이쪽으로 오게 되었냐면, 큰 수재를 만나서 우리 마을이 전부 떠내려갔어요. 그 가운데서 우리 산골에 다섯 집 살았는데, 우리집 남겨놓고 밑에 다 떠내려 갔어요. 우리 부모님도 있고 삼촌도 있었는데, 삼촌도 물에 떠내려 갔어요. 가서 구하긴 구했는데, 수재를 만나서 더 이상 살지 못 할 것이다 그래서 36년도에 수재를 만났는데 37년도 봄에 왔어요. 친척들하고 상의해서 만주로 와서 살기 좋다고 하니깐 만주로 왔어요.

위의 사례에서 보듯이, 모두 조선에서의 삶이 어려워 새로운 일터를 찾아, 그리고 삶의 터전을 찾아 중국으로 이주하였다. 이는 일제의 병참기지화정책의 일환으로 대규모의 토목 공사 등이 이루어졌고, 상대적으로 많은 이 지역의 일자리를 찾기 위해 많은 조선인들이 이주하였다.

(2) 먼저 중국으로 떠난 가족, 친척, 친구들의 권유로 중국 행

〈사례 6〉

아버지가 오게 된 거는 우리 이모부가 일본 토목 건축학교를 다녔어요. 그래서 아버지랑 모두 일본인들이 경영하는 동굴들어가서 필요한 받침대 만드는 그걸 하셨는데 이모부가 먼저 북만으로 건너왔거든요. 아버지는 동굴에서 일하니깐 자꾸 냉병이 있어서, 다른 곳에서 일해야겠다 해서 가만히 몰래 이모부를 찾아왔지. 거기가 마도석인데 그 곳이 벌판이 넓고 벌판에 말똥, 소똥 있고 하니깐 여기 농사를 지으면 잘되겠다 해서 광산에서 일하지 말고 이 곳에 가자해서 왔지요.

〈사례 1〉

1943년 해방되기 이년 전. 그 때 기억이 생생한데 삭주에서 정주까지 기차를 타고, 정주에서 부산에서 오는 기차, 그 때 부산에서 정주까지 오는 기차가 부산에서 신의주 안가고 하얼빈 직행이 있었습니다. 그때 내가 10살, 기억이 생생합니다. 이사꾼들이 기차 올라가서 많이 앉았어요. 다 남조선 사람들이에요. 다 중국 동북에 이사오는 사람들. 호적은 그대로 두고, 출국 수속도 없고, 그래 친구의 편지 한 장으로 옵니다. 좋은 에피소드 있습니다. 후에 알았는데, 이건 중국의 문화대혁명이라는 말 들었죠? 그 바람에 우리는 직장에서 다 떨어져 농촌에 노동하러 갔습니다. 우리 집에서는 농촌 병원에 가고, 나도 농촌에 노동하러 갈 대상인데 나도 병원에 가서 있었어요. 우리 주인집이 농촌에 갑자기 이사가니깐 주택이 없잖아요. 농민들 주택을 빌려가지고, 어떤 집에 살았는가하면, 농민들이 쓰는 창고, 창문도 없고, 남쪽에 비닐을 대고 그래서 햇빛이 좀 들어오는 창고에 온돌을 놓고 그렇게 살았는데. 그 주인이 어떤 사람인가 알고 보니깐, 기차타고 농민들이 왔다고 하잖아요. 장춘에 내리고, 더 멀리 가는 사람도 하얼빈 까지 내려서 다시 차를 타야하거든, 부산에서 하얼빈 직행이니깐. 그런데 우리 주인집은 경상도에서 차를 타고 온 식구가 안동에서 내렸어요. 지금의 단동, 그래서 내가 왜 안동에 내렸어요 하니깐, 하얼빈까지 직통인데 당신은 북쪽에 라북까지 간다는 사람이 왜 그랬는가 하니깐 돈이 없어서 조선에서도 남의 땅 부치다가 기차를 하얼빈까지 못 끊고 단동까지만 끊었지. 조선에서 땅도 없지, 동네 사람이 한푼 두푼 다 합해도 모잘라서, 기차표를 하얼빈 까지 못 끊고 단동에서 내렸어요. 내 책은 소설 문학작품이니깐 허구가 허용되는데, 나는 다 허구가 없이 직접 겪은 일입니다. 그래서 단동에서 라북은 소련 옆에 제일 북쪽입니다. 거기까지 삼천리입니다. 그러면 힘이 장사인 어른 걸음으로도 한 달씩 가야해. 아이 업고 짐을 지고 늙은 할머니까지 모시고 그 삼천리를 어떻게 걸어간다는 말이예요? 그 사람이 대단해요. 그 때 겨울이니깐 한 두어달 걸어갈 작정을 하고 떠났다고. 그래서 농사일 시작되기 전에 도착하면 됩니다 그래. 아 그래 사람들이 너무 불쌍해서 말이야 돈 조금씩 보태줬지. 중국말도 모르고 말야. 어떻게 삼천리 길을 찾아갈지 걱정이 되지. 그런데 편지 봉투 하나 있지 그게 작년에 라북에 이사간 사람이 편지 온거란 말이야. 그 사람이 여긴 살만하다 그래서 간거지. 그 때 만해도 빈 땅이 많았으니깐, 주인 있어도 중국 사람은 논을 부칠지 몰라요. 조선에서 이사온 사람들 양식 데주고 농사를 시켜요. 그래서 가을에 결과를 좀 내놓고, 조선보다는 땅이 흔하니깐 그 사람이 그 편지를 받고 중국 사람들 보이면서 철길 따라 찾아 간다는 거야. 잠자리는 어떻게 하냐 그랬더니, 마구간에서 자도 된다고, 그럼 밥은 어쩝니까 그랬더니, 중국사람한테 빌어 먹으면 된다는 거야. 중국사람들이 인심이 좋다는 거야. 그래 사람들이 너무 불쌍해서 돈 좀 줬지. 조선사람들이 그렇게 고생했어요.

〈사례 6, 1〉은 먼저 중국으로 떠난 이모부 등 친척이나, 친구의 편지를 통해 조선보다 중국에서의 삶이 더 나을 것이라 판단하고 중국으로 이주하였다. 먼저 중국으로 이주했던 가족이나 친척들은 조선인 특유의 부지런함으로 황무지를 개간하여 농사를 짓고, 점차 부농으로 성장하여 조선에 남아 있는 가난한 가족들이나, 친척들을 불러들였다. 이에 많은 조선인들은 만주드림을 안고 고향을 떠나 척박한 만주 땅에서 새로운 삶의 터전을 일구었다.

2) 이주루트

〈사례 7〉

경상북도 의성군 산운면, 뫼 산에 구름 운, 양지동에서 태어났습니다. 태어나자마자 중국으로 왔으니깐 잘 모르겠어요. 내가 76세니깐 1936년도 왔겠지요. 중국 연수현 고태향으로, 높을 고에 태자는 태산 할 때 태. 원래 처음에 왔을 때는 하동으로 왔어요. 하동 20개로. 일년 못 살고 고태향으로 갔습니다. 하동은 현재 북흥촌인데 거기 있다가 고태향으로 갔어요.

〈사례 7〉은 아버지가 소작농이었던 가난한 집안 형편에 만주드림을 찾아 중국으로 떠난 사례로 당시 조선인들의 집단 거주지가 있던 하동으로 이주해왔다. 이들 조선인들은 서로를 의지하며 타향에서의 고된 삶을 헤쳐 나갔다.

〈사례 5〉

고향은 충청북도 영동군 상촌면 궁촌리. 고향에서 어떻게 이쪽으로 오게 되었냐면, 큰 수재를 만나서 우리 마을이 전부 떠내려갔어요. 그 가운데서 우리 산골에 다섯 집 살았는데, 우리집 남겨놓고 밑에 다 떠내려 갔어요. 우리 부모님도 있고 삼촌도 있었는데, 삼촌도 물에 떠내려 갔어요. 가서 구하긴 구했는데, 수재를 만나서 더 이상 살지 못 할 것이다 그래서 36년도에 수재를 만났는데 37년도 봄에 왔어요. 친척들하고 상의해서 만주로 와서 살기 좋다고 하니깐 만주로 왔어요. 만주로 오는데, 영동에서 기차로 중국의 장춘 그때는 신경이라고 그랬지. 신경까지 와서 정거장에 내려서 전혀 목표도 없이 피난민과 한가지지. 우리가 올 때는 육남매 부모같이 여덟식구가 목표도 없이 왔지. 그래 장춘 그때는 신경이라고 했지. 그때 보니깐 조선사람이 많아요. 조선사람들이 소개로 여관에 가서 보니 조선사람들이 가득해요. 그 때 한 10여일 장춘 여관에서 머물었어요. 그때 이민단을 조직해서 직접 흑룡강 지금 말하면 흑룡강 상지현 하동촌으로 이민해 왔어요. 그러니깐 하동촌이라 하면 북만에서는 아주 큰 마을입니다. 조선사람 부락으로는 아주 큰 마을입니다. 농장이지. 지금 라디오로 한국에서 듣게되면 하동촌이라고 다 알겁니다. 하동촌이라면 조그마한 마을이 한 스무마을 있었지. 그때 우리가 간 곳은 14개로 이사갔지.

〈사례 5〉 역시 가난했던 조선에서의 생활을 벗어나고자 당시 만주로 이주한 주위 사람들의 나아진 상황을 보며 만주드림을 찾아 온 가족이 이주하였는데, 그 곳은 이미 조선 부락으로 형성되었던 하동촌 이었다. 구체적인 이동 경로는 고향인 충청북도 영동군에서 기차를 타고 중국 장춘으로 왔다.

〈사례 1〉

나는 고향이 많습니다. 이사를 많이 다녔기 때문에. 출생지는 조선 평안북도. 어… 어딘가하믄… 의주군, 신의주 옆에 있는 의주군, 권영산면 평안북도… 근데 그 다음에는 이사를 많이 다녔습니다. 그 때는 우리가 중국 올 때 남자 셋, 여자 하나, 벽동에 살다가 그때는 어린 기억인데, 중국 동북 아성현, 지금 아성현도 하얼빈의 한 개의 구로 들어왔지만, 아성현 취원창이라는데 산골인데, 거기 이사왔습니다. 아마 금광이 없어졌거나 그랬겠죠. 이사왔다가 집도 막 아주 초가집에 시컴한 집이지. 그래 거기 아마 살다가 곤란했던 모양이야. 몇 개월 안있고 다시 조선으로 나갔습니다. 그 때 후에 알아보니깐 아성현 산골에 독립군 가족들이 모여 사는 곳이야.

〈사례 3〉

고향은 강원도 고성군 외금강면 장전항, 금강산 바로 옆입니다. 우리 아버지는 42년도에 만주로 혼자 들어오시고, 그전에는 장전항에서 다 살았죠. 지금 말하자면 흑룡강성 상지시 야불리진 신흥촌, 그때는 신흥촌이 아니라 어지역전입니다. 야불리 근처에서 계속 살았습니다. 그러다가 해방나서 농촌 토지를 준다니깐 줄곧 거기서 살았지요. 그러다가 부모들이 다른 곳, 길림으로 이사 가기는 77년도 길림으로 이사가고 동생들 다 데리고 가고. 저는 그 전부터 하얼빈에서 사업했기 때문에 여기 있고, 이제는 야불리에는 친척들도 하나도 없습니다.

〈사례 6〉

고향이 황해도 옹진군 마산면 개평리입니다. 저는 청주한씨거든요. 그런데 한씨들이 파가 나눠진걸 모릅니다. 중국에는 족보라는 개념이 없어가지고 족보라는 것을 모르니까 모르겠는데. 아버지가 남자 삼형제에 여자 한분이셨는데, 그러니깐 아버지 위에 한내석이라고 있었고, 아버지는 한효석. 동생은 한동석이고. 고모는 모르고. 아버지는 1905년도 생인데,, 1943년도 10월 달에 중국으로 왔어요. 4살 때입니다. 10월 달에 그때는 이미 여기 눈도 왔어요. 42년도에 아버지가 처음 들어왔는데, 목릉현 마도석으로 왔어요. 계서라고 목단강에서 한 40리 되는 거린데 목릉현으로 들어가 있구요. 아버지가 오게 된 거는 우리 이모부가 일본 토목 건축학교를 다녔어요. 그래서 아버지랑 모두 일본아들이 경영하는 동굴들어가는 받침대 하는거 그걸 하셨는데 이모부가 먼저 북만으로 건너왔거든요. 아버지는 동굴에서 일어하니깐 자꾸 냉병이 있어서, 다른 곳에서 일해야겠다 해서 가만히 몰래 이모부를 찾아왔지. 마도석이라는 곳이 벌판이 넓고 벌판에 말똥, 소똥 있고 하니깐 여기 농사를 지으면 잘되겠다 해서 광산에서 일하지 말고 이 곳에서 가자해서 왔지요. 어머니가 개가한사람이거든, 그래 의붓어머니거든, 딸을 하나 데려왔는데, 43년도는 일본 아들도 바쁠때니까 황해도에서 천진, 나진을 떠나서 도문에 와서 도문에서 다시 차타고 보름 넘어 걸렸어요. 그래 큰아버지는 우리가 여기 떠나올 때 남조선으로 나갔어요. 장사하는 사람들이거든, 그런데 소식이 없고. KBS에 나가서 찾고 그랬는데 못찾고. 고모의 아들은 소식이 없어요. 봉투에 주소는 맞음, 사람은 없음 이렇게 해서 돌아왔어요..

〈사례 4〉

강릉입니다, 강원도 강릉입니다 강릉. 우리도 후에 강릉에서 우리 할아버지때에 어디로 옮겨갔는가 하면 함경북도 경성. 경성에 왔다가 다시 북간도 지금의 연변으로 갔다가, 나는 연변에서 낳았어. 함경북도 경성으로 가셔가지고 그래서 거기에 발붙이지 못하고 이 생활곤란으로 이렇게 이주하니깐 북간도로 들어왔지요.

〈사례 8〉

1934년 7월 24일에 경북 안동군 진보면에서 출생했습니다. 그때 우리는 큰아버지가 충주에 계셨는데 잘살았어요 우리는 곤란하게 살았는데 우리 큰아버지가 충주에 살면서 우리를 조그만 상점을 꾸려줬답니다. 그래서 아버지가 이제 그게 우리가 거기로 이사오게 됐지요. 우리가 39년도에 어머니가 아버지를 찾아서 할머니하고요 할머니하고 우리 큰언니하고 일곱식구가 아버지 찾아서 만주로 떠나 왔어요. 우리 아버지는 막내의 아들입니다 그래서 할머니가 떠나지 않죠 다른 아들이 암만 잘살아도 예? 그래 우리를 다 데리고 중국 돈화라는 곳에 왔어요 그 길림성이지 길림성입니다. 돈화라는 곳에 이제 왔는데 내가 그 때 어렸는데 떠날 때에 우리 어머니가 압록강 다리를 건널때에 울더라고요 이 다리를 건너면 만주땅이다.

〈사례 2〉

북한의 평안북도 태천군 남면 송우동, 거기서 제가 1931년 8월 4일에 태어났습니다. 그때는 소하 6년이라고 그랬는데, 계산해보니깐 31년입니다. 신미년 양띠입니다. 저 어려서 족보도 본 일이 없고, 그런데 우연히 장춘에 계신 먼 삼촌뻘 되시는 분이 신화 본사에 있었습니다. 장춘 본사에 주임으로 계시다가, 갔다 오실 때 족보를 그거 한 권 가져와서 그래서 나는 백씨가 어떻게 왔는가, 우리 조상들이 어디서 어떻게 오셨는가

> 도 모르고 그게 아주 궁금해서 빌려다 봤죠. 그때는 복사같은거 없었기 때문에, 내가 19대 수원백씨, 그러니깐 우리 아버지가 18대고, 할아버지가 17대고, 그거 알고, 그 다음 거기에서 우리 부친의 생일은 알았지만, 고모는 있는지 없는지 모릅니다. 먼 친척되는 삼촌이 말씀하시기를 슬그머니 주면서 가서 볼 수 있다면 보라. 그런데 잠깐 이러다가 며칠 보다가 거기서 독촉해서 보냈습니다. 그래서 내가 이것밖에 못 배껴썼습니다. 수원백씨 거기 있는 걸 내가 보고 썼는데, 그러니깐 우리 큰 아버님이 내 계산해 보니, 아마 1890년 생이신거 같고, 할아버지는 모르겠고 우리 부친이 둘째아들, 그 다음에 셋째 삼촌이 북에 계시다가 세상 뜨셨는지 잘 모르겠습니다. 그 다음에 막내 삼촌 넷째 삼촌이 여기 같이 들어왔습니다. 그런데 오래 못 사시고 세상 뜨셨습니다.

3) 조선족 집단 거주 마을 형성[2]

한민족의 이주역사에서 만주는 특별한 의미를 지니고 있는데, 그 긴 역사와 함께 오늘날에도 정치, 경제, 문화적으로 중국의 다른 지역과 달리 매우 복잡한 의미를 갖는 곳이다. 예부터 고조선이 발흥한 지역이고, 고구려가 통치한 땅, 그리고 조선시대에는 일부 조선 사람들이 기근을 피해 월경하여 땅을 일구고 개간한 지역이기도 하다. 또한 일제하 많은 조선인들이 다양한 이유로 이주했던 곳이기도 하다. 특히 이 시기 만주는 매우 복합적인 의미를 갖는 공간이다. 식민지 조선인들은 가난과 궁핍을 피해 조선의 각 지역에서 새로운 땅이나 일자리를 찾아 이곳 만주로 찾았고, 일부 지식인이나 관리, 군인, 기업가가 되고자 했던 부유층들에게는 만주는 새로운 신분 상승의 기회가 가득한 땅으로 여겨지기도 했다. 또한 일본 제국주의와 투쟁을 하기 위한 저항의 장소이기도 했다.[3]

---

2 한국문화인류학회, 『중국 흑룡강성 한인동포의 생활문화』 (서울: 국립민속박물관), 1998, pp.50-74.

3 김왕배 · 이수철, "1930년대 만주의 조선족 마을 공동체-흑룡강성 오상현 조선족 마을 형성과정을 중심으로", 『동방학지』 vol.14, 2008, pp.41-42.

(1) 오상

오상현 조선족 마을은 1938년 개성상인의 손자였던 공진항에 의해 농장 형태의 마을로 설립되었다. 만주열풍에 편승하여 만주에 토지를 구입하여 대규모 농장을 짓고, 일반인(조선족)들에게 토지를 유상으로 분할 분양, 경작시키는 토지 부르주아로 변신하였고, 이렇게 인위적으로 건설된 농장 마을이 흑룡강성 오상현 민락향 조선족 자치구이다.[4]

〈사례 8〉

나 고모부가 난림이라는 곳에 오상이라는 곳에 난림이 있잖습니까? 그 난림이라는 산골에다가 거기 농장이 있답니다. 그 농장에다가 우리 아버지를 보냈어요. 우리 식구를 몽땅 거기 가가지고 우리가 한 1년을 있었는데 아버지가 농사를 할줄 모르지 어머니도 농사 안해봤지 그래도 어쩌겠어요. 우리 큰언니가 거기서 우리 조그만 집을 남에 뒷칸에 있는데에 학교를 꾸려가지고 촌에 조선아이들을 방에다 데려다놓고 가르치고 그러다가 우리 큰언니는 하얼빈에 고모가 소개를 해가지고 시집을 왔어요 18살에, 우리식구가 그러니 여섯이 남았지 일년은 거기서 농사를 하고 어떻게 알게됐는가 하면 상지에 외할아버지가 있답니다. 우리 세상 뜬 할머니의 동생이 상지에 있답니다. 그래 외할아버지가 있어서 우리 아버지한테 삼촌이잖아요, 외삼촌 거기 살 곳이 못되니까 하동군은 상지, 하동은 조선사람들이 사는 곳이다 그래서 우리를 거길 데려갔어요.

〈사례 8〉은 먼저 중국으로 이주하여 터를 잡은 친척의 영향으로 중국으로 이주하였는데, 이주한 곳은 오상이었다. 오상은 농장형태의 마을로 형성된 곳으로 이후 조선족 자치구가 되었다. 그러나 〈사례 8〉의 가족은 농사일을 해보지 않았던 부모님으로 인해 그 곳 생활이 순탄지만은 않았다. 그래서 결국 하동으로 다시 이주를 하게 되었다.

4 위의 논문, pp.48-49.

(2) 하동촌

만주에 이주한 대부분의 한인이 그러하듯 정착 초기 남홍촌 사람들 역시 중국인 지주에게서 땅을 얻어 수전농사를 지었다. 그러나 이곳으로 사람들이 계속 이주해오면서 경작지를 확보하는 것이 가장 중요한 문제로 대두되었다. 그러나 경작지 확보가 급선무라고 해서 이주한인이 원하는 방향으로 일이 추진되기 보다는 오히려 중국인 지주의 횡포에 시달리는 경우가 많았다. 이러한 상황 속에서도 이주한인이 지속적으로 증가하면서 원래 남홍촌 세 개 마을에서 출발한 한인사회는 인근 한족마을까지 그 범위를 넓혀 나가기 시작하였고, 하동안전농촌이 설치되기 이전 하동에는 인해툰, 민주툰, 청하툰, 태성툰, 중심툰 등의 지역에 140여 세대의 한인들이 거주하였다.[5]

〈사례 7〉
원래 처음에 왔을 때는 하동으로 왔어요. 하동 20개로. 일년 못 살고 고태향으로 갔습니다. 하동은 현재 북흥촌인데 거기 있다가 고태향으로 갔어요.

〈사례 5〉
하동마을에 가니깐 전부 조선사람들인데, 조선 각지에서 이민해온 사람이지요. 그래서 처음에는 우리가 처음으로 고향을 떠나서 외국에 온 사람들이잖아요. 너무 외로워서 서로 의지하면서, 그때 우리 누이가 열여섯인데, 같이 중국에 온 사람들 중에 나이가 비슷한 사람이 있어서 사돈 맺어서 의지하면서 살고 그랬지. 거기가 모두 20개까지 마을이 있는데 우리 마을이 14개니깐 바로 중심이라요. 우리 마을에 조선 소학교가 있었는데, 조선에서 중국으로 떠나는 원인이 무엇인고 하니 하나는 못산다는 것, 다른 하나는 이렇게 하다간 우리 자식들까지도 버리겠다 그래서 자식들도 잘 먹이고, 공부도 좀 시켜보자 그래서 왔거든요. 그랬는데 바로 마을에 소학교가 있으니깐, 그때 나는 여덜살이고, 우리 형이 나보다 두 살이 많은 열 살인데 같이 1학년에 들어갔습니다.

5 김주용, “만주 하동안전농촌의 설치와 운영”, 『백산학보』, 2009, pp. 288-289.

4) 한민족의 근면, 성실함: 불모지 개간

일제시대 흑룡강성 한인들은 벼농사를 목적으로 이주하여 1916년 목단강 부근 마도석에서 벼농사를 짓기 시작했고, 1931년 9 · 18사변 이후 일본의 이민계획하에 흑룡강성으로 이주하여 조선농민들의 노동력을 이용해서 만주국의 식량문제를 해결하려고 했다.[6]

〈사례 5〉

만주로 오는데, 영동에서 기차로 중국의 장춘 그때는 신경이라고 그랬지. 신경까지 와서 정거장에 내려서 전혀 목표도 없이 피난민과 한가지지. 우리가 올 때는 육남매 부모같이 여덟식구가 목표도 없이 왔지. 그래 장춘 그때는 신경이라고 했지. 그 때 보니깐 조선사람이 많아요. 조선사람들이 소개로 여관에 가서 보니 조선사람들이 가득해요. 그 때 한 10여일 장춘 여관에서 머물었어요. 그때 이민단을 조직해서 직접 흑룡강 지금말하면 흑룡강 상지현 하동촌으로 이민해 왔어요. 그러니깐 하동촌이라 하면 북만에서는 아주 큰 마을입니다. 조선사람 부락으로는 아주 큰 마을입니다. 농장이지. 지금 라디오로 한국에서 듣게되면 하동촌이라고 다 알겁니다. 하동촌이라면 조그마한 마을이 한 스무마을 있었지. 그때 우리가 간 곳은 14개로 이사갔지. 하동에서는 조금 나았어요. 여기 농장에 일본놈들이 중국놈들한테 땅을 사가지고 조선사람들한테 다 내놨거든. 그래 자기네들이 입쌀을 먹기위해서라도 조선사람들을 한족들한테 보호해줬지. 그래 우리는 한족들하고 관계가 나빴어요. 한족들은 자기네 땅을 뺏겼으니까 갈등이 심했어요. 그래서 한족들은 우리보고 제2의 일본놈이다 그랬지. 근데 실제 그런 욕먹을 만한 짓을 한 사람이 있어. 일본사람 앞잡이 노릇 많이 했지. 하여튼 그러니깐 우린 큰 농사를 지으니깐 비교적 편안하게 지냈지. 그러니깐 땅은 농사를 지어가지고서 주자라는게 있죠. 결국 말하면 국가 땅이라요, 그래서 개인 땅보다는 괜찮죠. 국가에 바치고 나머지는 자기 것이 되니깐. 우리는 양식은 곤란 안받고 살았지. 어떤 사람들은 노름해가지고 다 날리고, 그런데 우리 아버지는 술도 못 마시고, 노름도 안하고 해서 우리 조밥 안먹었어요. 원래는 한족들이 논은 붙일 줄 모르거든요.

---

6 한국문화인류학회, 『중국 흑룡강성 한인동포의 생활문화』 (서울: 국립민속박물관), 1998, pp.50-74.

그 때 만척이라는게 있었는데 거기서 중국사람 땅을 사가지고 조선사람들을 벼농사를 시켰어요. 원래는 중국 사람들이 논을 부칠지 모르잖아요. 원래는 밭이었는데, 중국 사람을 몰아내고 조선사람을 이민시켜서 논농사를 시킨겁니다.

〈사례 5〉의 가족은 어려운 조선에서의 생활을 벗어나기 위해 당시 조선인들이 모여살던 하동촌으로 이주하여 농사를 지었다. 처음에는 소작농으로 국가의 땅을 빌려 농사를 지었으나, 오히려 조선에서의 삶보다 더 풍족한 양식을 얻을 수 있었다. 이는 일정 세금을 제한 나머지는 모두 소작농의 것이 되었기 때문이다.

5) 식민지, 전쟁의 소용돌이

(1) 하얼빈 731부대의 아픈 기억

〈사례 1〉

일본 731부대 세균 살인 무기를 일본놈들이 비밀로 만든겁니다. 하얼빈 시내에서 하다가 비밀을 지키기 위해서 남쪽에 평강이라는 곳에다가 비밀은 지키기 위해서 만들었는데, 거기는 비스트, 코레라, 장티푸스 병균을 만들고 실험하는데, 일본 놈들이 얼마나 나쁜가 하면, 산 사람을 조선사람, 중국사람, 심지어 러시아사람들 붙잡아다가 산 사람을 실험합니다. 산 사람을 옷을 벗겨서 밖에다 두고 얼마나 있으면 어나. 근데 그것만 실험하는게 아니라, 중국 사람들이 더 많지, 조선사람들은 주로 애국자, 이 사람들한테 병균을 실험합니다. 거기서 실험하고, 온 동네가 병이지. 근데 우리 동네까지 온 병은 무엇인가 장티푸스야. 중국 사람 많이 죽었어요. 우리집에만 네명 죽었습니다. 그래서 한국에서 이걸 취재하려고 날 찾아왔어요. 북경가니깐 누가 날 소개하더래. 그래 내가 KBS사람들 데리고 고향에 갔습니다.

731부대는 일제 관동군 산하 세균전 부대로 전쟁포로 등을 대상으로 각종 세균 실험과 약물실험 등 반인륜적인 일들을 자행했다. 〈사례 1〉의 가족도 731부대의 만행에 의해 4명이나 목숨을 잃는 아픔을 겪었다.

〈사례 5〉

말씀하시니까 내 생각나는데, 우리 어머니가 어떻게 세상을 뜨셨는가 하면, 일제시대 때 731부대에서 전염병을 연구하면서 퍼뜨려서 그로인해서 영향을 받아서 세상을 뜬 겁니다. 우리 어머니가 세상을 뜬게 서른셋입니다. 지금 생각해보면 아주 젊잖아요. 731부대 장티푸스병이 있었죠. 그게 조선말로 열병이라고 했죠. 그게 어지간하면 안 죽을 수도 있단 말이에요. 근데 어떤 말이 돌았냐면, 그 때 이 병은 약은 없으니까 땀을 내면 괜찮다 그래서 우리 삼촌이 그때 마침 와서 엄마가 아프니깐 그때 6월 23일인가 그랬는데, 조선 사람들 이불이 얼마나 두꺼워요. 그 이불을 형하고 나하고 덮고 누르고 있으라고 그래요. 그래 어머니는 혹시 낫겠는가 그래 억지로 그 이불안에 있었지. 근데 마지막에 어머니 팔이 나와서 막 젓는거야. 그래 보니깐 숨이 넘어갔지. 결국은 말이야. 땀만 나면 낫는다 그랬다니깐. 병은 병이지만 결국 생각해보니깐 실제 우리가 자식들이 부모를 죽였다 이렇게 생각됐다. 내 제일 부모들한테 죄송스럽다 이 말이야.

〈사례 5〉의 어머니는 731부대에 잡힌 전쟁 포로는 아니였지만, 전염병 장티푸스로 목숨을 잃었다. 731부대의 세균실험은 전쟁포로들의 많은 목숨을 앗아갔지만, 근처 일반 민가에도 피해를 입혔다. 즉 세균들이 일반인들에게까지 퍼져 전염병으로 번진 것이다.

(2) 조선의용군 3지대

〈사례 1〉

소련 혁명 때 조선 빨치산만 해도 열 여섯 개나 있었답니다. 그런데 스탈린이 말이야 다 의심하고 말이야 빨치산 그 사람들을 다 총살해 버리고, 후에 내 소련 가봤지만, 스탈린이 아주 나빠요. 그 다음에 연안에 있는 공산당은 본래 무한에서 조선 의용군을 조직한 패들이고, 정율성 같은 사람은 전라도 사람인데, 팔로군 군가를 지금도 조선군 군가로 쓰고 있잖아요 지금도. 모택동이랑 중국 공산당에서는 조선의용군을 전선에 안내보냈어요. 얼마 안되는 이 사람들을 희생시키지 말고 나중에 조선 해방에 까지, 조선 혁명까지 해야 될 사람들인데, 이 사람들 애끼라. 그래 중국 공산당 덕을 많이 봤지. 그래서 전선에 나가서 선전사업, 일본말을 잘 하니까 선전사업주로 하고, 그리고 작은 전투도 좀 하고, 큰 전투는 그 태행산 전투를 했습니다. 팔로군 부총참모장까지 희생된 그런 큰 전투에 조선의용군이 참여하고 그랬어요. 이 패들이 동북으로 왔어요. 팔로군보다 더 먼저 왔습니다. 일본이 망하자 중국의 두 번째 인물이 명령 내렸어요. 중국 공산당이 영도하는 팔로군 신사군에 있는 조선 동지들은 무정장군, 최해동장군, 박의성 장군, 이 세 장군의 영도하에서 다 동북으로 진출해서 조선을 해방할 임무를 완성하라. 이래서 중국의 남쪽에 있는 신사군이 대부분 다 걸어서 만리장성을 넘어서 심양에 왔는데, 중국사람 팔로군 보다 먼저 왔어요. 언제 도착했냐하면 45년 11월 7일, 러시아 사회주의 기념일입니다. 그래서 심양에 있는 러시아 소련 군대가, 그때까지는 팔로군이 도착하지 않아가지고, 조선의용군이 먼저 도착했는데 압록강을 건너갈려고 하니까 못가게 하지 소련군대가. 이게 역사에 묻혀있는 수수께끼입니다. 소련군대가 조선의용군보고 너네 도대체 중국군대냐 조선군대냐 그러니까 우린 조선군대다 그래서, 소련군이 우리는 조선군대는 김일성 군대 밖에 모른다 이랬지. 그런데 김일성 군대는 얼마 안됩니다. 김일성 군대가 소련군대 따라다녔는데, 김일성이가 못 오게 했는지, 소련군대가 못오게 했는지 압록강 다리를 지키는 소련군대가 조선의용군이 압록강을 못 건너가게 했지. 그래서 우리는 백두산을 건너간다, 얼어죽을 각오, 굶어죽을 각오, 총에 맞아 죽을 각오 하면서, 우리가 지금까지 조선독립을 위해서 싸웠는데, 일본이 망하니까 우리가 조선 땅에 못 간다니 이게 말이 되냐 이거야. 그런데 그 때 중국의 정세는 어땠는가, 사방에 막 토비들이 일어나가지고, 조선사람들 막 물건을 뺐지 그래서 조선사람들은 농촌을 떠나서 하얼빈으로 왔어요. 하얼빈에서 피난민들의 수용소를 만들어 놓고 밥을 먹이고, 부자가 있었는데, 그 부자가 조선여자도 있고, 러시아 여자도 있고 그랬는데 그 사람들 일을 시키면서 밥을 먹였지. 그런데 김일성이가 의용군은 다 오지 못하니까 간부들만 오고 동북에 있는 조선사람들 생명재산을 지키는 것이 어떤가? 토비들이 물건을 뺏고 하니까 확실히 조선사람들이 곤란했지. 그래서 그 무정 등 몇몇 사람이 압록으로 해서 조선으로 건너가고, 나머지 사람들은 동북에 있는 조선사람들의 생명과 재산을 지키자. 그래서 하얼빈에 있는 주덕해 동지가 연안에 있던 조선독립당이라는 지하조직을 만들었는데, 위만때부터 만들고 있었지요. 그래서 하얼빈에 제일 적게 온게 열 세사람 오고, 그 다음에 목단강, 연변, 길림으로 조선의용군을 다 파견했어요. 그래서 이 사람들이 하얼빈에 와서 조선의용군 제 3지대를 조직했습니다. 3지대 패가 오상에 와서 제 4지대를 만들고, 그 다음에는 민족주의자들이 밀리고, 대부분 한국으로 가고, 북조선 고향이 있는 사람들은 북조선으로 가고. 그래 민족주의자들이 밀리고, 그래 공산주의자들이 조선족들이 사는 지방 농촌에서 권력을 쥐게 됐습니다. 그래 우리는 해방되자 선생님들이 똑똑하기 때문에 조선말을 배워주고, 조선 역사문을 배워주고, 교과서가 없으니까 선생들이 고생했지. 그 때 우리는 토비라는 거, 딱 한번, 림업국이 있어 유명했지 실제로는 조그만 시가진데 토비들이 막 쳐들어온다 하니까. 시내에는 지주들이 조직한 치안 유지국이 있어요. 중국 사람들이 조직한 곳인데 거기 총도 있고, 근데 조선의용군은 벌써 그 조그마한 곳까지 오상현에 대대가 있고, 오상대대 3중대가 거기 와있었습니다. 조선사람들이 중국 사람들보다 쎘습니다. 다들 소학교는 나왔으니까. 중국 사람들은 소학교도 못 다닌 사람들이고. 근데 토비가 들어온다고 하니깐, 우리 같이 토비를 막자 그래서 조선의용군이 남, 서문, 북문 세군데나 책임지고, 토비들이 들어오는데 총소리 막 나니깐 창문 밑에 다 엎드려 있었지. 청년들이 말이야 조선사람들이 토비들하고 싸우는데 우리가 가만히 있을 수 있나 해서, 조선의용군들이 밥도 못먹고 지키고 있는데 우리가 밥이라도 해주자 그래서 총소리 막 나는데도 말이야 밥을 해가지고 가져다 주고 그랬죠. 그게 토비라는게 엉터리니까 다 도망갔어요. 마침 연안에서 온 대대장이 마침 그때 소식을 알고 왔는지 모르고 왔는지, 후에 들으니깐 총알이 떨어지면 쓴다고 칼을 갈더래요. 토비라는게 조선의용군한테도 꼼짝을 못하고, 그 때 억울한게 참 많아요. 그 때 조선사람이 중국사람보다 혁명성이 강해요. 그 때 못 사는 사람들만 남았는데, 공산당이 와가지고 지주 자본가를 타도하고, 다 같이 잘사는 사회를 건설한다. 이게 얼마나 좋아요. 공산당이 토지도 공짜로 준다하지, 지주한테 안 받치고 농사를 짓게 됐으니깐, 적극적으로 군대가고 그랬지 조선 사람들이.

(3) 식민지 민족의 아이러니

〈사례 5〉

여기 농장에 일본놈들이 중국놈들한테 땅을 사가지고 조선사람들한테 다 내놨거든. 그래 자기네들이 입쌀을 먹기위해서라도 조선사람들을 한족들한테서 보호해줬지. 일본놈이 조선사람 보호해줬어요. 그래 우리는 한족들하고 관계가 나빴어요. 한족들은 자기네 땅을 뺏겼으니까 갈등이 심했어요. 그래서 한족들은 우리보고 제2의 일본놈이다 그랬지. 근데 실제 그런 욕먹을 만한 짓을 한 사람이 있어. 일본사람 앞잡이 노릇 많이 했지. 하여든 그러니깐 우린 큰 농사를 지으니깐 비교적 편안하게 지냈지.

〈사례 5〉는 일제식민지 시대 일본의 식민정책에 의해 중국으로 이주하였지만, 오히려 중국에서의 삶은 피식민지 일본에게 보호를 받는 상황이 전개되었다. 즉 일제식민지 시대 조선에서는 토지, 식량 강탈 등을 일삼았던 일본인들이 식량난 타개를 위해 만주에서는 오히려 중국 사람들의 토지를 조선인에게 나누어주며 경작하게 하였다.

6) 중국의 현대사와 온몸으로 맞선 조선족

(1) 문화대혁명

문화대혁명(1966-1976)은 10년간 마오쩌둥에 의해 주도된 극좌 사회주의 운동으로 계급투쟁을 강조하는 대중운동이었으며 그 힘을 빌어 중국공산당 내부의 반대파들을 제거하기 위한 권력투쟁이었다. 이러한 혼란의 소용돌이 속에서 중국조선족 역시 많은 영향을 받았다. 그 구체적인 내용으로는 문화대혁명이 가장 배척한 것은 민족주의이며 따라서 소수민족이 큰 피해를 입었고, 소수민족 영토의 특이성이나 우대정책이 모두 폐지되었으며, 민족자치와 민족문화 및 풍습 보존 등을 기반으로 하는 중국의 민족정책을 기본적으로 파괴하면서 급격한 동화정책으로 바뀌게 되었다. 이에 따라 연변 조선족 지도자들이 지방민족주의자라는 낙인이 찍혀 숙청당하였는데 대표적 인물은 주덕해이며 그의 추종자들도 인민의 적이라 하여 숙청당했다. 이렇게 문화혁명으로 인하여 연변지역에서는 고문 등으로 인한 사망 4천 명, 부상자 5천 명 등의 희생자가 났고, 수만 명의 조선족 지식인들이 투옥되거나 인민공사에 보내져 장기간 노동개조를 받았으며, 문화대혁명 기간동안 조선족들은 한족과의 투쟁보다는 오히려 조선족끼리의 투쟁으로 민족내부에 큰 균열이 생기기도 했다.[7]

---

7 최우길, 『중국조선족 연구』 (아산: 선문대학교 출판부), 2005, pp.101-102.

〈사례 4〉

내가 이렇게 연변에 와서도 아주 극빈이고 흑룡강에 와서도 (웃음) 극빈이고 이런 극빈한 아들인데 아까 문화혁명 얘기를 했는데 문화혁명에 내 죄가 뭔줄 알아요? 성분을 속였다는 겁니다. 부농이나 지주가 아니면은 적어도 부농이상 되어야 중학교간다, 고등학교간다, 대학교까지 갔는데 니가 빈농일수있나? 어떻게 대학교까지가나 이래서 큰 죄가 된거에요. 그때 내가 교육대학에 와서 교육학 심리학 강사를 했습니다. 마지막에 교육사학 그 교수평 받았는데 그 거기서 교육대학에서 강사하고 있는데 여기 하얼빈에 2중학교가 섰어요. 2중학교가 섰는데 지도자가 섰다고 영도가 없다고 교장감이 없다고 날 지정해서 가라는 거라. 그때는 우리는 어딜가라면 갑니다. 가기싫어도 갑니다. 그땐 공산당 규칙이 그래요. 가라면 가야되고 오라면 와야되요. 그래서 거 여기와서 문화혁명을 맞았는데 내가 뭐 이종찬이하고 고생많이 하셨지. 사회적으로는 그거 뭐 학교, 학교안에서 학교계통, 교육계통에서 선생들 투쟁하고, 그래도 심하긴 심했어. 다같이하면 이중에 심하지 싹다 없애버리고에, 그때 해외로 나가버린 사람도있어요. 문화 대혁명이나 혼란 때문에 해외로 나가버린 사람들 뭐여 그때 나가다 붙잡히면, 절대 못나가지 총살인데 (웃음), 아니 문화혁명이 그래. 다른 사람 우리들도 다 투쟁맞았으니까 투쟁 여러번 맞았고.

〈사례 4〉는 중국의 문화대혁명 당시 피해를 입었는데, 조선족의 높은 교육열이 오히려 화근을 불러 온 경우이다. 문화대혁명때 지식인들은 중국공산당에 맞서는 지식분자로 치부되었고, 또한 계급타파를 외치는 공산당에게 지주나 부농은 혁명의 대상이 되었다. 이로 인해 〈사례 4〉는 부농이었기에 고등교육을 받을 수 있었던 것 아니냐는 오해를 받고 성분을 속였다는 죄목으로 투쟁을 맞았다. 경제적으로 어려운 조건에서도 우유배달, 신문배달, 가정교사를 하며 고등학교 졸업을 마치고, 교육대학까지 졸업했지만, 부농이었기에 가능했다는 오해를 받아 결국 문화혁명때 많은 피해를 당해야 했다.

〈사례 3〉

내 생에 우리 가정사에서 중요한 것은 문화혁명 때 피해를 받았죠. 어떻게 받았는고 하니, 아버지, 우리 남동생도 다 당원이고 그렇기 때문에 다른 걸 의심받을 일은 없습니다. 그런데 삼촌 둘이 자살을 했어요. 한해 건너 하나씩. 큰 삼촌은 장가를 못 가고 그저 우리집에 붙어있었습니다. 아버지가 72년도에 환갑을 했거든요. 동생들이 다 와가지고 잘 했죠. 삼촌은 그 때 술김에 자기가 내가 죽으면 너네 오겠느냐?, 그니까 아주 실망을 하고, 술 먹고 여름에 논에 가서 마을에 소를 지키는 일을 했는데 그 때 자살했죠. 특별한 정치적 배경이나 이런 것은 없죠. 그 다음에 한 해 건너 우리 작은 삼촌은 원래 작은어머니가 돌아가시고 새 여자를 얻었는데, 거기서 딸을 데리고 들어왔는데, 의붓아버지가 딸을 다쳤다고, 그래 그랬느니, 안그랬느니 하고 그러다가 자살을 했죠. 이거다 특별한 이유가 있는게 아니라 아버지는 큰 망신이지. 근데 조직에다가 말을 안 할 수가 없거든요. 근데 원래 고중3학년 때 중국 공산당에 입당시킬라고 했어요. 그런데 학교를 갔다가 거기서 대학을 다 다니지 못했기 때문에 우리집에 와서 생활을 했죠. 그래서 당 적분자죠. 그래서 문화혁명 한 참 진행하다가 73년도에 등소평 때 입당을 시켰죠. 그런데 두 가지 문제가 있는데, 하나는 삼촌들이 문화혁명기간에 자살을 했다. 이것은 사회에 대한 불만이다. 그 다음에 내가 문화관에서 1년 8개월 동안 사업을 했어요. 그때 여기서 장가갔는데 장가갈 때 우리가 차린 음식이나 술이 모잘라면, 그 때 총무 맡아한 사람보고 문화관에서 돈을 좀 먼저 대고 술이 부족하지 않게 하라. 그래서 일백 이십원을 더 썼어요. 그걸 내가 다 갚지 못하고 나갔는데, 나중에 관장이 총무질한 사람이 돈 떼먹고 갚지 않고 나갔다고 그래서 그것도 반영이 됐지. 그래서 심사 다 해놓구선 못 했죠. 문화혁명 후에 확인했지만. 이런 자취가 있죠.

문화혁명 당시 조선족의 피해 사례는 본인의 정치적 이념이나 소신에 의한 것이라기 보다는 대부분은 자신의 의지와는 상관없이 피해를 입은 경우가 많다. 〈사례 3〉은 공산당에 입당하고자 했으나, 삼촌들의 잇따른 자살로 공산당에 대한 불만의 표시로 오해를 받아 피해를 입었다.

7) 한민족의 비극

(1) 한 집안 세 개의 국적

〈사례 6〉

내가 여기서 한마디 보탤 것은 우리 조선족이 이렇게 가련하다. 나의 큰아버지로 말하자면 한국국적을 올렸으니깐 한민족이요, 우리 작은아버지는 다리 병신이 되가지고 산골에 가서 숯골에 들어가가지고 숯 구우면서 살았거든요. 거기는 북조선으로 되어있으니깐 작은아버지는 북조선으로 가고, 큰아버지는 남쪽으로 가고, 우리는 중국에 건너왔으니깐 중국인이고, 우리 민족이 세상에서 가장 가련하지. 우리 아이들은 영어배웠다고 코리아, 코리아 그러는데, 이거 우리 조선민족이 어디인가 싶어.

〈사례 6〉의 가족은 격동의 근대사를 살아오면서 한 집안에 세 개의 국적이 존재한다. 본인은 중국에 남아 중국국적으로, 큰 아버지는 남한으로 이주하여 한국국적을, 작은 아버지는 북한국적을 갖고 있다. 그러나 이러한 국적 취득이 본인의 의사에 의해 정해졌다기 보다는 정치적 격동기를 겪은 우리 근대사가 낳은 결과이다.

8) 한중수교 후 조선족

1992년 8월 24일 한국과 중국은 정치이념적 대립에 의한 적대관계를 청산하고 국교를 정상화했다. 한중수교 이후 조선족 사회는 변화의 큰 물결 속에 놓여 있다.

〈사례 2〉

내 심정을 이야기하면, 한국이 내 생각이 60년대 초만 해도 그렇게 발전한 나라가 아니였는데 지금은 세계 13위라고 경제대국이라고. 처음에는 남쪽에 대한 인상이 하나도 없고, 내 중국에서 공산당 밑에서 살았고, 그 때는 남조선, 한국이라는 말을 하지 않았어요. 남조선에 대한 반감이라기 보다도 중국에서는 항미전쟁이라고 그러고, 북조선에서는 조국해방전쟁, 한국에서는 한국전쟁이라고 그러고 그 때 가슴아팠던 것이 내 말은 못했지만, 동족상련아닌가 이거 왜이런가? 백의민족, 단일민족이라고 자랑하면서… 그 다음에 한국과의 교류가 되고서 우리 학교에서 제일 먼저 한국에 나간 사람이 송상열입니다. 당지부 서기하던, 내 그래서 이미 세상떴지만은 제일 빨갱인데, 우리 학교 공산당 지부서긴데 제일 먼저 나갔습니다. 전라북도하고 충청남도하고 경계지가 고향입니다. 그래서 내 욕을 했습니다. 나이는 나보단 세 살 어리지만 당신이 제일 응큼한 사람이고. 공산당 어쩌고, 한국 남조선이 어쩌고 하더니 제일 먼저 찾아간다고 나선다고 그랬지. 그래도 오랜만에 고향에 찾아가보니깐 기쁘다 그러드라고. 한국의 경제상이 올라가니깐 그것은 기쁩디다. 일본놈 때문에 우리가 고생을 하고.. 그런데 나는 안된게 우리 북조선이 내 고향이니깐 거기도 좀 잘 살았으면 하는데, 안됩니다. 그 다음에 느껴지는게 뭐인가 하니 한국에서는 국민이라고 그러지만, 우리는 인민이라고 그러는데 지상낙원이고 인민이 잘산다고 그러는데 밥조차 못먹는데 왜 이거 공산주의가 좋다고 그러는가? 말은 못하지만은 내 지금까지도 이게 가슴 아픕니다. 서로 큰 소리 치지 않는게 좋지 않은가? 한국에서 김대중씨랑 노무현씨랑 많이 도와줬는데 지금은 이명박씨가 와서 바뀌어졌어. 이거 집안 싸움이지. 그래서 독일에 대한 교훈도 있고 하니깐 잘 지냈으면 합니다. 그런데 내 죽기전에 통일은 못 볼 것 같습니다.

한중수교 이후 많은 수의 중국조선족들은 친척방문을 목적으로, 때로는 일자리를 찾아 한국으로 입국하였다. 〈사례 2〉는 과거 정치적 이념차이로 인해 한국과 가까이 할 수 없었지만, 한중수교 이후 한국에 대한 기존인식이 상당 부분 변화되었음을 확인 할 수 있다. 남한과 북한의 대립 상황에서 중국조선족으로서의 애환은 남다른 것이었다.

2. 개척, 강제이주 그리고 귀환신화

〈사진 13〉 러시아 연해주 고려인의 구술참여자들

이 절에서는 19세기 후반 당시 경제사회적 혼란과 자연재해 등으로 인해 어쩔 수 없이, 더 나은 생활을 위해 국경을 넘을 수밖에 없는 유민들의 이주, 일제 식민지시대 항일독립운동을 위해 고국을 등져야 했던 정치적 망명가들의 이주로 형성된 연해주 고려인의 디아스포라적 경험과 기억을 되살리고자 한다.

1) 원동으로 이주: 가난과 박해, 그리고 항일운동

1869년 기사 대흉년으로 기아에 허덕이고 있던 함경도지방의 수많은 농민들이 두만강하구를 월경하여 러시아 연해주 최남단지역인 핫산, 크라스키노, 포시에트와 같은 변경지대로 이주했다. 러시아 변경지대에 정착한 한인들은 한민족 특유의 근면함과 선진적인 농업기술을 토대로 연해주의 황무지를 개간해 새로운 삶의 터전을 만들어가면서 한인마을을 형성하기에 이르렀다. 일부 한인들은 적당한 일자리를 찾기 위해 하바로프스크, 아무르주 등 연해주 북쪽지역 내륙으로 진출했다.[8] 이들은 주로 금광 사업장에서 시중을 드는 허드렛일을 하거나 직접 금광을 캐는 노동자로 고용되었다. 이와 같은 연해주 이주 초기의 상황을 다음의 증언을 통해 확인해보기로 한다.

---

8 당시 러시아정부는 1869년 조선에서의 대기근으로 두만강을 넘은 이주행렬이 남우수리 지방으로 끊이지 않고 대규모로 이루어지자 연해주내의 다른 지역으로 한인들을 이주시켰다. 러시아정부의 한인 이주정책은 무엇보다 조선과 러시아 국경지대가 한인들에 의해 장악될 수 있다는 가능성을 두려워했으며, 장차 이주해 올 러시아 이주민들에게 좋은 토지를 주기 위해 이루어졌다. 그리하여 한인들은 블라디보스토크, 수이푼강변(현재 라즈돌리노예강), 올가만 연안, 항카지역, 아무르강 유역 등 극동지역 전역으로 확산되었다. 보리스 박 · 니콜라이 부가이 지음, 김광환 · 이백용 옮김, 『러시아에서의 140년간』 (서울: 시대정신), 2004, p.39.

〈사례 17〉
난 우리 아버지 보지 못했어. 먼저 돌아가셨어. 사진도 없단 말이지. 기억이 안 난다. 돈 벌라고 러시아 땅 온 것이지. 그래 건너왔는데 막아져서 나가지 못했어. 그래 우리 마마랑 결혼한거지. 내가 엄마 뱃속에 있을 때 돌아가셨지. 난 아버지를 모르고 아버지 제사를 3년 지내고 우리 엄마는 다른 아버지한테 시집갔지. 우리는 하바로프스크의 근교 농촌에서 살았지. 10살 때 처음 차를 봤어. 그런 시골에서 살았어. 하바로프스크에서 자동차를 3시간동안 타고 들어가는 그런데서 살았지. 완전 농촌에서 살았지.

〈사례 15〉
우리 할아버지 고향이 황해도 해주인데 사금 캐러 여기(아무르주) 왔어요. 할아버지는 금 캐야 되기 때문에 여러 곳으로 다녔어요. 한 곳에 머무르지 않고. 우리 금 캐면서 하니까 잘 살았어. 돈이 많았어. 금 캐면서 친척처럼 의형제도 있었고, 조선에서 온 사람들이 우리 아버지한테 와서 일터도 구하고 살았어요.

〈사례 14〉
우리 할아버지는 경기도 수원에서 사시다가 돈 벌려고 원동으로 왔대요. 할머니는 대구이에요. 집식구도 다 놓고 온 거에요. 몇 번 왔다 갔다 했는데, 국경 막혀서 못 나갔대요. 여기서 할머니를 우연히 알게 되어 결혼한거에요. 두 분 다 원래 결혼을 했었는데 여기서 나가질 못하니깐 만나서 결혼을 한거래요. 부모님은 여기 보로실로프(현재 우수리스크)에서 태어났어요.

〈사례 9〉
원동에 우리 아버지 9살에 조그만 목선을 타고서 수찬(현재 빨치산스크)으로 건너 왔대요. 그 다음에는 조금 있다가 올가로 들어가서 살았지. 그래 장가를 여기서 22살에 갔단 말이야. 우리 5형제, 누이 2명에 7남매를 낳았어. 우리 집에 말 세 마리가 있었는데, 1933년도에 토호 청산할 적에 우리 집 와서 다 가져갔지.

1905년 을사늑약이 체결되고, 1910년 강제병합이 이어지면서 생계수단을 잃은 농민들뿐만 아니라 국내에서 항일운동을 전개하고 있던 항일 애국지사들이 일본의 탄압을 피하기 위해 연해주지역으로 이주해갔다. 그리하여 연해주는 자연스럽게 해외 항일독립운동의 전진기지로 되었다. 연해주가 항일독립운동의 전진기지가 되면서 이주자의 수도 급격하게 증가하여 블라디보스토크에 '신한촌'이라는 한인 집단 거주지가 건설되고, 항일 무장 투쟁은 더욱 더 활성화되고 조직적으로 이루어졌다. 이에 대한 증언을 살펴보면 다음과 같다.

〈사례 10〉

우리 아버지, 어머님 어.. 한국에서 태어나서 1919년에 일본놈들의 착취를 견디지 못해서 두만강을 건너서 중국으로 넘어갔어. 처음에 중국 밀산에서 살다가 1919년에 원동으로 건너왔지. 그때 이 러시아 원동에 아주 큰 전쟁이 있었는데, 일본놈들이 이 원동을 착취한다고 했지. 빨치산부대에 우리 아버지도 참가하였다가 1922년도에 일본놈들을 다 몰아내고 1922년도에 모구스와까에서 우수리스크로 왔지. 예… 그때는 벌써 일본놈들도 다 몰아내고 사회주의를 건설하겠다고 표어를 내붙이고 그랬어. 어떤 무슨, 아무 재산도 없이 이부자리만 가지고 여기로 왔어. 그래 1925년도에 내가 우수리스크에서 태어났단 말이오. 우리 어머니는 40세에 나를 낳으셨어요. 우리 아버지는 43세, 어머니는 40세 그때 나를 낳았단 말이야. 그래 늘그막에 나를 낳았다고 고생거리 생겼다고 했어 하하하. 어머니가 다 눈물을 흘렸단 말이야. 늘그막에 자식이 생겨서… 우리 맏 형님과 내가 23살 차이란 말이야.

〈사진 14〉 사진으로 보는 고려인의 가계도

이와 같은 구술 자료에서 확인되듯이, 연해주 개척 이주시기의 한인 이주의 성격은 초기에는 '생계형' 이주로 생존수단을 잃은 농민들의 이주가 주를 이루었다면, 1910년 일제의 식민통치 이후에는 항일 독립투쟁을 위한 '정치적 망명'의 성격을 띤 이주자가 많아졌다. 그리하여 연해주는 모국의 정치, 경제, 사회적 혼란과 박해를 피해 이주해 온 한민족의 새로운 삶의 터전이 되었으며, 식민지 조국의 해방을 위한 항일무장투쟁의 진원지가 되었다.

원동에 정착한 한인들은 무엇보다 근면함과 뛰어난 토지경작과 농경기술로 황무지나 다름없던 극동지역의 개발과 경제발전에 일익을 담당하였다. 1917년 사회주의혁명 이후 1920년대에 들어서서 극동지역에 전면적인 집단화를 목표로 하는 집단농장화 운동이 폭넓게 전개되었다. 모든 한인촌에서는 마을당 최소 1개의 집단농장을 만들도록 하는 집단화 계획이 수립・진행되었고 1934년에 이르러 완전히 종료되었다. 집단농장에서의 한인들의 우수성에 대한 증언을 살펴보면 다음과 같다.

〈사례 10〉

우수리스크에서 1922년도부터 1937년까지 여기서 살았지. 그래, 여기 원동에 있을 적에는 그저 밥벌이나 하고 살았지. 우리 아버지(김만삼)랑 맏형님이 하바로프스크 가는 길에 있는 제레진스키에서 벼농사를 해서 잘 심고 했기 때문에 오르진 뚜루도보이 슬라브(노동영웅 훈장)훈장을 받았지. 그때 이 원동에는 돌밖에 없었어. 우리 아버지 큰 사람이야. 국가에서 훈장 받았어요.

〈사진 15〉 김만삼 사회주의 노동영웅9

이처럼 한인들은 선진적인 벼농사 기술을 활용하여 경제발전에 지대한 공헌을 하였을뿐만 아니라 우리말(고려글)을 배우고 가르치기 위한 교육에도 많은 심혈을 기울였다. 대부분의 한인들은 고려학교에 들어가서 우리말을 배웠으며, 일부는 러시아학교에 다니기도 했다.

〈사례 16〉
여기 우수리스크에 고려학교가 있었고, 블라디보스토크에는 고려사범대학이 있었어요. 블라디보스토크에 고려극장도 있었구요. 근데 1937년에 강제이주당하면서, 다 없어졌어.

---

9 농업사회주의 노력영웅 김만삼은 1883년 연해주 우수리스크에서 출생했다(레닌기치에 따르면 1882년 조선출생으로 기록). 김만삼은 일찍 부모를 여의고 13세부터 유랑생활을 시작하며 35세까지 머슴살이를 했다. 그 후 1928-1929년 집산화 시기에 연해주에서 조직된 벼재배 콜호즈에서 활약하면서 널리 이름을 알리기 시작했다. 1937년 중앙아시아의 카자흐스탄 크즐오르다로 강제이주 되어서도 김만삼은 극동에서처럼 자신의 농업적인 능력을 유감없이 발휘했다. 김만삼은 강제 이주 직후부터 1960년까지 34년간 크즐오르다 주 치일리구역『아방가르드』(선봉) 콜호즈에서 일하며, 1942년 2차대전 시기에는 5헥타르에서 150첸트네르의 벼를 수확해 내는 등, 깜짝 놀랄만한 기록적인 벼수확량을 달성해 내며, 벼재배 영웅이 되었다. 벼재배 영웅 김만삼은『아방가르드』콜호즈에서 6개 분조의 벼재배 농사를 지도하며 매년 높은 수확량을 달성해 내었으며, 1942년에는『크즐오르다 콜호즈원』탱크종대건설을 위해 자신의 예금에서 105,000루블을 헌납하기도 했다. 김만삼이 벼재배 영웅이 되기까지는 보이지 않는 노력과 연구가 있었다. 그는 늘 벼재배 실험연구를 통해서 종자와 종업기술 등, 농업기술을 개선하여 벼수확량 증진방법을 찾아내는데 힘썼다. 김민삼은 적기에 일정하게 물을 대는 방법과 광물비료 사용과 제초작업 병행을 통해 수확량을 높이는 농업방법 등을 알아내고 이용했고, 이러한 농업방식의 노하우를 다른 콜호즈들과도 나누었으며, 한편으로는 황무지에 관개용 수로를 건설하는데도 큰 역할을 감당해 내었다. 김만삼의 농업적인 성과와 선진적인 농업기술은 카자흐스탄 정부로부터도 인정을 받았으며, 그 결과 전연방 레닌농학아카데미 카자흐스탄 지부 회의와 소연방 국민경제달성 박람회에서 김만삼의 농업기술이 소개되기도 했다. 소련당국은 농업영웅 김만삼의 농업에서의 탁원한 능력을 치하하여 1941년에는 명예훈장, 1945년과 1946년에는 적기노동훈장, 1947년에는 선진적인 농업기술을 정착시킨 공로로 국가상을 수여했고 1949년 5월 20일에는 마침내 최고의 칭호인 '사회주의 노력영웅' 칭호를 부여했다. 한인들의 농업적 능력을 유감없이 발휘하며 소련 전체를 깜짝놀라게 했던 '사회주의 노력영웅' 김만삼은 1964년 8월 19일 고향땅 연해주 우수리스크에서 사망했다. (http://culturedic.daum.net/dictionary_content.asp?Dictionary_Id=10030293&mode=title&query=%B1%E8%B8%B8%BB%EF, 검색일: 2012년 10월 15일)

2) 스탈린 트라우마: 중앙아시아로의 강제이주

극동지역에서 중앙아시아로의 강제이주는 시베리아횡단 철로를 이용하여 약 30-40일간의 화물 열차를 타고 이루어졌다. 한인들은 블라디보스토크, 라즈돌노예, 우수리스크, 하바로프스크, 이르크츠크, 크라스노야르스크, 노보시비르스크를 거쳐 중앙아시아지역으로 전입하였으며, 가장 먼저 내린 곳이 카자흐스탄 우슈토베였다. 이러한 강제이주 과정이 두 차례에 걸쳐 이루어지면서 총 36,442가구에 171,781명(우즈베키스탄에 16,272가구 76,525명, 카자흐스탄에 20,170가구 95,256명)이 중앙아시아지역으로 이주당했다. 연구자가 현지조사 과정에서 수집한 구술 자료에 의하면, 고려인의 강제이주의 이유는 고려인이 일본 첩자 역할을 할 것이라는 스탈린정권의 판단에 근거하여 예방적 차원에서 이루어졌다는 것을 확인할 수 있었다.

〈사례 14〉

여기서 일본놈들이 우리가 비슷하니깐 차이가 없으니깐 여기 경찰들이 일본놈들을 잡을수가 없어서 우리를 그쪽으로 내보냈다고 했거든요. 그건 어떤 말인지 잘 모르겠지만 일본놈들이 난 일본인이 아니다 이러니깐 다 보냈데요 그건 우리 할머니 이야기를 들었어요 일본사람들 때문에 우리는 다 여기로 이주시켜서 산다고. 그때는 우리 조선도 일본밑에 있었고 중국도, 몽골도 그랬기 때문에 여기 아주 큰 일본군대들이 있었기 때문에 그래서 다 보냈다고 합니다. 우리 할아버지 말을 들어보면 똑바로 되는거 같데요. 만약에 우리를 안내 보내고 전쟁났다고 하면 우리 고려인들 많이 죽었을거다. 차라리 이주가 사는게 더 나았다고 말씀하셨어요.

〈사례 9〉

여기서 어떤 나쁜 놈들이 고려인들을 많이 죽였는데, 그래서 여기에 고려인들이 계속 있으면 더 많이 죽을 수 있으니까 이주시킨거에요. 여기서 홍범도 손에 많이 죽었어. 홍범도는 카자흐스탄에서 살다가 죽었지.

〈사례 16〉

여기 일본놈들이 있으니깐 고려인들이랑 비슷하니깐. 러시아와 일본이랑 전쟁이 일어났는데, 조선사람과 일본인간 낯 가리기가 바쁘지. 그래서 고려인들 다 그쪽으로 보내고.

〈사진 16〉 중앙아시아 강제이주 출발역: 블라디보스토크, 라즈돌노예, 우수리스크

강제이주를 준비하라는 명령은 지역에 따라 차이가 있었다. 농촌지역에서는 보름내지는 한 달 여 정도 시간을 주어 짐을 꾸릴 수 있게 한 반면, 도시지역에 사는 한인들에게는 가장 짧게는 하루, 또는 2-3일 내지 1주일 정도 시간을 주어 다른 지역으로 도망가지 못하도록 했다. 또 어느 지역에 사느냐에 따라, 예컨대 바닷가에 사는 고려인들은 강제이주 지역도 비슷한 곳으로 이주시켰다. 다음의 증언은 이를 확인할 수 있다.

〈사례 12〉

우리 아버지 안동이 고향이야 안동 김씨. 1928년인가 29년인가 여기 빨치산스크로 왔어요. 사범대학에서 수학교사질을 했지. 1932년에 소련이 고려 말을 못하게 하고 러시아말로 하게 했어. 그러니까 학교에서 더 이상 일을 못하게 되서 나홋카에 가서 고기를 잡아들이는 공장에서 일을 했단 말이야. 계산을 잘하니깐 일을 잘하고… 37년도에 기차를 타고 볼가강 근처인 아스트라한으로 갔어. 거기가 어부들이 많이 사는 곳이거든

강제집단 이주과정에서 고려인들은 얼마나 희생되었는가? 정확한 수치는 알 수 없지만, 열차 안에서 배고픔으로 또는 유행병으로 인해 상당수의 어린이들과 노인들이 숨졌으며, 하바로프스크 근방에서는 열차 전복사고로 많은 고려인들이 죽었다. 한 달여 정도 기차를 타고 마침내 도착한 새 정착지에서도 고통은 계속되었다. 다음의 증언을 살펴보기로 한다.

〈사례 10〉

1937년도에 9월 초 이튿날, 화장실도 없는 짐 싣는 기차에 다 실어서 짐승들처럼 그렇게 실려 갔어. 그거, 내 지금도 생각해보면 야… 가뜩이나 아이들은 얼마나 죽었겠소. 카자흐스탄 크즐오르다 벌판에다가 던져놓고 너 살겠으면 살고 죽으면 죽고 알아서 하라고 했어. 어쨌든지 아이들이 2살까지는 다 죽었소. 기후가 기후인지라 어린아이들이 2살까지는 다 죽어버렸소. 아침에 일어나면 저 집에서 울음소리 나고, 이 집에서 울음소리 나고, 먹을 물 없고 해서 손도 씻고 빨래도 하고, 그런 물 마시고 애들이 죽고.

카자흐스탄으로 강제이주 된 고려인의 첫 기착지는 까라딸강 유역에 자리 잡아 수원이 풍부한 농업지대였던 우슈토베였다. 그 외 알마티, 크즐오르다, 카라간다 등에 정착하였다. 한편 초원지대인 우즈베키스탄에 강제이주 된 고려인은 타쉬켄트 지역에 정착하였고, 일부 고려인들은 볼가강유역의 아스트라한 지역에 정착하기도 하였다. 고려인들이 이들 지역에 도착했을 때는 겨울의 길목에 있었거나 늦게는 12월이 되었다. 새 정착지에서 고려인의 생활은 어떠했을까?

〈사례 9〉

1937년도에 우즈베키스탄 타쉬켄트에 들어가서 고생했지. 37년에 9살인데, 10월 20일이나 22일 정도 집을 내놓고 하루만에 여기서 빨리빨리 가라고 했어요. 다 버리고 나왔지. 소 4마리, 돼지, 닭이 많았어. 다 버리고. 개가 그렇게 따라 나왔는데 너무 아까워서. 올가에서 배를 타고 나홋가까지 나오고, 거기서 기차를 타고 갔지. 한 달 넘게 기차를 타고, 타쉬켄트가서 한 달 살았지. 우리 아버지 촌에 들어가서 집을 하나 가졌지. 살면서 집을 지었지.

〈사례 11〉

하바로프스크역에서 부모님이랑 기차를 타고 타쉬켄트에 왔어요. 짐 싣는 기차에서 그냥 다리 밑에다가 내려놓고 거기서 돌 모아놓고 불 때서 찬물 끓여먹고 한 달 동안 거기서 살았어요. 그 다음에는 성이 같은 친척을 만나서 그 사람들이 우리 마을로 가자고 해서 갔는데 거기도 집이 없지. 비가 오면 비도 새고. 우리 아버지 흙으로 벽돌 만들어서 큰 집을 지었단 말이에요. 근데 그 집터가 묘지였어요. 거기서 백골이 나오는데 그게 사람이라 말이야. 우리 아버지 발로 밟고 거기다가 집을 졌단 말이지. 아버지 어머니 농사지으러 나가지, 내 12살 먹었는데 무서웠어. 그러니깐 밤에 어떤 불도 들오고 귀신이 하하하. 9살에 들어와서 어찌어찌해서 12살 먹었단 말이야. 벼이삭 주우러 막 돌아다녔단 말이야. 그 이삭 주어서 가져오지. 우리 집 식구가 9명인데, 여자 7명에 남자 2명. 어머니, 아버지, 할머니랑 살고, 고모 남편은 37년도에 잡혀갔지. 원동에서 잡히지 않은 사람들은 강제이주 당해서 잡혀가서 죽었어. 똑똑한 사람들은 다 데려가서 죽였어요.

〈사진 17〉 고려인의 점심 식사 상

〈사례 17〉

우리는 우즈베키스탄 ‘굶은 들판’ (갈롯나야 스쩨피) 이라는 지역으로 갔지. 양들이랑 당나귀랑 많이 있는 곳이었어. 양똥, 당나귀똥이 많이 있어. 그런데 있으니까 여기서 아이들은 더러운 물 마셔서 죽고, 못 먹어서 죽고 말라리아에 물려서 죽고. 조금만 아이들은 다 죽었다. 고려사람들이 사람잡아 먹은 사람들이라고 우즈벡사람들이 무서워했지. 우리도 우즈벡사람 무섭다고 했지. 서로 무섭다고. 고려사람들이 와서 우즈베키스탄, 카자흐스탄을 문명화 시켜줬지. 고려사람들이 벼농사 방법 다 가르켜주고, 식물 어떻게 하는 거, 양파 키우는 방법 등을 다 가르쳐줬지. 그래서 우즈베키스탄 사람들은 고려사람들을 좋아해요.

〈사례 13〉

올가에서 30가족이 모여서 농사를 지으면서 살았어요. 친척처럼 잘 지냈어요. 13년 동안 앓았던 사람이 있는데, 아버지가 침놔주고 돌봐주고 그랬어요. 올가에서 블라디보스토크까지 배를 타고 나와서 기차타고 우즈베키스탄 타쉬켄트주의 나보이[10]라는 곳으로 갔어요. 들판에다 사람들을 내려놓았고, 우리들은 갈대로 집을 지어 살았어요. 그리고 나무를 잘라서 집을 만들었어요. 남자, 여자 따로 들어가는 입구를 만들었어요. 손님이 오면 남자들, 여자들 따로 들어가게 만들었어요.다같이 30가족이 이주한거에요. 한 마을이 그대로 간거에요. 여기서 고기를 잡은 마을에 산 사람들은 러시아의 아스트라한으로 보내기도 했어요. 볼가강쪽으로 보내진 사람들이 지금 여기 살아요. 전쟁때는 터쉬켄트에 먹을게 아주 많았어요. 그래서 다 타슈켄트로 가고 싶어했어요. 먹을것이 많으니깐. 모든 사람들이 그때는 전쟁 때 다들 굶었으니깐 그래서 그때 타쉬켄트로 이주한거예요. 고려인들도 많이 갔어요.

---

10 ‘Navoi’시는 우즈베키스탄의 문학자인 ‘알리셰르 나보이’를 기념하여, 그의 이름을 따 명명되었다. 알리셰르 나보이(1441-1501)는 러시아의 푸쉬킨처럼 우즈베키스탄 민족문학의 창시자이면서 대표적인 시인이다.

〈사례 16〉
올가에 고려사람 한 200호 정도 살았지. 올가에 있는 사람들은 다 배를 타고 나와 블라디보스토크역에서 기차를 타고 타쉬켄트로 갔어요. 200가구 그대로 이주했어요. 칼리닌 지역에서 마을 사람들이 같이 살았어요. 한 달 동안 이주 준비하라고, 음식은 소금에 다 절여놓고. 조합 회장이 마을사람 명부를 가지고 있어서 도망갈 수가 없었어요. 우수리스크시나 블라디보스토크시에 사는 사람들은 준비할 시간도 없이 바삐 갔어요. 시내에서 사는 사람들은 말하면 달아난다는 거에요. 농촌에서는 시간 많이 줬어요. 달아날 때가 없으니까. 중간 중간에 기차가 멈추면 밥 먹고 석탄 받아서 빼치카를 쓰고 물도 받아서 마시고. 소나 돼지는 소금으로 절여서 가지고 갔어요. 조합에 있던 거는 국가에 반납하고, 국가에서 갈 때 먹으라고 줬어요. 농사를 얼마만큼 국가에다 바치고 나머지는 다 나누어서 가족마다 기차에다 실어서 간 거에요. 기차안에서 늙은 사람들이랑 조그만 애들이 죽어 나갔어요. 벌판에다 내려놨지. 그래 마굿간 같은 데서 살았어요. 나중에는 흙으로 벽돌을 만들어서 집을 지었어요. 크즐오르다에 도착해서 처음에는 고려학교를 만들어 고려말을 배웠어요. 나중에 지식있는 사람들, 머리 좋은 사람들을 다 잡아서 교도소에 보냈어요. 그래서 선생님들이, 교수들이 없어서 고려사범대학[11]이 일 할 수 없기 때문에 없어졌어요.

3) 중앙아시아에서의 생활과 적응

중앙아시아 사막지대에 정착한 고려인들은 삶의 기반을 채 마련하기도 전에 또 다른 큰 시련에 부딪혔다. 1941년에 시작된 소련과 독일과의 전쟁으로 고려인들은 노동군으로 징집되어 군수자원과 전쟁 물자를 생산하는 후방에서 혹독한 고통과 죽음을 넘나드는 고초를 겪어야 했다. 이러한 고려인들의 2차 세계대전의 경험을 증언을 통해 살펴보자.

---

11 1937년 강제이주 후 한인들은 크즐오르다 스카이예프 거리에 고려사범대학을 개교했다. 흩어진 학생들을 모으고 가져온 책들로 도서관을 열었으나 곧 조선말과 조선역사 강의가 폐지되었으며, 이후 크즐오르다사범대학으로 변경되어 현재는 크즐오르다국립대학으로 되었다.

〈사례 10〉

그렇게 고생하다가 1941년에 소련과 독일이 전쟁났어. 조금 살만하니깐 또 전쟁났어. 아, 그래 전쟁 때에 아이들이고 노인들이고 관계없이 다 일했어. 밤낮 없이 일했어. 그래, 우리 아버지가 그때 전쟁 시기에 벼농사를 잘해서 국가 영웅으로 되었어요. 우리 아버지가 전쟁 때에 많은 돈을 냈고, 그래 우리 아버지 집에 한 열흘 와서 사진 찍고 갔어. 고려인들은 전쟁터에 안 나가고 전쟁 도와주는 곳에 갔어요. 전쟁에 직접 참여하지는 않고 총, 탱크 등을 만드는 곳에서 일했어. 뚜아라는 도시에 가서 중요한 총 만들고 일했다. 내 거기서 일했어. 그것도 전쟁하는 것처럼 생각하고 있다. 그래 거기서 43년도에 난 다리를 다쳤어, 현재 이 다리는 나무다리야.

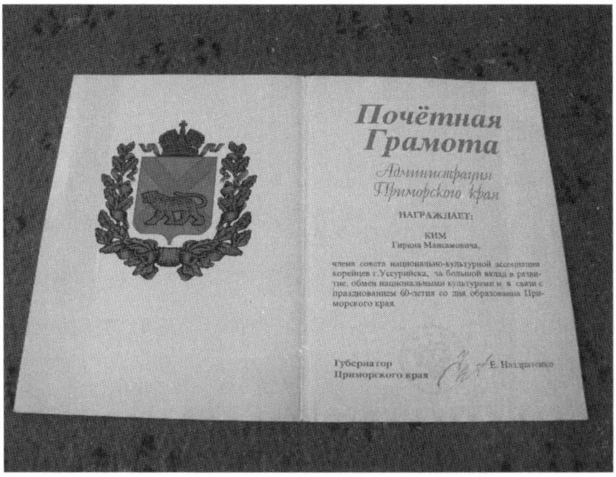

〈사진 18〉 소연방내에서 사회주의 경제의 우위자에게 주는 상장

〈사례 11〉

14살부터 흙메고 일을 하다 보니깐 전기 공장에도 갔다 왔소. 공장갔는데 힘이 없어서 올라가면 뚝 떨어지고 올라가면 뚝 떨어지고. 여자들은 울기라도 했지. 남자들은 떨어지면 다 집으로 보내버렸어요. 고려인들뿐만이 아니라 우즈벡 사람, 러시아 사람 다 해가지고 전쟁 안 나간 사람들은 다 거기로 보내서 일을 시킨거에요. 어떤 때는 자고 일어나면 폴란드에서 포로로 잡혀 온 여자들 몇 명을 데려와서 옆에다가 눕혀 논답니다. 여자 포로들이 잘 때 없어서 남자들이 자는 데에 들어가서 잔거에요. 6시에 나가면 밤 10시에 들어오고. 먹을 것도 좋지 않고. 전쟁 무렵에는 사람하나에 떡, 빵 몇

그램씩 주지. 우리는 아이들이지 떡 부스러기 먹고, 북망산에 가서 호박잎 같은 풀 뜯어 먹고 살았어요. 거기서 큰 풀이 있는데 그거 삶아서 쌀 가루랑 섞어서 떡 만들어놓고 같이 먹었어요.

〈사진 19〉 제2차 세계대전 승전 65주년 기념 증서

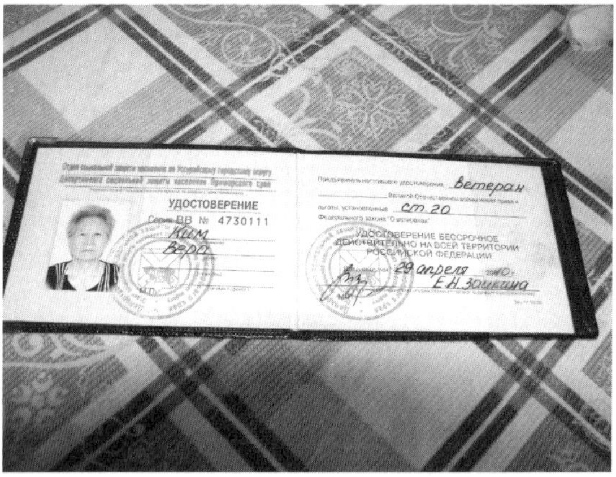

〈사진 20〉 제2차 세계대전 참전 증명서

〈사례 9〉

우리 아버지 타쉬켄트 프라브다에 있는 꼴호즈에 다녔지. 1940년도 시작을 해서 돈을 잘 벌었지. 그래 벌어놓구서 6월 초 이튼 날 전쟁 나니깐 꼴호즈에서 벌어 놓은걸 하나도 안 준단 말이야. 우리 아버지, 형 전쟁 물건 만드는 곳에 들어갔지. 내 13살에 다 자라니까 회장이 이 마을에서 몇 명 보내 달라 그러면 마을에 가까운 사람 말고 싫은 사람들을 보낸거에요. 회장은 고려인인데, 좋아한 사람들은 놔두고 싫고 미워한 사람들을 공장에 다 보냈지. 내 13살에 무슨 땅 파는거, 하루종일 도랑 파는거 했지. 내 동생 있지, 마마 있지. 그래, 43년도에 나를 공장으로 보냈지. 43년에 여기서 일 안 하고 아버지, 형 있는 공장으로 보냈어요. 그래 가니까 고려사람들은 지게 메고 흙을 담고 메고 다녔단 말이에요. 아침 일찍 나가면 저녁 늦게까지 일하고. 잘 먹지를 못하지. 그래, 전쟁 끝나는 45년에 집으로 돌아왔지.

〈사례 12〉

1941년에 전쟁이 나니깐 우리는 또 쫓겨났지. 우리는 두 번 쫓겨 난 거지. 카자흐스탄 북쪽에 있는 카라간다로 갔어요. 독일인이 사는 집에 갔단 말이야. 그땐 독일 사람들도 원수라는 소리 많이 들었어. 독일 그 나라가 전쟁하니깐 볼가강 옆에 독일 사람들이 많이 살았는데 독일 사람들도, 유대인들도 다 같이 카라간다에 실어갔단 말이야. 우린 그 집에 가서 독일 사람들이랑 같이 살았어. 거기가서 코 흘리면서 같이 살았단 말이야. 그래서 우리 아버지는 어디로 갔냐면 고려사람이라고 전쟁은 안보내고 석탄 파는 땅굴에 보냈단 말이야. 거기 들어가서 일하기 시작했어. 거기서 우리 빠빠 몸이 약했단 말이야. 선생질 하던 사람이니깐. 근데 석탄일을 하니깐 폐를 앓다가 카라간다서 돌아갔어요. 그러니깐 다른 사람에게 넘어가니깐(전염되니까) 들여보내지 말라고 했어. 먹을 게 없고 떡도 없지. 우리 아빠 내 그저 쌀이 한부대만 있으면 살겠다고 하더라고. 우리 아버지는 밥과 떡도 못 먹었는데 우린 이렇게 좋은 세상에서 살고. 내 그게 미치겠어요. 독일 사람들도 우리 고려인들처럼 쫓겨났기 때문에 아주 다른 사람들과 싸우지 않고 잘 지냈어요. 독일 사람들이 카자흐스탄에 많았지. 야, 일도 잘하고 고려사람들처럼. 도둑질도 안하고. 제일 깨끗하고.

〈사례 15〉

골로드나야 스텝[12](Golodnaya Step, 굶주린 초원)이라고 하는 거기서 역전에다가 착 부려놓고 갔지. 그 다음에 한 달 동안 굶으면서 살았지. 시장이 가까웠지. 참외랑 포도랑 그전에는 팔지를 못하고 두고 간 거 그거 먹었어. 그 사람들이 팔지 않고 버려놓고 간 포도랑 오이랑을 주워다가 먹었어.

〈사례 16〉

도착해서 집 짓고, 농사짓고 살았어요. 41년에 전쟁나니까 아버지랑 형들이 무기공장에 가서 일했어요. 전쟁하라고 총도 만들고 도로도 만들고. 강제로 국가에서 모집해서 간거에요. 안 가겠다고 하면 경찰이 잡아가고. 고려인들은 직접 전쟁에 갈 수 없었어요. 고려인이 아니다하고 직접 전쟁에 나간 사람도 있어요.

〈사례 13〉

타쉬켄트에서 집도 짓고, 소 한 마리 기르고, 어머니는 닭 키우고, 어디에서 살든지 동물들을 데리고 있었어요. 또 아버지가 부지런해서 무엇이든지 다 있었어요. 일 적게 하고, 하고 싶지 않은 사람들은 가난하게 살고, 열심히 일 한사람들은 괜찮게 살았어요. 땅만 있으면 어디든지 살기 좋았어요. 러시아도 땅이 크고 많고 하니깐 어디든지 가도 부지런하면 잘 살았어요. 결혼해서는 옷 만드는 공장에 가서 옷을 만들어주는 일을 했어요. 네 명 다 공부시키려고 하니까 밤낮으로 옷 만 짜고 돈 벌고. 공장에 가서 일하면서 받은 월급으로는 부족하니까 부수입으로 집에서 옷 만드는 일을 했어요.

〈사진 21〉 우즈베키스탄에서 재단사 생활 당시의 모습

12 현재 우즈베키스탄 시르디리야 지역을 의미함.

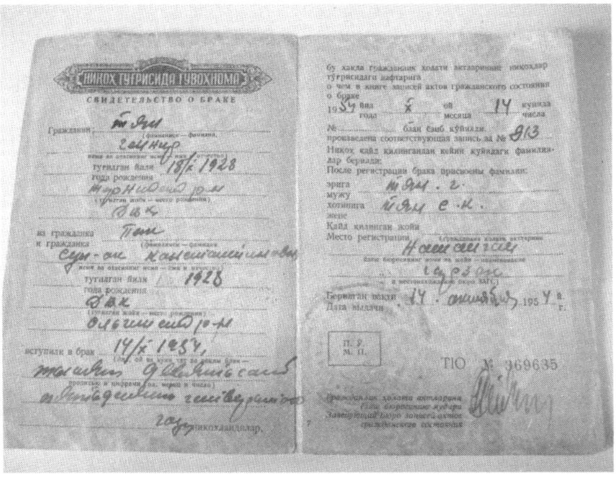

〈사진 22〉 고려인의 결혼증명서

〈사례 12〉

우리 어머니는 80까지 살아도 그냥 구차하게 그냥 가난하게 살았지. 우리 오빠가 내 밑에 남동생 2명을 카라간다에서 친척을 찾아서 우즈베키스탄으로 보냈어. 1952년에 우즈베키스탄 타쉬켄트로 왔어. 타쉬켄트로 오니깐 능금도 있지 밥도 있지 옷도 있지 아이고 좋은데로 왔다고 했지. 카라간다는 아무것도 없소. 석탄밖에는 없소. 그리고 제일 도둑이 많고. 큰 감옥이 있었는데 제일 나쁜 사람들 죽어라고 거기로 보냈어. 친척들이 다 살기 바쁘지. 그래서 우리 어머이 다리가 이거 하나 가지고 농사를 조금 지었지. 다리를 하나 가지고. 내 같이 해서 밥을 해먹었지. 그래서 밥해먹고 그래스리 학교를 다녔지. 내 우리 아버지를 닮아서 쫌 똑똑했어. 시험보면 높은 점수 받았어. 5점 많이 받았어. 러시아 학교에서 일주일에 2시간씩 고려말 배웠어. 어째 나는 근데 고려말 배우면 너무나도 좋았어요. 그래 난 거기를 막 따라 들어간다 말이야. 난 좋다고. 고려말 하는 게 얼마나 재밌는가. 그래 내 조금씩 통역을 했어요. 고등학교를 졸업하고 그러고스리 어디 갈 줄을 몰라서 어찌한디, 우리 선생님이 조금씩 돈도 받아가지고 공부할 수 있다고 해서 소학교 선생질했어요. 사범대학 독일어를 배우려고 공부하고 나서 독일어 선생을 20년 동안 했어요.

〈사례 14〉

우리 아버지는 사범대학 역사 선생으로 시작했다가 선생으로서 돈 많이 못 버니깐 농사를 지은 거에요. 처음에는 벼농사를 했는데 1951년에 우리 농사를 아주 잘했어요. 그때 저는 학교도 안 다녔어요. 벼농사를 잘해서 다 국가에다가 보내고 나머지는 집으로 실어왔는데, 어렸을 때 밤에 한번 일어나 보니깐 경찰들이 총 들고 왔어요. 농사 남은 거 집으로 가져가라고 허락했는데, 뭐라고 하는 가면 이웃집 사람이 농사가 잘 안 되서 국가에 못 냈다고 그러니까 너희가 대신 내주라고 그거 다 가지고 간 거에요. 근데 우리 아버지는 두 포대를 땅 밑에다가 파묻고 그걸로 먹고 살았어요. 옆 집 사람이 고려인인데 일하기 싫은 사람이라서 풀이 많아서 농사가 잘 안 된 거에요. 서로 미워서 원수가 되어 다른 마을로 이사를 갔지요. 2킬로미터 떨어진 그곳으로 그리고 다시는 벼농사를 안하겠다고 하고 목화를 심어서 일하기 시작했어요. 그래서 사람들이랑 모여서 목화심고 따고, 벼농사는 우리가 먹을 수 있는 만큼만 농사를 지었어요. 어렸을때부터 남동생과 같이 풀 뽑은 일이 생각나요. 우리 동생은 6살부터 시작했어요. 일을 저는 그거 2년동안 일 안했다가 아버지가 일이 아주 많으니깐 같이 나가서 풀 뽑았어요. 그전에는 논에 물고기들이 아주 많았어요. 약도 안했으니깐. 그래서 풀 뽑는 게 아니라 물고기잡기를 했어다. 그래서 먹을 거는 고기가 없었어도 물고기를 잘 잡아 먹었습니다. 왜 그러냐면 가난한 마을에서 살았기 때문에 빵도 저절로 해야 되고 쌀도 저절로 해야 되고 그렇기 때문에 고기를 그렇게 먹을 수는 없었어요. 닭 키우고 돼지도 키우고 하면서 서로 나누어서 먹는 거여. 이웃집에서 잡았다고 하면 몇 킬로그램 가져다가 먹었어요. 그래서 우리도 돼지를 잡으면 그 집에다가 줘야 되요. 그렇기 때문에 돈 없이도 고기를 그렇게 먹을 수 있던 거에요.

〈사례 16〉

45년에 전쟁 끝나고 아버지랑 형님들이 돌아와서, 젊은 사람들은 공부하고 어른들은 일 나가고. 52년도에 조합에서 일하다가 우리 형님이 알마티에서 대학 졸업하고 목축하는 조합에서 일했는데, 소, 양, 낙타, 말 들이 엄청 많은 곳이에요. 그래 형님 일하는 곳에서 일하다가 운전 공부해서 거기서 운전수로 일했어요. 그 다음에 53년에 결혼했지. 아내는 주사 놓는 간호사 일을 했다. 25년 동안 산부인과에서 일하다가 그다음에 내가 일 하지 말라 했지. 아들 있으니깐. 3남 1녀. 아들들은 다 대학 갔지.

4) 자유를 찾아, 더 나은 삶을 위해

1953년 스탈린의 사망은 소련 사회뿐만 아니라 고려인들의 삶에 중요한 변곡점이 되었다. 흐루시초프는 1956년 2월 25일 제20차 당 대회에서 "개인숭배와 그 결과"라는 제목의 비밀연설에서 스탈린의 실책을 폭로하였다. 같은 해 7월에는 "특별이주자들의 법적 지위상 특별 거주에 따른 제한 조치 해제에 관해서"라는 법령을 채택하여 스탈린시대에 자행된 개별 시민이나 전체 민족에 대한 탄압이 불법적으로 시행되었다고 평가하였다. 1954년부터 1961년까지 진행된 흐루시초프의 명예회복 정책은 '반혁명분자'로 내몰린 사람들을 포함하여 탄압대상자로 분류되었던 약 70만 명의 정치가, 민족 집단 구성원에 대한 명예를 회복시켜주었다. 1955년 12월 소련 최고회의 간부회의는 강제이주된 독일인과 그 가족들이 특별 이주지에서 거주하면서 받았던 제한조치들을 해제시켜 주었다. 그 결과 독일인들은 어느 지역에서나 노동 정착을 할 수 있도록 자유로이 주거를 이동할 수 있는 시민적 권한을 회복하였다.[13] 이를 계기로 중앙아시아의 지역에 한정되어 거주하고 있던 고려인들은 거주이전의 제한이 해제되고 이주의 자유를 보장받으면서 자신의 새로운 삶을 위해 소련 전 지역으로 이동하기 시작했다. 스탈린 사후 찾아온 고려인들의 자유스러운 삶을 증언을 통해 살펴보자.

〈사례 9〉

1947년에 결혼한 후에, 국가에서 전기 만드는 공장으로 들어갔어요. 일본사람들(전쟁포로)이랑 같이 일했어. 그래, 그 일본사람들 다 집으로 보내고 우리도 집으로 돌아왔어요. 1956년에 고려 사람들이 많이 나왔어요. 자기 고향에 간다고. 53년도에 스탈린이 죽고 2년 지나가니깐 허가가 나왔어요. 고려인들 마음대로 자유롭게 가고 싶은 데로 가서 살아라. 그래, 그때 우리 마음대로 다녔지. 그전에는 모스크바에도 못가고 허가도 못 받았지. 우리 고려인들이 다시 원동(연해주)으로 들어갈 수 있다고 허가를

---

13 정옥자, 『러시아 · 중앙아시아 한인의 역사』(과천: 국사편찬위원회), 2008, p.226.

해줬어. 사촌, 고모 가족들이 먼저 아르쫌으로 들어 갔어요. 우리는 1961년에 아르쫌으로 이주한거요. 여기서 글을 잘 모르니까 농사짓고 막일하고 살았지. 돈 400원 벌었단 말이야. 내 아이들이 다섯인데. 공부도 못하고(러시아어 못하니까) 그러니깐 그저 그래서 공장으로 들어갔지요. 공장으로 들어가서 월급만 가지고는 못 살지. 그래서 농사도 지었지. 그때는 일터에서 빨리 나갈 수도 있고 가서 농사를 하겠다고 하니깐 그래 나가라고 했어요.
그때 러시아사람들이 우리를 많이 좋아했어요. 만약에 어떤 사람이 아르쫌에서 나홋가까지 간다고 하면, 그 차를 세워가지고 나를 태워달라고 하면 찻값도 안 받고 러시아 사람들이 친구처럼 태워줬어요. 그때 러시아 사람들은 술도 많이 먹고 일도 안하고, 식물도 심지도 않고 해서 고려인들이 들어와서 다 심어서 먹었어요. 고려사람들이 와서 채소 심어서 러시아 사람들이 사먹고.

〈사례 10〉
그때 우리 고려 사람들은 카자흐스탄을 못나가게 했다. 그래서 모스크바를 못 갔어. 그래 아…할 수 없이 44년도에 아무데도 못 가게 하니깐. 알마티에서 공부했어. 그래, 이제 아버지가 일하는 꼴호즈에 고려사람들이 일을 잘해서 국가로부터 11명이나 훈장을 받았어요. 그래, 나는 49년도에 알마티에서 대학을 졸업하고 공부할 적에 학교 안에서…. 그래 49년도에 까잘린스크에 교사로 가라고. 그래 거기 가서 일을 하다가 이제 55년도에 블라디보스토크에 내 편지를 썼지. 나는 우수리스크에서 태어나서 카자흐스탄에서 일하고 있는데 고향에 나가서 일하고 싶다. 편지 썼어. 그래, 답장이 왔는데 꼭 오라는기야. 모스크바에 가서 정부에서 허가를 내줬지. 허가증을 받아 이사하기 때문에 모스크바로부터 이사 비용을 받았지, 아이, 카자흐스탄에서는 아무데도 못 간다고 했어. 우리도 인재들이 요구된다. 아무도 못 내 놓는다. 알마타 중앙당 간부가 우리도 카자흐스탄의 인재들이 필요하다, 못 내놓는다. 아무데도 못 간다고 했어. 그때 내 당원이었거든. 그래 할 수 없이 내가 모스크바에 갔지. 나는 이제는 카자흐스탄에서 일하기 싫다, 나는 고향인 원동으로 다시 가겠다. 그래서 모스크바 정부에서 갈 수 있다고 허가를 내줬어. 흐루시초프 들어서서 고려인들도 어디든지 다 갈 수 있게 해줬다. 소비에트 국가 안에서 아무데나 갈 수 있게 되었어. 성격이 좀 급하니깐 카자흐스탄 사람들과 좀 다투고 그랬지. 높은 사람을 항상 아끼려고 해야 하는데, 큰 일 할 때는 카자흐스탄의 큰 사람들, 자손들 그 사람들을 높여줘야 되는데 그걸 못했어. 성격이 있어서, 글도 잘 모르고. 그래서 나를 고발했다. 그러니까 내 눈치를 보니,

카자흐스탄 사람들이, 큰일을 하는 사람들이 나를 미워한단 말이야. 그래, 아이들이 자라나지, 가만히 내 생각해보니깐, 다들 저기서 살아서는 자식들이 다 잘 될 것 같지 않아. 그래서 에이, 나는 원동에 가지, 맘을 그렇게 턱 먹었어. 1955년도 12월 동짓달에 원동으로 나왔지. 맏형이 먼저 나왔지. 맏형이 항카 지역에 살고 있었지. 맏형이 마중 나왔어. 눈이 와서 길이 딱 막히지. 야, 여기 와서 많이 울었지.
고향이니깐 왔지. 친척들 다 거기다가 두고 여기 와서 야, 정말 고생했어. 큰형만 여기 있었어요. 그래 한 이틀 고생하니 그 다음에는 차차 소세지도 내주고 형편이 점점 나아졌지. 소를 사다주고 우유를 짜서 주고.

〈사례 9〉
1961년에 아르쫌으로 왔지. 그때는(흐루시초프시대) 자유롭게 우리 고려인들이 다시 원동으로 들어갈 수 있다고 허가를 해줬어요. 53년도에 스탈린이 죽었거든. 2년 지나가니깐 허가가 나왔어요. 고려인들 맘대로 자유롭게 가고 싶은 데로 가서 살아라. 그래, 그때 우리 마음대로 다녔지. 56년에 고려사람 많이 나왔어요. 자기 고향에 간다고.

〈사례 10〉
1955년도에 여기 원동으로 나오니깐 나를 보크로카로 보내고, 거기서 5년 동안 일하고, 1960년도에 우수리스크로 왔어. 동물들 키우는 회사에서 부회장질을 하다가, 67년도에 우수리스크에 계란도 없지, 채소도 없지, 아무것도 없으니깐 나는 당원이 다시 되기로 했지. 우수리스크에서 닭 키우는 공장을 세웠다. 계란이 요구되지. 아무것도 없으니까 니 가서 만들어라. 거기서 일을 많이 했어. 67년도부터 73년도까지 거기서 일했어. 그 때부터 우수리스크에서 정말.. 열심히 해서 우수리스크에서 공로 많은 사람들, 일 많이 한 사람들에게 훈장을 줬어.
거기서 73년도까지 일하다가 레닌그라드 가서 다시 공부를 해라. 몇 달동안 보내든가. 레닌그라드 거기가 기후가 나빠서인지 심장이 나빠졌지. 그래 집에 와서 심장이 아파서 반년 동안 일을 못했지. 거기서 모시고 가라고 했습니다. 그래 맏아들 보내서 데려왔지. 반년동안 일을 못했고 술, 담배도 다 끊고. 치료를 한 다음에 병실에서 나왔어. 병실 나와서 놀러 다니고 그랬지. 그러다가 우수리스크의 다른 공장에 가서 일했지. 그래 거기 유대인 보르비크라는 사람이 오랫동안, 아주 잘 일했어. 그래 그 다음에 병이 나서서 잘 놀고 다녔지. 그래 이 사람이 뭐라고 하냐면, 당신이 병실에 나가도 집에 안 있을 것이다. 우리 기관에서 일해다오, 무슨 일하냐? 우수리스크에 채소가 없으니까 비닐하우수를 짓자고 그랬지, 그래, 아 나는 목축에 할 수 있지 식물은 못하겠다. 그러니깐 이 자식이 뭐라 하냐면, 고려사람이니까 피에 농사일을 할 수 있는 게 다 들어있다고 했다. 그때 카자흐스탄 내의 유대인이 많이 넘어왔지.(카자흐스탄에 있는 유대인들이 연해주로도 이주함) 유대인들이 고려사람을 좋아했어. 비닐하우스 짓자… 그러니까 그 채소들이 나온단 말이야. 그 채소들이 우수리스크의 유치원, 병원 등에 다 들어갔지. 그러니까 나도 머리가 좋다고 생각했지, 그래, 73년도부터 시작해서 91년도까지 내 거기서 일했어. 그 비닐하우스 있는데서 오래 일했어. 다 내 자신감이 있어서 그랬어. 그때 비닐하우스, 목축(닭 키우는)공장에서 일을 잘하니까 국가에서 상을 주었어.

5) 마음의 고향, 연해주로의 귀환

중앙아시아 고려인의 연해주 귀환은 산발적이지만 구소련시기에도 있었다. 위에서 살펴본 바와 같이, 1953년 스탈린사망 이후 흐루시초프의 등장으로 연해주로 이주하는 고려인들이 있었다. 앞서 살펴본 사례에서 나타나듯이, 스탈린사망 이후 자유롭게 이주가 가능해지면서 자신들의 고향인 연해주로 이주했다. 중앙아시아지역에 거주하는 고려인의 연해주에로의 이주는 소연방 해체와 독립국가연합의 등장과 더불어 본격화되었다.

〈사례 14〉

저는 그때 막내 딸이 94년에 미리 나왔어요. 애들 둘 데리고 나왔는데 7년 동안 못보니깐 괴로워서 딸 보려고 여기로 놀러 나온거여. 그런데 형편을 보니깐 우리 딸이 아주 불쌍해요. 처음에는 고려인 남편하고 나왔는데 고려인 남편이 일하기 싫어해서 우리 딸이 혼자 일하고 있었어요. 그 남편과 헤어지고 러시아 남편과 사는데 친척도 없고 도와줄 사람도 없고 해서 우리 딸이 믿을 사람이 없었습니다. 그 러시아 남자랑 시어머니랑 같이 살았는데, 그 시어머니 집으로 들어오면, 중국사람들 냄새난다고 항상 그렇게 말하기 때문에 살기 좋지 않았던거 같아요. 그러나 우리 사위는 성격 좋아서 아주 좋은 사람이에요 그런데 어머니가 항상 그렇기 때문에 사이가 좋지 않았어요 우리 딸하고 그래서 내가 다시 돌아갈려고 하니깐 우리 딸이 슬퍼하니깐 그거 보고 내가 남편한테 전화해서 내가 타쉬켄트로 못가겠다. 왜냐면 딸보고 못가겠다고 했다. 그런데 우리 남편은 모스크바로 간다고 했지 여기로 안온다고 했지. 만약에 모스크바로 간다고 하면 내가 헤어져도 좋다고 이혼해도 좋다고 하니깐. 남편이 늘그막에 정신이 없었는가. 여기서 남자를 만났는가 하고 말했어요. 2001년에 남편도 아파트를 팔고 여기로 왔어요. 우수리스크에 와서 교회에 다니고 있어요. 타슈켄트에 있을 때에도 한국 목사들 통역을 하고 은행을 다니면서 돈도 받고 많이 도와줬어요. 그때는 교회는 안다녔어요. 믿지는 않았어요. 근데 여기 와서 2000년에 와서 교회를 가는데, 고려인들이 교회에서 많이 모인다고 하니깐 교회를 다니기 시작했어요. 그것도 통역은 안하고 그 때 건축할 때 목사님하고 건물 짓는 사람들하고 통역해주고 그랬어요.

〈사례 9〉
1999년도에 우수리스크에 들어왔지. 우수리스크에 딸이 3명 있어서 이리로 왔지. 아들도 둘 있고. 맏아들이 시장에서 일해요. 자꾸 내 아프지, 병원 가야지. 그때 아르쫌에는 좋은 의사들이 없었어. 그래서 우수리스크에는 좋은 의사들이 있다고 해서. 좋은 의사들 따라 댕기면서 살았어요.

〈사례 16〉
타지크스탄 두샨베에서 1989년부터 전쟁이 일어났어요. 전쟁피해서 92년도에 하바로프스크로 왔어요. 여자들은 비행기를 타고 오고 남자들은 짐을 싣기 때문에 다 기차로 왔어요. 기차에다 자동차도, 물건을 다 실어서 왔어요. 하바로프스크에 고모가 있어서, 고모가 우리 있는 데로 오라고 초청했어요. 딸도 이미 여기 나와 있었고. 그러다가 94년도에 우수리스크로 왔어요.

〈사례 13〉
1988년에 셋째 딸이 우수리스크로 먼저 갔지. 원동에 이미 친척들이 있으니까 거기 가서 일하라고. 그래 셋째 딸은 병원 일 다녔지. 그래, 셋째 딸이 우수리스크로 나오라고 했는데 우즈벡에서 아들이랑 같이 살겠다고 안 나갔지. 며느리가 나한테 애들 둘 데리고 어떻게 혼자 일 하겠는가 해서 셋째 딸이 있는 우수리스크로 나왔어. 그래, 나중에는 아들 식구들까지 다 여기로 이사 온 거야.

〈사례 12〉
90년에 그때 고르바초프의 페레스트로이카 때부터 여기로 많이 오기 시작했소. 93년, 94년에 여기 많이 왔소. 남동생이 먼저 와서 부모님이 사셨던 곳 다 둘러 보고 우수리스크로 93년에 왔지. 그전에 부모님이 어디 살았는지 빨치산스크 도 가보고 나홋카도 가보고 해서 우수리스크 와서 여기 살자고 한 거야. 그 다음에 나는 98년에 이 남동생이 어찌 혼자 있겠는가 해서, 그때 내 남편은 상사났지, 타쉬켄트 살 때 친척들은 다 다른 데로 가고, 그래서 나도 남동생이 있는 우수리스크로 왔지. 그래 이렇게 왔는데 우리 남동생이 집을 샀단 말이야. 그런데 나는 집을 못 사고. 이렇게 집이 없어 당기는데 어떻게 하면 집을 타겠는가 했는데 국가에 편지도 써보고 그랬는데 그저 이렇게 자식도 없지 이렇게 산 단말이야. 그전에는 일할 때는 아이들도 학생도 많고 조금 살겠다고 했지. 시방 마음이 안 좋단 말이야. 이렇게 한국과 문이 열리기까지 우리는 그전에 한국이 없는가 했소. 그래 이게 정말 좋은 일이 됐단 말이요. 우리 모국이 어디인가 생각만하고. 우리는 왜 새처럼 날아왔는가 하고.

요컨대, 디아스포라는 거주국사회에서 완전히 수용되지 못한, 소위 주변인으로 살아가고 있으면서 언젠가는 조상 혹은 자신들의 고향으로 돌아가고자 하는 '귀환 신화'를 간직하고 있다. 이러한 점에서 앞의 구술 증언에서처럼 연해주 고려인 또한 선조 및 자신들이 태어난 고향(연해주)에 대한 그리움이나 부모들로부터 들은 고향에 대한 기억을 소중히 간직한 채 살아가면서 연해주로 귀환하기에 이르렀다. 또한 고려인의 연해주 이주는 연쇄이주의 경향을 보이고 있다. 일반적으로 다른 장소로 이동하려는 사람들은 비공식적 연결망인 가족이나 친척, 또는 친구 등의 연고가 있는 지역을 제1차 이주지로 선택하는 경향이 있다. 구술 증언에서 확인되듯이, 연해주 고려인 또한 중앙아시아에서 살고 있다가 먼저 연해주지역에 삶의 터전을 마련하고 살아가는 가족이나 친척들의 권유로 그들이 살고 있는 집이나 근처 지역으로 이주하게 된 것이다.[14]

14 선봉규, "러시아 연해주 고려인의 디아스포라적 삶에 관한 연구", 『한국동북아논총』 제17집 4호, 2012, pp.290-291.

3. 식민지, 이중징용 그리고 영주귀국

〈사진 23〉 영주귀국 사할린 한인의 구술참여자들

동북아 지역의 재외동포 역사는 100년 전 국권을 상실하여 국외로 표류하고 강제 징용되어 체류할 수밖에 없었던 우리 역사의 아픈 상처이다. 사할린 한인의 문제들 역시 이러한 일제 강점기 식민지 역사로부터 기인한다.

이 절에서는 일제강점기 당시 강제로 이주하거나 부모님을 찾아 이주한 사할린 한인의 그 당시의 기억을, 사할린에서 태어난 한인들은 그들과 그들 부모의 기억을 이 글에서 담고자 하였다. 비극적 디아스포라적 삶을 대표하는 사할린 한인의 경험을 추적해본다.

1) 사할린으로의 이주

(1) 일제강점기, 힘없고 가난한 서민

사할린의 한인들은 1870년대부터 1939년까지 모집과 알선을 통해 일자리를 찾아 이주하였으며, 1910년의 한일병합으로 일본식민정부는 주로 일본인, 한인들을 탄광업과 목재업, 어업 개발에 활용하기 위하여 한반도의 많은 청년들을 강제 또는 반강제로 당시 일본 영토였던 남사할린으로 이주시켰다. 그 후 일제강점기 시기 1939년부터 1945년까지 강제동원으로 이주하였다. 1931년 만주사변이 난 후에 일제는 1938년에 국가총동원령을 공포했는데 1939년 제2차 세계대전이 발발하자 이 무렵부터 강제이주가 본격화되었다.

오누마 야스아키에 따르면, 사할린 한인들은 주로 일제에 의한 모집, 관(官)에 의한 알선, 징용의 세 가지 방식으로 이주되었다. 당시 제2차 세계대전과 만주사변의 와중에서 일제는 부족한 노동력을 보충하기 위해 처음에는 모집의 형태로 한인들을 이주시키시다가, 1942년부터는 관 알선 방식으로, 그리고 전쟁 막바지인 1944년부터는 보다 노골적인 강제징용의 형태로 한인들을 동원하였던 것이다. 이중징용이란 강제동원이 이루어진 것도 이때다. 자료에 의하면, 1941년 일본이 태평양전쟁을 시작하고 1945년 패전할 때까지 무려 60,000명 이상의 한국인 성인남자가 일본으로 강제 연행되어 북해도를 건너 사할린에 이주되었다.[15] 이들 대부분은 힘없고 가난한 서민들, 그리고 그들 자식들이었다.

〈사례 18〉

집안이 가난한 탓으로 학교 댕길 때 농사철에는 대부분 학교를 안 댕기고 농사에 아버지 뒤를 따라다니면서 아침부터 저녁까지 일해도 항상 보면은 양식이 떨어져서 한 사흘까지는 온 식구들이 한 끼만 죽으로서 (먹고) 밥은 보리밥에다 무시를 넣어서 하루 한 끼씩 묵다 못해서… 나중에 안돼서 넘(남)의 집도 살고 넘(남)의 집에 가서 농사철에 거들기도 하고 그 집에서 우리 식구들 다 따라가서 그렇게 살아서 지냈지요.

〈사례 19〉

어렸을 때는 정말 우리 고생 많이 했어요. 정말. 아버지가 그런 일했다 해요. 바닷물 어디 살았는 모양이요. 고기랑 그런거 냉겨(남겨)가지고 질로 넘어 팔고. 우리 어머니가 밤낮 그런 말만해(웃음). 우리 남편이 고기 장사를 했지만은 한번 생선고기를 못 먹었다고. 그 다 팔다가 팔지 못하고 찌끄래기 이런 것만 먹고 살았다고. 그렇게 우리 고생했어요. 우리 부모님이 나는 탄생하기는 경상북도에서 탄생했다 해요. 근데 5살 되가지고 우리 아버지를 사할린(에) 데려 가버렸어요. 그러니깐 우리 떨어지지. 우리 형제가 4형제 되가지고 있었죠. 내 우로 누님들이 세분 있었고 내 남자 하나. 그래가지고 우리 아버지가 그렇게 좋아 했다 해요. 아들 봤다고. 그런디 5살 됐을 때 일본사람이 와가지고 우리아버지를 데려가 버렸어. 사할린으로. 그래 어머니 혼자서 젊었지, 일 하는 거 모르지. 뭐, 우리들 데리고 어떻게 생활하겠어요. 그 일본이 데려갈 때 돈을 조금 주고 갔다 해. 그래 너무 생활이 바쁘니깐 어머니가 우리 외할머니가 그전에 모두 돈 번다고 다 저짝으로 북쪽으로 들어갔지. 우리 어머니가 생활 행편(형편)이 바쁘니깐 외할머니한테 자기 어머니 편지 썼대요. --- 중략--- 할머니가 거기서 괜찮게 살았어요. 중국에서 식당 열어가지고. 그래 우리 외할머니가 돈 가지고 왔어요. 근데 그게 생각하면 신발이란 걸 몰랐어요. 외할머니 와가지고 우리를 싹 옷 사 입히고. 외할머니가 싸서 나를 신기고 그리고 데리고 중국에 들어갔어요. 중국에 들어가서 살다가 어머니는 자기… 우리 외할머니가 식당 하는 데 거기서 같이 식당에서 같이 일하고

15 이순형, 『사할린 귀환자』 (서울: 서울대학교출판부), 2004, pp. 3-11.

그러니깐 살기가 허락이 됐지요. 어머니 식당해서 일하니깐 우리 생활 형편이 좋아지고, 그런데 아 편지 왔는데 사할린서. 아버지가 일하다가 다쳐가지고 일을 못하게 됐어요. 그렇다고 편지 왔어요. 그러니깐 집으로 데려와 달라고. 그래서 다쳐가지고 발을 다쳤는데. 세 군덴가 끊어졌어요. 그래서 일을 못하니깐 그 사람들이 일본 아들이 내보냈어요… 방 한 칸 이런데 두고 서리. 그래 어머니가 정말 우리 자식들도 이래 있지, 아버지가 그렇다하지 일 못한다 하니깐 어머니가 아버지를 찾아 사할린을 갔어요. 우리가 아들(어릴) 때라 모르지 어떻게 됐는지. 또 한번 편지 왔어요. 편지 왔는데 아버지가 돌아가셨어요. 그 때 한 6살이나 7살이나 이렇게 됐어요. 핵교는 안 댕겼어요. 근데 집에선 막 울고불고 난리지. 어머니가 아(이)들 붙잡고 이제는 아버지가 없다고 울어. 나는 그땐 철도 없지. 잘 몰랐죠. 그러니깐 어머니가 아무래도 찾아가야 된다고, 그래 찾아갔죠.

〈사진 24〉 영주귀국 사할린 한인의 고향 집

〈사례 20〉

너무 가난하게 지냈어요. 그때, 일본군인들한테 속혀가지고(속아서) 우리 아버님이 고모님하고 만주로 갔습니다. 어머니 말씀이 (아버님이) 일본군들 의복 만드는 공장에 가서 바느질 하는 일하러 간다고 고모님하고 아버님도 미싱가지고 잘 했습니다. 돈 많이 벌어서 집으로 보낸다고 아버님은 좋다고 갔거든요. 근데 그게 그렇게 안됐습니다. 전쟁이 자구 강하게 됐잖아요. 그래서 총에 맞아가지고 (일본병들 옷) 찢어진 거 꿰매고 깨끗이 씻어가지고 아침까지 놔야한답니다. 그래 7-8명이 그거 하는데 아주 고단했대요. 몇 달이 됐는지 자세히 모르지만, 어느 날 밤에 배가 고파서 식당에 있는 거 없는 거 다 주서 먹었대요. 그 분들이. 그 아침에 (일본)병들한테 얼마나 두들겨 맞았는지. 우리 고모님이 거기서 밤에 들어가가지고 식당에서 먹다가 두들겨 맞아서 골병들었어요. 중국 사람들이 사는 그 나쁜 방에 처박아 놓고, 물도 안주고 그래가지고 며칠이나 고생한지 모르지만 거기서 도망쳤답니다. 도망쳐서 거기서 붙들린 사람들은 맞고. 압록강인지 두만강인지 뭐 건너가지고 도망친 모냥이죠. 거기서 많이 잡혔답니다. 아버님은 고모님하고 북한 흥남까지 왔습니다. 흥남에 사시면서 우리를 불렀어요. 조선사람들이 서로 자꾸 찔렀어요. 이 사람이 만주에서 도망친 사람이라고 그래 자꾸 도망치고 댕겼잖아요. 충남으로 내려왔어요. 내려오자 마자 이틀도 못살고 그냥 거기서 붙잡혀가지고 사할린으로 (아버지를) 징용보냈어요. 아버님이 (40년에 뽑혀서) 가라후토(사할린) 나요시 도요하다 당코(탄광)에서 일하게 됐습니다.

〈사진 25〉 사할린 한인의 탄광 노동자들

(2) 전쟁터로 강제징용

한인들은 일본식민이라는 시대적 배경과 가난한 환경 속에서 불평등하게 이주해야만 했다. 또한 유입국인 일본정부는 장기화된 전쟁으로 수많은 일본인 남자가 징병을 당하게 되자, 노동력을 확보하기 위하여 한국인을 강제적으로 동원한 것이다.[16] 궁극적으로 일본정부는 조선 내의 값싼 노동력의 이점을 노리고 강제동원정책을 강행했다.[17] 일본정부는 조선인을 집단 이주 시킬 경우 발생할 수 있는 치안문제와 전쟁 종료 후 평시산업으로 전환되었을 경우 이입 조선인에 의해 생기는 실업 문제의 심각성을 고려했다. 그리하여 영구 이주가 아닌 일시적인 계약, 2년 계약으로 계약해지 후에는 반드시 조선으로 돌아가야 한다는 것을 명문화하여 고용하는 것으로 결정하였다. 일본정부는 조선인의 노동에 대한 노동환경 및 생활의 터전을 옮기는 것으로 인해 침해받는 삶의 연속성에 대해서는 전혀 고려하지 않고 필요에 의해 단시적으로 이용하는 것으로 결정되었고, 그런 불합리한 대우로 인해 생길 수 있는 문제의 해결책으로는 감시와 통제 체제를 강화하는 것으로 구조적인 '강제연행'체제를 마련하였다.[18]

〈사례 18〉

집에 있는데 내가 만 18살이 채 될뚱말뚱 할 때, 우리 동네 반장과 구장이 들이닥치더니 하는 말이 사할린 탄광에 징용명령이 났으니까 나라를 위해서도 가야하고 연령이 좀 어리지만 인명수가 모자라니까 이거는 뭐꼬. 서울, 남총독명령이니까 무조건 가야 된다 그래하는데 그게 모두 그거는 내가 뒤에서 들은 말인데 100명 모집인데 불과사람이 한 60명부터서 80명인가 그래… (징용) 갈 때는 아무 생각도 없었지요. 시킨 대로 해야지요. 사할린 탄광에 국가를 위해서 징용이 있다 보니깐 가는 거다 그러면서 했지요. 실제로 가기 싫어했지요. 그렇지만 우리 집이 가난하게 살고. 우리 동네에서도 세력이 세서 차별도 많고, 나보다 나이가 2, 3세 우되는(많은) 넉넉하게 징용을 갈

16 권희영, 『세계의 한민족 독립국가연합』 (서울: 통일원), 1996, p.80.
17 한혜인, "戰時期 조선인 강제연행의 경로," 『한일군사문화연구』 제5권, 2007, p.158.
18 위의 논문, pp.153-154.

만한 사람도 안가고, 내는 부모가 아무것도 하는 것도 없다 보니깐. 하루 일하는 임금 전포가 매일 매일 나옵니다. 그 때 한 5원, 6원 그 이상 우리한테 안 나왔어요. 그 나온 돈 가지고 월말에 가서는 고지서가 나옵니다. 여관비 나오고 식비 나오고. 상돈은 언제 나온 지 몰라요. 2년 4개월 동안 거기 있었지만 상돈이란 것은 받아보질 못했어요. 너희들 갈 때 몽땅 준다고(했지만 안 줬지요). 처음에 갈 때는 2년에 했습니다. 2년도 없고. 전쟁이 끝나지 않으면 언제든지 징용이 되어 있었지요. 미쓰비시당코가 국립당코가 되었습니다. 국가서 하는 거니깐 기한이 없지요. 전쟁이 끝날 때 꺼정 끝나던지 안 나던지는 시키는 대로 해야 되지요. 그 때도 어디 여행도 못하고 억류되어 있었지요. 편지는 그 때 마음대로 왔다 갔다 했습니다. 그렇지만 전쟁 후에는 요. 사할린이 로사(소련)로 넘어가고 나서는 편지도 못했고. 만약에 한국을 찬양을 한다면 엄중한 처벌을 받습니다. 전쟁 끝나고 나서 로사되고 나서는 한국을 갔다가 로사가 대단히 미워했습니다. 북을 많이 지지했지요. 삼팔 이북(북한)에서는 수교가 되어 있었습니다. 그 때 로사하고. 북으로 많이 갔지요. 뭐, 굉장했습니다. 짐 싣는 트랙터가 와서 우리를 진주로 데리고 간대. 진주서 하룻밤 묵고 진주서 열차를 타고 우리 고성(읍)에는 열차가 없거든요. 부산에 가서 어느 여관인고 하룻밤 묵었어요. 거기서 배를 타고 가는데, 일본 하관(시모노세키)에서 사할린까지 12일 걸렸어요. 왜 그리 결렸나 하니깐, 그때 구두 경고(비행기가 가까이 온다고 주의하라는 경고)가 드문드문 있었어요. 기차가 가다가 구두 경고가 내릴수록 길가에 방공호 내려서 있다가. 한번 딱 내렸어요. 그 때는 차만 서 가지고 꼼짝달싹도 못하고 앉아 있어라 하고. 도망하는 사람이 많이 있어요. 사할린에 가면 탄광에서 다 죽고 일본말로 다꼬비야 거기서 유치장, 강제수용소로 보낸다고 그런 말도 하고 이래하니깐 무서버서(사람들이 도망갔어요). 그러지만 내는 그런 용기도 없었어요. 꼬박꼬박 시키는 대로 말 잘 듣고 따라왔어요. 날짜는 (음력) 43년도 4월 18일에 거기서(한국) 떠났는데 그때 한국에서는 아주 따 는데. 올라오면서 내 견기기가 힘들지요. 아무것도 옷도 가진 것도 없고 돈도 한품도 없었고. 시모노세키에서 아오모리를 해서 아오모리에서 배를 타고 하코다테로, 하코다테에서 사할린으로 또 배를 타고서 사할린 본도군 나이호로 미쓰비시탄광에 왔는데, 우리 오니깐 여기에 그전에 온 분들도 더러 많이 있습디다. 그분들은 탄광일 안 하고 자유로운 사람이여. 내는 징용을 왔다보니깐.. 절대 탄광만 일해야 되는데… 탄광에 처음에 와서는 사흘 쉬라고 합디다. 사흘 쉬면서 매일 두 시간씩 설명을 합니다. 탄광에 가면 이런 게 위험하고 주의를 줍디다. 옷도 타고 모자도 타고. 탄광 사흘 놀다 보니 깬 날짜가 5월 초닷샛날 처음 일하러 들어가게 됐습니다.

〈사례 19〉

그렇죠. 사할린 간 사람들이 강제로 끌고 갔죠. 우리 아버지는 밤에 와가지고 옷티(옷을) 입으라 하고 우리 어머니 말하는데 돈 얼만 줄 모르겠어요. 데리고 가더래. 아버지라고 몰라요. 아버지가 캄캄해서 나가지요. 아버지라고 내가 정말 몰라요. 아버지를 데려갔지. 아버지 얼굴이 약간 (생각나요.)

〈사례 21〉

아버지는 (사할린에) 먼저 보냈죠. 강제로. 아버지가 오라고 보냈죠. 그러니깐 어머니가 가셨죠. 사할린에 내가 태어났죠. 아버지는 46년에 돌아가시고. 아버지는 기억이 안 나고. 탄광에서 일하시다가. 역사가 길어요. 아버지는 이중징용 당했지. 여기서 강제로 사할린 보냈지. 사할린에서 일본으로 보냈지. 일본에서 사할린에 왔다가. 탄광에서 다쳐가지고 아프시다가 돌아가셨지. 그래서 아버지가 기억 안 나. 어머니는 오래 계시고. 어머니는 영주귀국해가지고 여기 계시다가. 아버지는 기억 안 나지. 탄광에서 일하셨으니깐 어렵게 사셨지. 나요시 도요하다 당코에서. 탄광에서. 지금은 생각 안나요. 그냥 일 하시다가 탄광에서 일하는 것이 쉬운 일 아니죠. 일하시다가 다쳐서 돌아가셨죠. 해방 전에. 그때는 몰랐는데. 같이 가신 분들이 그분들이 부모들한테 아버지는 오래 살았으니깐. 말 듣고. 알지. 말도 못 들었고. 해방 전에 오셨죠. 탄광일 하다가. 어머니 말씀은 탄광이 무너져서 아버지가 다치셔서 오래 아프다가 돌아가셨다고 해요.

(3) 부모 찾아 사할린행

1930년대 이후 광산업이 발전하면서 많은 노동인력이 동원되었다. 특히 1937년 이후에는 제2차 세계대전으로 많은 일본인들이 군대에 입대하였기 때문에 노동인력의 부족을 채우기 위해 일본정부는 한국인들을 징용했다. 일본 정부의 통계에 의하면 1939~1943년의 5년간에 한국인 16,113명이 모집이나 관 알선 등에 의해 사할린으로 강제 노동자로 끌려갔다.[19] 그리고

19 김민영, "사할린 한인의 이주와 노동, 1939-1945," 『국제지역연구』 제4권 제1호, 2000, p.41.

가라후토 경찰 당국은 가족동반 이주자의 경우 치안 및 노무관리에 용이하다는 점을 들어 한인 노동자의 가족을 불러오거나 같은 마을의 친지들을 불러들이는 '연고 모집'을 적극 장려하였다. 이는 사할린에서 한인들의 정주율을 높이기 위한 하나의 방편이었다.[20]

〈사례 18〉

탄광 노무소에서 내가 여기서 1년이 넘었는데 지금은 국립 땅굴로 이름이 변경돼가지고 언제까지 여기에 있게 되는데, 내가 가족이 있는데 처 이상은 안 되구요. 처가 혼자서 있는데 불러주라고 하면 열이면 서너명이 허가가 나옵니다. 많이 불러들이면 그 사람들(일본) 부담이 크잖습니까. 집을 줘야 되니깐. 신청을 하면 저는 안 되지만은. 3개월 6개월 만에 됩니다. 일 잘하고 시킨 대로 하고, 누가 도망갈라고 경기가 있으면 우리들한테 일러 바쳐야 되고 그렇게 지시를 줍니다. 성적이 좋고 그 사람들(일본) 눈에 잘 보이면 거산증을 줍니다. 가족이 있다 보니깐 자손들도 놓고 그러고 살았지요. 그리 안한 사람들은 혼자서 그저 해방 끝나도록 꺼정 한국하고 수교가 되기 전에는 나이 60이 되가지고는 늙어서 뱅뱅 돌다가 식사도 잘못하고 굶어서 죽은 경우도 많이 있었어요. 북으로 간 사람도 있고. 편지는 못한다고 안했지만은 삼팔 이남에 사는 사람들이 차별이 너무 세서 신병이 나서 죽은 사람도 있고, 친척방문 갔다 온 사람 입에서 한말 두말 나온 거 내가 들었어요.

〈사례 19〉

1947년에 이 사할린에 노동자를 에따 사할린에 보낸다. 일꾼 모집이 있다고. 근데 우리 중국에는 그런 게 없었지요. 그러니깐 나는 혹시 아버지가 어떻게 돌아가셨는가 어머니가 어떤가 있었는가 그거 알아보기 위해서 조선으로 나왔어요. 그때는 뭐 아무것도 없었어요. 저 사람이 뭐 조선사람이 조선사람이지 일본사람이면 일본사람이지 중국사람이라면 중국사람이지 뭐 아무것도 없었어요. 이 국경도 우리 없었어요. 사람이 막 댕기고. 그래 조선 넘어 와가지고 지금 말하면 사할린 가겠다고 모집하는데 나도 모자르지. 한 날 뿔것어요(한 살 많에 말했어요). 한 살. 그땐 뭐 아무것도 없었어요.

---

20 최상구, "사할린 한인, 아직도 받지 못한 임금," http://www.ildaro.com/sub_read.html?uid=6215, 검색일: 2013. 01. 08.

내가 말 한대로 써줬어요. 나는 수속할 때 나는 한국사람이라 말 못한단 말이에요. 우리 부모님 한국이다 하게 되면 사할린 못가지요. 그때는 한국하고 우리 질(길)이 대껴(닫혀) 가지고 있었어요. 편지도 모르고 뭐 어떻게 우리 사는 거 아무도 모르지. 질(길)이 딱 맥혀 가지고 북하고 그 때 질이 열게 돼 가지고 있었어요. 그거 수속해야 사할린 가지요. 그니깐 내 이 47년 올 때 중국에서 한.. 또 그때 중국에서도 여기 못 들어와요. 중국에서. 사할린에 있는 사람들만 모집해 들어왔죠. 사실은 한국 사람인데. 수속할 때 사할린에 들어와 보겠다고 부모님을 찾아보겠다고 북으로 수속했지요. 그렇게 아이(안)하면 못 들어온디. 그래 들어와서 물어보니 또 우리 어머니도 와가지고 얼마 안 있다 시집가가지고 일본에 넘어갔지. 아는 사람 없어요. 아버지도 돌아가신 거 아는가 하니깐 도운사람 하나도 없어요. 그 뭐 일하다 다쳐가지고 나와서 어디 누구 동무들도 없었지요. 이렇게 나와 있다가 돌아가시고 그 때 한분이 같이 있었어요. 그 사람이 아버지 초상까지 다 쳤대요. 그래 그분을 내 찾자고 그렇게 찾았어요. 그래 못 찾고. 그러다 정말 내 형편이 이렇게 됐지. 지금. 그 때는 한국사람이라고도 못하고, 북쪽에 나와 하게 되면 내가 요구 안 되죠. 그래 공민(국적)은 뭐라 했는가, 비스공민(웃음) 공민 없는 사람을 나는 요거 아이 되니깐. 나는 3년 동안 에따 비스공민을 해가지고 있었어요. 국적이 없다는. 북쪽도 싫고 중국도 싫고 나는 생각이야 우리 고향생각이 나서 그래 내가 싫다고 했지. 우리가 아버지가 일본까지 가고 우리 아들이 너이(넷) 있고, 어머니 혼자서 생활이 바쁘니깐(힘드니깐) 우리 외할머니가 그 때도 생활이 바쁘니깐 중국을 들어갔죠. 거(중국) 가서 식당 열고 외할머니가 좀 괜찮게 지냈어요. 우리 어머니가 갑자기 바쁘게 되니깐 할머니한테 연락을 한 모양이요. 그러니깐 할머니가 우리를 데리러 왔어요. 그 때 나 중국이 어딘지 모르죠. 연길현 조양촌이라는데 있어요. 거기서 식당을 하고 있었어요. 외할머니랑 우리 어머니가 그 식당에서 같이 일하고. 우리 아(이)들은 거기서 학교도 갔어요. 한국에서는 학교도 못 갔어요. 아들처럼 손자처럼 그렇게 지내왔어요. 어머니가 아버지 다쳐가지고 (사할린)갔어요. 그전에 우리 사할린에 갈 때 젊을 사람들만 싹. 혼자씩. 식구 없이 이렇게 많이 갔어요. 그러니깐 우리 어머니 갔다가 아버지가 돌아가시니깐 정말 혼자 있는 남자들이 많았지요. 그래 어떻게 그래가지고 우리 어머니가 시집가게 된 모양이죠. 그래가지고 어머니가 일본으로 들어간다. 일본 들어가고 우리는 아버지 소식도 없고. 우리 자식들은 어머니, 아버지 소식도 없고. 그때는 질(길)이 맥혀서 댕기지도 못하고 그랬는데. 47년에 북한에서 지금 말하면 러시아 사할린 모집 있다고. 거기 모집해서 간다고. 그래도 아들이지만은 거기 북한에 가서 수속해가지고 사할린 가면 혹시 부모님이나 알아보겠다고 그래서 넘어 왔지요 북한으로. 사할린 보내는 그거 수속하는 사무실에 갔지요. 나는 한 살 불렀지요(높였지요). 17살에서 18살까지 간단말입니다. '집은 어딥니까' 그러니깐 나는 아무것도 없고 혼자 있는 사람이라고. 말을 못하지요. 나는 한국에서 왔다 중국에서 왔다 이런 말 못하지요. 그 말하면 못가지요. 북한에서 왔다 해야 사할린 갈 수 있게 되지요. 그래 거기서 수속할 때 '그러면 북한이라 쓰라' 해서 갔지. 그래 북한 사람이 돼버렸죠. 여기 들어올 때. 나이 한 살 모자라니깐 못 들어가게 됐죠. 누구 가족으로 들어오는 사람한데 부양가족으로 그렇게 수속해가지고 왔어요. (북한에서 올 때) 청진이라는 데가 있어요. 청진. 거기서 수속해가지고 우리 거기 기차, 이런 짐 싣고 다니는 화물차에 침대를 만들어 놓고 그 안에 살았지요. 한 달 반 거기서 소속해 사람 모집이 다 들어오고. 우리가 제일 먼저 수속했죠. 사람들 모두 모집해가지고 청진으로 해서 사할린 들어왔죠. 큰 배 타고 왔죠. 짐 싣고 댕긴 배. 거기다가 침대랑 맨들어 놓고 사흘동안 배타고 들어왔어요. 바로바로 사할린으로 왔지요. 거기 있었던 사람들은 다 북한 나가버렸지요. 북한 들어올 때 우리 계약이라는 것이 있었어요. 나는 들어올 때 여덟달 (일하기로) 하고 들어왔지요. 근데 뭐 (나이가 적어서)어디가 일할 수도 없지.

〈사례 20〉

아버님이 사할린(가라후토)의 도요하다 당코(탄광)에서 일을 하게 됐습니다. 아버님이 일본정부에 식솔들 좀 데리고 와도 괜찮은가 물어봤답니다. 그때는 바쁘니깐 일본 정부가 와도 괜찮다고 말했나보대요. 돈 있는 사람들은 먼저 왔죠. 우리는 돈도 없지, 할아버지가 이리저리 댕기면서 돈 좀 구해가지고. 내 압니다. 니 아버지 찾아 가거라 돈 좀 주대요. 그거 받아가지고 얼마나 울었는지 글도 못썼어요. 그래가지고 어머님도 그때 공부도 못하고 글도 못썼어요. 나는 할아버지한테 한자 하늘천 따지 하면서 배운 게 있어요. 어머님한테 돈을 드리면서 차비 되는가 안 되는가 보더니 차비되것다, 그러면 어떻게든지 가자. 큰어머니가 어머님한테 돈을 준거 봤습니다. 얼마나 줬는지 그건 모르겠습니다. 할아버지가 기차까지 태워줬는데 그때 본 것이 아직 기억에 납니다. 딱 기차타고 가는데 말이죠. 창문에 보니깐 전봇대가 딱딱딱 지나가는거 그게 지금까지 생각나요. 부산까지 와가지고 일본 건너가는 배타고 간 거 생각나요. 그때 동경까지 갔거든요. 그때 너무 내가 구경을 좋아해가지고 기관실로 내려갔다 올라갔다 하니 어머님이 나를 잊어버렸어요. 거기 사람이 얼마나 많겠어요. 나는 또 어머니 찾

> 아다니다가 어디가 어딘지 모르겠어요. 나중에 인자 수사가 나를 붙들고 수사가 뭐라고 뭐라고 하는데 일본말을 모르니깐. 라디오로 저 뭐라고 뭐라고 하는 모양이죠. 니가 임태완인가 그러게 물어보드라고. 태완이라고 하니깐. 수사가 나를 데리고 우로 올라가 어머니가 울고 앉아 있어요. 여동생 둘 데리고. 금방난 여동생은 40년 생이여. 아버님이 아마 39년-40년에 가신 모양이지. 10월달이여. 가가 임복희인데, 10월 초 이튿날에. 그래가지고 사할린까지 왔지요. 사할린까지 왔는데 배가 그 큰 탄산까지 못들어갑니다. 배가 먼데에서 서있고 똑딱배 조그마한 거 타고 아버님이 오셨어요. 나를 딱 안더니 얼마나 보고싶었던 모냥이죠. 집으로 가자 하고, 똑딱배 타고 도착한 후 걸어서 나가야(탄광 노무자의 집단 합숙소)로 갔지요.

이처럼 일본 정부는 탄광이 국가 소유로 되면서 탄광에서 오랫동안 일할 수 있게 가족을 두고 온 한인들 중에서 말을 잘 듣는 한인들에 한에서 가족들의 이주를 허용했다. 그러나 일본정부의 연고모집정책은 일본 본토로의 이중징용으로 가족이산의 직접적인 배경이 되었다.[21]

(4) 이중징용: 겹쳐진 이산

사할린 한인들은 강제이주 후에도 '겹쳐진 이산'을 경험해야 했다. 1944년이 되어 일본은 미국의 대공세로 인해 선박수송이 어려워져 사할린에서 파낸 석탄을 본토로 가지고 갈 수가 없게 되었다. 이러한 상황에서 사할린에서는 노동자의 수가 남아돌게 되고, 반대로 일본 본토에서는 징병 등으로 인해 노동자의 수가 적어지게 되자 사할린에 있는 한인 노동자 1만여 명을 다시 본토로 파견하는 '이중징용'을 하게 된다. 사할린 한인들은 1944년 8월 19일부터 3일간 재징용령을 받고, 일본 홋카이도 와카나이와 사할린 남부 코르사코프를 항해하는 '야니와 마루호' 연락선을 타고 일본 본토 규슈의 후쿠오카현과 후쿠시마현, 도쿄에서 가까운 이바라키현과 나가사키현에 있는 탄광으로 집중배치되었다.

---

21 일제강점하강제동원피해진상규명위원회, 「사할린 '이중징용' 피해 진상조사」, 2007, p.16.

당시 일본정부는 먼저 노동자가 혼자서 가고, 나중에 가족을 불러들이겠다고 약속했지만, 전쟁말기의 혼란한 상황에서 이러한 약속은 지켜지지 않았다. 결국 이중징용으로 인해 사할린 한인들 속에서는 많은 이산가족이 생겨났다.[22] 이에 따라 한인들은 처음에는 한반도에서 사할린으로, 이후에는 다시 사할린에서 일본의 야마구치나 이바라키 등으로 강제 이주되는 이중징용을 경험하게 되었다.

〈사례 20〉

아버님은 일주일에 한 번씩 월급을 타옵니다. 그래 일주일에 10엔, 일주일 아니면 나나엔(7엔). 그래가지고 한 달 버는 게 25엔 아니면 27엔 그래요. 그래도 먹고 살았습니다. 어머님이 말하시데요. 이제는 먹고 살 수 있다고, 밥도 먹고 의복도 사서… 그러다 야단(전쟁) 나게 되고, 러시아 비행기들이 와가지고 폭탄도 내리고, 그러니깐 어떻게 살겠어요. 일본에 파는 석탄을 못가지고 갑니다. 그러지 않아도 배가 3대인가 4대인가 물 안에 들어가 버렸어요. 사할린이 이렇게 되어 있습니다(사할린 지도를 그리며 남북으로 선을 그은다). 이렇게 되어 있는데, 우리는 여기서 살았습니다. 북쪽으로는 러시아로 되어있고, 여기는(남사할린) 일본 땅으로 되어 있었습니다. 그런데 일본 놈들이 여기서 석탄 판 것을 배로 동경까지 가져갔거든요. 근데 배가 3대나 물 안에 들어가 버렸으니깐 못 가져갔거든요. 일본에도 석탄 파는 탄광이 있어요. 있는데 거기는 탄광 줄이 좁아요. 그래서 못 퍼가거든요… 여기는 탄이 원채 좋고. 그거 못하니깐 전기 일으키는 발전소로 싣고 갔어요. 그것도 못하니깐, 여기서 이중징용이라고. 거기서 또 우리 아버님 데리고 이바라키, 야마구치당코(탄광)에 끌려갔었어요. 우리 아버지가 600미터 밑에서 일주일씩 고생했어요. 일주일에 한번 나와 가지고 먹고 하루 저녁 쉬고, 일주일 일을 했어요. 왜 가족들 안 데려 오냐 하고 그렇게 말을 한 모냥이요. 아버지뿐만 아니라 이중징용 걸려간 분들이. 지금 저한테 서류 다 있습니다. 그러니깐 일백 몇 명인데 거기서 어떤 분들은 야마구치탄광에서 도망쳤습니다. 어떤 분들은 하루 일하고 그냥 거기서 도망치고. 어디서 돈 좀 벌어가지고 도둑배타고 사할린으로 돌아온 사람 많아요. 우리 아버지는 한번 들어가면 못나온단 말이에요. 그 생각(도망칠라고)은

22 일제강점하강제동원피해진상규명위원회, 「사할린 '이중징용' 피해 진상조사」, 2007, pp.8-26.

있었다고 했는데. 한번 들어가면 못나온단 말이에요. 일절. 그래가지고 밥 먹다가 어디 도망갈까 봐 그때는 경찰이 지키고 있더랍니다. 너무 도망가니깐. 그래가지고 일만 잘 해주면 가족들 들어온다. 그렇게 됐거든요. 그래 우리는 전쟁 중 이라도 돈은 보내줬습니다. 먹고 살아라고. 전쟁후로는 딱 끝나버렸죠. 인자 돈도 없지. 사먹을 것도 못 사 먹지. 그때 제일 고생했습니다. 힘들었습니다. 아버님한테 소식도 없지.

일본정부의 강제연행정책에 따라 처음에는 강제적인 계약노동으로 갔지만, 사실상 전쟁이 끝나기 전까지는 강제이주의 기한이 없었던 것이었다. 전쟁이 끝난 후에는 러시아가 남사할린을 차지하게 되면서부터는 한국과의 연락이 두절되었다. 사할린 사람들은 북한으로 잦은 왕래가 있었다. 그러나 남한에서 온 한인들은 계약 노동이라는 조건으로 사할린으로 이주하였지만, 전쟁 후 모국으로 돌아오지 못하고 사할린에 억류되었다.

2) 사할린에서의 정착과 생활

1945년 전쟁이 끝났다. 연합군 최고사령부(GHQ)는 1946년 12월 19일 소련과 '소련지구 인양에 관한 미소협정'을 맺어 사할린에 남겨진 일본인들은 본국에 귀환시켰지만, '똑 같은 천황의 적자' 라며 강제동원한 조선인들은 그대로 방치했다. 1949년 7월 23일 마지막 일본인들을 태우고 간 귀국선 '운센마루'는 돌아오지 않았다. 냉전이 시작되면서 사할린에 남은 4만여 명의 한인들은 소련 사회주의체제에서 디아스포라적 삶을 받아들여야만 했다.

(1) 고단한 타지 생활

〈사례 20〉
어머님이 우리를 먹일라고 얼마나 애를 썼는지 모르겠습니다. 사할린에 일본아주머니들도 많이 있었어요. 다 같이 고생했어요. 그분들도 석탄 파러 다 끌려간 사람이여. 일본 보통사람들. 그리고 그 우리 동네 사는 일본아주머니들하고 같이 살았죠. 잘 사는 사람들은 우리한테 신도 사다주고 밥도 갔다 주고 살았어요. 껍데기 붙은 쌀 뭐락 합니까. 그거 이렇게 쪄가지고. 일본인한테 쪄주고 밥 먹었어요. 말리는 거 그거 있다가, 조금씩 얻어다가. 47년도부터 일본사람들 귀국했잖아요. 그런데 우리 조선인들은 왜 뺐는가 하죠. 얼마나 고생했습니까. 우리를 먹여 살리려고. 공부도 못했어요. 조선학교라고 4학년까지. 호수에서 고기잡이 시작했습니다. 그때는 제가 12살인가 11살인가 했지요. 엔진 학교 가라고 해서 나를 보내대요. 그 학교에서 공부를 하고 오면 배를 하나 줄 테니깐. 선생님이 말할 때는 선생님 입만 보고 있었어요. 무슨 말 하는지 아무것도 모르지요. 공장에 가면 나쁜 게 있으면 기계를 고쳐요. 그거 하니깐 점수가 좋아요 나는. 고기도 먹고. 1년 반 배웠습니다. 거기서 나와 가지고 종이장 주대요. 9년 동안 어선타고 댕겼어요. 13살이나 12살부터 일하기 시작했어요. 9년 동안 일했습니다. 내가 이제 벌기 시작하니깐 돈도 많이 벌었습니다. 그때는 소련 시기라 집도 못삽니다. 전부다 국가에서 하는데, 자기가 지어도 국가가 60% 주고 40%는 자기한테 남아요. 그때 스탈린이 있을 때 그 사람이 소 키워라, 우유 바쳐야 한다, 달걀 갔다 바쳐야 한다, 감자 몇 섬 바쳐야 한다, 그때 똑 일본놈들 한가지여. 그렇게 대단했어요. 그 사람이. 그것도 오래는 안했습니다. 한 2년 그때 됐어요. 그래 우리는 어머님이 가서 닭 몇 마리 가져와 가지고 닭 키우기 시작했어요. 닭 키우려면 갔다 먹여야 지요. 소도 그렇잖아요. 소는 너무 크니깐 소는 못하고, 양 있죠. 그 우유 뽑아다가 그거는 두서마리 있었어요. 우유는 딴 집에 가서 사가지고 자기 이름으로 해서 국가에 바쳐야 했습니다. 그 후로는 점점 러시아가 좋게 됐습니다.

〈사진 26〉 사할린 한인의 가족 사진

〈사례 21〉

사할린으로 아버님이 강제 징용됐지요. 확실히 몇 년이라고 말 못하는데, 아버지가 일찍 돌아가시고 어머니 말씀은 셋째 딸이 한 살 때 갔다. 아버님이 먼저가시고. 그 다음에 1년 후에 어머니를 들어오라고 해서 어머니가 딸 셋 데리고 갔어요. 그렇게 되가지고 사할린에서 제가 태어났죠. 그러니깐 아버지는 46년에 돌아가셔서 아버지는 기억 안 나고 여기서는 탄광에서 일 시키고 탄광에서 일하시다가, 아~ 역사가 길어요. 또 아버지는 이중징용 당했지. 여기서(한국) 강제로 사할린으로 보냈지. 사할린에서 일본으로, 일본에서 또 사할린 와가지고 사할린에서 있다가 탄광에서 다쳐가지고 아프시다가 돌아가셨지. 어머니 말씀은 탄광이 무너져서 오래 아프다가 돌아가셨다고. 그러니깐 아버지는 기억 안 나요. 어머니는 오래 계시고 어머니는 영주귀국 해가지고 여기서 계시다가 여기서 돌아가셨어요.

〈사례 24〉

저는 사할린에서 탄생했습니다. 큰오빠만 놔두고 7형제는 다 거기서 탄생했지요. 1세대로. 우리 부모님들은 고려사람들입니다. 여기서 사할린으로 강제로 가서 일해가지고. 어머니, 아버지들이 거기서 계시네요. 어머니, 아버지가 처음으로 섬에 개똥이라고 하네요. 그 때 일본시대닝께 개똥이라 하네요. 개똥에 가있었지요. 거기서 인자 살아가지고. 우리들이 탄생하고. 우리가 8남매입니다. 여자자녀들이 4명이고 남자들이 4명. 큰오빠는 여기서 탄생해가지고 2살 되서 데리고 갔답니다. 우리는 거기서 낳지요. 사할린에서 탄생했지요. 그래야 어머니 아버지들 말 할 것도 없지요. 고생 고생해서 우리 8남매를 키우고(눈물). 아버님은 52살에 돌아가셨지요. 어머니가 우리 팔남매 키워가지고. 저 위에 오빠 서이입니다. 세 오빤데 지금 인천에 다 계시죠. 부모들(눈물) 여기오겠다고. 우리 여기 이모들 계시고 사촌들도 계시네요. 대구에. 우리 경상북도입니다. 성주군이 부모들의 고향이네요. 다 어떻게 연락해가지고. 88년도에 어머니가 이리 오게 되고 청을 했는데. 어머니가 갑자기 상사 났습니다. 오빠가 2살에 들어왔으니깬. 그 형제간도 못 만나가지고 어머니가 상사… 88년도에(돌아가셨어요) 묘는 거기에 다. 어머니가 혼자 8남매를 데리고 활동하면서 우리 공부 다 시켜주고. 우리들 공부 다 대학 끝내고. 어머니가 88년도에 돌아가셨응께 우리가 다 남아가지고 그렇게 해가지고 여기에 우리 이모도 계시고 사촌도 계시니깐. 와가지고 사할린에 가서 어머니 묘라도 보겠다고 청해가지고 왔다 갔습니다. 2001년도에 5명 와서 개인적으로 왔지요. 묘도 보고 사할린경치도 보고 그리 갔지요. 거기서 부모들이 우리를 키우느라고. 그렇게, 우리 고생도 많이 했습니다. 알다시피 사할린의 경치가 어떻습니까? 먹을 것도 없고 식구가 많으니깐 그렇지요. 고생도 해가지고 지내왔지요

〈사례 25〉
저는 47년에 사할린에서 태어났어요. 우리 남편도 사할린에 태어났지만은 부모님이 한국에서 사할린으로 일본사람이 강제로 하여 이주해서 여기 와가지고 사할린에서 태어났지요. 아버지가 일하러 갔으니깐 어머니도 아버지가 자기 가족을 데리고 다 떠났잖아요. 저는 그때 없었잖아요. 안 태어나고. 언니들이 다 그렇게 말했고 언니들은 다 한국에서 태어났죠. 그래서 다 안 단말이에요. 일본 정부에서 자기들이 있는 사람들이 한국 사람들을 강제로 보냈잖아요. 그것을 해서. 자녀들한테 죄송하다, 자기들이 죄인이다, 그래서 한국으로 들여오자 그렇게 결정하자 한 거에요. 언니는 안산에도 있고. 인천에도 있고. 오산에도 있고. 우리 집에는 우리 형제간이 딸만 너이 아들 하나. 오빠가 있지. 오형제간이에요. 딸 서이 데리고 어머니, 아버지가 넘어왔지요. 저하고 오빠하고 사할린에서 태어났어요. 그렇게 살아왔어요. 러시아 살아도 좋은 점도 있고 나쁜 점도 있고. 그래도 우리가 조선 민족이니깐 러시아하고 우리 하고 다르잖아요. 차별 좀 했지요. 그렇게 쫌 받았죠. 그래도 괜찮아요. 살았으니깐. 한국 민족이 엄청 부지런하니깐. 부모님 일도 하니깐 먹고 살았지요. 우리도 고생 많이 했지요. 일해야지 자녀들 키워야지요. 막 밤일 낮일 막 다가서 아이들 유치원 갔다왔다하면서 고생 많이 했지요.

〈사례 23〉
아버지는 경상북도에서 태어나셨고, 어머니도 거기서 태어나셨고. 아버지가 먼저 일본으로 해서 사할린으로 왔으니깐, 어머니는 남편 찾아서 들어오고, 만났지. 만났고 아버지는 조선 땅에서 9남매로 형제간이 많아요. 여기에 사촌들도 많고 육촌간도 많고 그래요. 나도 7남매인데 오빠 안산에 계시고, 언니 안산에 계시고, 언니하고 오빠(사할린에서 태어났어요). 바로 위에 언니는 한국에서 태어났는지. 어머니 살아계셨을 때 자세히 물어 봐야 되는데, 그 때는 어렸으니깐 그런 거 신경 안 쓰고 했으니깐. 어머니 일찍 돌아가셨어요. 아버지 더 일찍이 돌아가시고. 7남매 인데 다 돌아가시고, 살아있는 사람은 동생하나 사할린에 남았고, 48년생이니깐 못 오죠. 동생은 오고 싶어도 못 오는 거여. 그냥 방문은 할 수 있고 온 적도 있어요. 여기에 사촌들도 많고 하니깐.

일제는 전쟁 말기에 들어서면서부터 식민지 조선에서 사할린으로의 강제동원을 무차별적으로 진행했다. 그러한 과정에서 가족도 친척도 없는 사람들이 사할린으로 징용되었다. 전쟁 후 사할린에 남은 한인들 중 일부는 러시아 양부모를 갖는 경우가 있었다. 〈사례 19〉는 17살에 사할린에 넘어와 가족도 친척도 하나 없이 혼자서 생활했다. 그러다가 남의 집에 양아들로 들어갔다. 양부모는 한국사람이 아니라 러시아 대륙에서 살다가 온 사람들로 양아버지는 재판장일을 하였고, 슬하에 자식이 없었다. 사할린으로 넘어와 어린시절을 사할린에서 보냈다. 혼자서 외롭게 다니는 모습을 보고 양부모가 양아들 삼은 것이다. 부모가 생긴 후에도 국적을 갖지 않고 있었으나, 1953년도에 결혼을 하기 위해서 국적을 취득했다. 양부모님이 결혼을 할 때 국적이 없으면 생활하기가 불편하며, 처갓집에서도 국적이 없으면 딸을 시집 못 보낸다고 했다. 그리하여 러시아 국적을 신청하게 되었다. 사할린에 들어와서 양부모를 만나 살다가 여기 한국까지 오게 된 것이다.

〈사례 19〉

(비스공민은) 공민이 없다는, 국적이 없다고 나는 그니깐 에따 북쪽에서 살기 싫고, 중국도 싫고, 그러니깐 나는 생각이야 우리 고향 생각이 나서 내가 싫다고 했지. 근데 53년에 우리 할머니한테 장가들었지요. 내 이리 혼자 댕기면서리 정말 친척들도 하나도 없지 아는 사람들도 없지. 17살이 되도록 무슨 알겠어요. 그래가지고 댕기다가 남의 집의 양아들로 내가 들어갔어요. 한국사람인게 아니라 큰 땅에서 나온 사람, 에 러시아에서 살던 사람이 와가지고 에따 무슨 일 했냐하니깐 (양아버지가) 재판장 일 한다 했습니다. 그 집에 자식이 없었어요. 그래 내 혼자 댕기고 이래 하니깐 그 집에서 나를 데리다서리 나를 양아들처럼 이렇게 양아들 삼았어. 그래 가지고 우리 할머니(아내) 이래 큰 땅서 난 사람입니다. 그래 53년도에 할머니(아내) 양어머니가 우리 할머니(아내)를 데리고 와서 나를 장가보냈지요. 나 그때까지 공민 아이(안) 가지고 있었죠. 나는 한국 공민 되고 싶은데 외국 공민이 싫다고 그때는 나이 어렸지. 그때 22살이여. (양부모님이) '니가 마음에 드는가? 마음에 든다고 그러믄 니 장가가겠느냐고?' '가겠다고' '그러면 공민증 내야 된다고 너 그 집에서 처갓집에서 공민 없는 사람은 어디 가

자면 경찰서 가서 허가를 맡아서 며칠 간다'는 거에요. '소련 공민 아이 되면 니 장가 못 간다' 저쪽 집에서는 소련 공민 안 되면 장가를 딸 아이(안)주겠다. 그래서 공민 냈어요. 그때는 한국하고는 질 딱 맥혀 가지고 아무도 모르지. 그래 사할린 들어 와가지고 정말 아무 친척 없고 그분들 만나가지고 살다가 여기 왔어요.

(2) 학교생활과 조선말

일본식민지시기에 일본인들은 조선학교를 폐쇄하고 일본학교를 지어서 일본어만 배우게 하고 조선말은 못하게 했다. 사할린에 들어오고 나서는 조선학교에 다니다가 전쟁 후 사할린이 러시아 영토로 편입되면서부터는 러시아 학교를 다녀야 했다. 당연히 소련 땅에서 살려면 러시아말을 배워야 했던 것이다. 결과적으로 사할린 한인들은 일상생활에서 일본말, 조선말, 러시아말을 서로 혼용하여 사용한 셈이다. 특히 사할린 한인은 외모가 다르다고 차별 받는 환경 속에서 공부를 잘하는 길이 소련에서 차별 없이 잘 살아가는 것이었다. 그래서 대부분의 사할린 한인들은 자식들에게 교육을 강조하였다. 즉 사할린 한인들은 교육을 통해서 그들의 미래를 준비하고자 했다. 뿐만 아니라 자식들의 교육을 중시했다. 이 때문에 이들은 사할린에서 러시아 대륙 중 큰 도시로 이주하게 되었다. 아래의 증언을 통해 이를 확인해보자.

〈사례 18〉

1945년도에 9월 달이 넘어가고 46년도 초 되는데 그때 여기 선주민들이 있었어요. 뭐 꼬 가족들하고 사는 사람들인데 그분들 자녀분들은 일본학교 댕겼어요. 일본학교 댕기고 이랬는데 여기에는 일본이 아니라 육학년 소학교까지는 의무 교육이라. 그러다 보니깬 여가 많이 낫듬마. 공부한 사람들이 더러 있어요. 있는데 숫자야 몇 안되지. 아··· 그래 있는데 그때 일본학교밖에 없다 보니까 인자 학교를 여는데. 한국은 로사하고 수교가 없다니깬 아무것도 통하지 없지. 북한은 로사가 북한을 갔다가 해방시켜 주다 보니까 거기서 많이 뒤를 봐주더만. 이러다 보니깬 아, 조선어를 배우고 조선

국문을 배우게 되는데. 학생 몇 안 되는 중에 일본학생하고 같이 공부하게 되는데. 거기서 자꾸 분란이 나고 또 교과서가 다르다 보니깐 좋지 못해요. 그래서 인자 아, 그 학교를 갔다가 조선학교로 열어야 하는데 근데 열 힘이 없단 말이야. 일본에는 아무것도 없고 설도(설명)할 사람도 없어요. … 중략… 일본 때 지식이 있는 사람을 데려다 학교를 설치했어요. 그때는 교사 선생이고 그런 사람이 잘 없어서 여기서 그저 한국에서 농업전문학교한 사람 드문드문 있었어. 그런데 당장 책은 어찌하니깐 북조선에서 오게되어 있어. 북조선에서 오면 책장 마다 김일성 사진이 있어. 아, 그러면 학부형 말을 했는지 누가 했는지 모르지많은 그 사진에다가 인자 1학년, 2학년 아이들이 연필을 가지고 김일성 눈에다가 연필을 가지고 꼭꼭 찔러. 그러면 교사들이 책을 볼 꺼 아닙니깐 보면 인자 학부형 조직을 해가지고 회장이 있지 않습니까? 주의를 주라고 합니다. 그렇게 못하도록… 어린 아한테 우찌하겠어요. 그러면 학부모한테가서 해야 되제 .학부모는 그때는 영 북이라 하면 이를 갈고 원수라. 그런데 그런 말로 우리 다 한 친구고 우리보다 나이 높은 사람은 형님뻘 되는데 그런말하면 실컷 거기서 통만 먹고 나옵니다. 그러다 보니깐 또 학부형회의 가면 삼자를 못한다고 또 욕을 하네. 아이 좋지 못합니다. 여기서 말하면 그 다음에 한술을 더 떠서 저… 어… 북에서 또 그런 지시령이 내려오니까 북에 공산주의 찬양, 그저 아… 미국지배를 막고 괴뢰 정치 대한민국을 갔다가 그저 욕질하고 그런고향은 생각하지 마라. 그런 말을 갔다가 들으러 안 갈라 합니다. 그거 사람을 또 작게 모이면 열심히 못 한다 해서 또 욕먹지. 그 집 문 앞에서 가서 서서 뱅뱅돌다가 그냥 올 수도 있고. 거기 가서 말하면 항상 아들 때문에 바쁜데 한시간도 그런거 듣기가 싫어해선지 아주 안 좋았지. 그런데 46년말 때 11월 달 되서 북조선에서 공산주의 뭐 노무자라고 북에서 전쟁 끝나고 많은 노무자를 보냈어요. 그분들은 사할린에 와서 또 어… 동맹국가라고해서 거기서 또 텃세를 할라하고. 그분들은 학부형 조장이니 반장이니 심하게 또 그게 문제가 되고. 그래가지고 그때는 로사가 북을 많이 지지.. 그래가지고 학교서 어, 공부시킨거 북에서 교과서 가기고 공부하기로 됐지요. 60년도에 와서 아, 로사가 중국을 아주 싫어했습니다. 와 그라니깐 국경분쟁이 있었습니다. 다만스키라든지 가사크산에 북부에. 그게 어쩌냐같으믄. 북조선이 중국을 로사보다 더 지지했습니다. 그러니까 그걸 갔다가 미워해서. 미워해가지고 뭐까 같으면 이거는 북조선 학교라 합니다. 학교를 갔다가 없애 버렸습니다. 아 그래서 학교를 없애가 60년후에는 로사학교 밖에 없었어요. 그러니깐 여기 영주귀국 한분들이 우리 한국말로 못하고 한국글도 통 모르지요. 나는 왜 한국말 모르냐하면 내는 1학년 2학년 올라갈 때 국립보통에서 성삼소학교되서 우리 글을 또 없애

버렸지. 그러니깐 조선역사도 몰라. 일본은 우째니깐, '와가꾸니와 카미노쿠니데스'(우리나라는 神(신)의 나라이다). 그때는 일본말 해야 되고 일본말 해야 생활이 되고. 그러다 보니깐 전쟁끝나고 나서는 공부를 할 라고 했는데 그 때는 내가 스스로 벌어먹고 살아야 되고 때도 넘었고…

〈사례 19〉

학교도 잘 못 댕겼어. 부모님 없지요. 나 혼자 사할린 와 가지고 여기저기 댕기고. 중국에서 조선공부 조금 했지요. 하다가 그담에 일본놈들 들어와가지고 일본놈들이 조선학교를 다 갈아 치워 버렸어요. 그리고 일본학교를 만들어버렸어요. 일본말만 독하게 하고, 조선말은 없이 못하게. 그리고 또 이 45년 되서 우리 일본놈들이 전쟁 지고 나니깐 이제는 또 조선말을 배워야지(웃음). 일본말만 하고 조선말은 몰랐지. 아, 그러다 조선말을 하다, 일본놈들 앞에서 조선말을 하게 되면 벌 스고 핵교서 벌 스고. 뭐 그니까 말은 일찍이 빨리 배웠어요. 일본말은. 45년 전쟁 끝이 나니깐 이젠 또 조선공부해야지. 조선말 나도 모르니깐 또 이제는 조선공부해야제. 이태하다 사할린 들어왔지요. 이태, 2년. 사할린에 들어오니깐 거긴 조선학교도 없고 이젠 또 러시아 핵교 댕겨야지(하하하). 이제는 소련 땅에 살려니깐 러시아말 배워야지요. 그래 막 섞여가지고. 참, 우리 때 고생 많이 했죠. 일본핵교, 조선핵교, 러시아 핵교, 이렇게 많이 섞여 크게 공부 많이 못했죠. 그 시절이 나빴어요. 내 시절이. 그니깐 부모님이 그전에 잘살지 못하니깐 그게 우리 자식들이. 그니깐 우리 누님들이 많이 고생했데요. 그니깐 정말 우리 큰누님이 많이 고생했어요. 집에서 우리 아를 보고 어머니 식당에 나가 일하고, 우리 큰누님 여섯 살 이상인데, 큰누님이 싹 우리를 걷어줘서 키워. 그렇게 고생했어. 한국에 와서 마음이 허해.

〈사례 21〉

(조선학교는) 조선 사람만 다녔지. 러시아 학교 가서는 어울려야지. 러시아말 모르니깐. 7학년 졸업 맞고. 잘 사는 사람들은 다른 도시로 가고, 잘 못사는 사람들은 러시아 학교에 갔지. 교장님이 너는 러시아어 못하니깐 너는 공부를 잘 못한다. 공부를 잘 하려면 노어도 배워야 하고. 학교 안에서는 차별이 없었어요. 공부만 잘하면. 사회주의 시대에는 공부 잘하면 좋아하죠. (밖에선 차별) 그냥 길을 가더라도 얼굴이 다르니깐 그 사람이 와가지고 우리 같은 사람 처음 보잖아요. 그 사람들은 우리보고 원숭이. 못

생겼다. 우리한테 까레이스, 마레이스 하고. 소련 땅으로 됐는데 그 사람들이 주인인데 우리가 뭐라고 하겠어. 공부나 잘하고. 10학년 졸업하고 대학가야지. 대학은 모스크바 가고 싶지. 소련 수도니깐. 그런데 돈 없지. 그러니깐 10학년 졸업하고 1년 일했어요. 비행기 표 돈 버느라고. 모자 쓰고 바지입고 빵키칠(페인트 칠)하며 돈 벌었어요. 그냥 모스크바 가고 싶다는 마음만 있었지. 첫 판(모스크바 처음 갈 때)에 잘 데 없으니깐 기숙사에서 자고. 대학 찾아갔지. 그 때는 어렵지 않았어요. 소련에서는 대학 입학하는 사람, 주소 다 나옵니다. 그 주소가지고 그 대학 찾아갔지. 5년 반 공부하고 대학을 졸업하면 어디 가서 일을 하겠는가. 그 중에서 고릅니다. 어디를 고르는가 하면 남쪽 따뜻한 곳, 로스토프시. 연구소로 갔습니다. 우리 대학은 연구소에 일하게 공부를 많이 시켰으니깐. 그 때는 일을 잘하면 집을 줍니다. 그 때는 집 살돈도 없고 월급도 적고. 대학에서 결혼했으니깐 거기는 남편하고 같이 갔죠. 난 연구소에서 일하다가 집 받고 거기서 아들이 태어났습니다. 거기서 5년 살다가 사할린으로 갔습니다. 왜냐하면 연구소에서 일하려면 결혼을 하지 말아야 하고 연구소에서 일하는 거 쉽지 않습니다. 화학은 소련의 화학은 발달되지 않습니다. 일본, 미국, 영어 번역하면서 종일토록 그거하고 연구하고 하는데 집에 와서도 그 생각을 해야 하는데 결혼하고 애 놓으니깐 시간이 없습니다. 거기서 나와야 한다고 해서 사할린으로 갔습니다. 조선학교는 64년도에 없어졌습니다. 아들은 72년생이니깐. 아들 10살 때, 82년에 아파트 집에 들어가서 쭉 살았습니다. 아들이 11학년 졸업하고 나이가 18살 되니깐 군대갔습니다. 군대가서 2년. 대륙으로, 시베리아 가서 2년 군대생활하고 돌아왔습니다. 20살이니까 대학가야지. 대학어디가나, 또 모스크바간다네요. 그래 가고 싶으면 가라. 92년에 대학은 무료로 공부하는데가 없었고 돈내고 공부하는 데가 있었지. 무료로 공부하는데는 어렵지. 다 무료로 공부하고 싶지. 공부를 잘해야 한다고 말했거든. 난 돈 대줄 수 없다. 시험 잘치라고. 미리 대학에서 학습이 있거든. 대학이 쉽지 않으니깐. 12월달에 모스크바 갔습니다. 93년도에 대학 입학했습니다. 아들이 4학년 되니깐 엄마나는 모스크바에 남겠다 해서 집 팔고 갔습니다. 집 판거 가지고 모스크바에서 집을 못삽니다. 공중집이라 하는가? 집 하나에 네 칸 짜리 집에 한칸씩 차지하고 아들하고 살았지.

〈사례 19〉

종이 맨드는 공장에서 제일 큰 기술자로 일했어요. 러시아 사람이고 조선사람들이고 이전에 러시아 사람들에게 일 배웠어요. 내가 이틀 일 안하면 기계 안돌아요. 우리 살던 곳에서는 러시아 사람이고 조선 사람이고 나를 모르는 사람이 없었어. (사할린에) 65년 살았어요. 우리는 남사할린에 있었죠. 홈스카. 제지 공장이 있었어요. 45년 했어요. 그저 45년 동안 그 공장에서 일했어요. 딴 데도 아이가고 그저 그 공장에서만 45년 일했어요. 집도 그 덕으로 탔어요. 오래 일하고. 한국에 나왔지만은 두 공민이 되어있죠. 러시아 오면 러시아 사람이고 한국에 오면 한국 사람이고. 일하는 곳에서 우리 집 타러 갔지요. 우리 할머니가 집 타러 갔지요. 사할린 가면 새 집 있어요. 새 아파트 있어요. 지금 내 늘그막에 편안하게 됐어요.

〈사진 27〉 학교에서 학생을 가르치는 모습

(3) 무국적자의 삶

전쟁 이후 디아스포라의 귀환과 정착은 기본적으로 구 거주지의 현실적 필요에 따라 필요한 사람은 붙잡아 두거나 우대하고, 불필요한 사람은 내쫓거나 방치하는 '선택과 배제, 추방과 억류'라는 냉혹한 전후 인구이동의 논리 위에서 전개되는 것이 보통이다.[23] 종전 이후 시작된 냉전은 사할린에 남겨진 조선인 4만 3천여 명 가운데 절대다수는 남한 출신이었지만 이들에게 조국으로의 귀환을 허락하지 않았다. 먼저, 식민지시기 '황국신민화정책'을 통해 일왕에 충성을 강요했던 일본은 전쟁이 끝나자 사할린 한인들의 국적을 박탈하였다. 소련 정부는 처음엔 오지인 사할린의 개발을 위해 필요한 노동력을 확보하기 위해 억류시켰으며, 공산주의 사회에서 자본주의 사회에로의 인구 유출을 허용할 수 없다는 냉전적 이데올로기를 통해 조국행을 허락하지 않았다. 당시 모국은 힘이 없었다. 사할린 한인들은 1950년을 전후로 소련 국적을 취득하거나, 북한 국적을 선택했다.[24] 그렇지 못한 한인들은 무국적자로 남았다. 그러다가 북한 국적을 얻어도 고향에 돌아갈 수 없다는 것이 알려지면서 다시 국적을 포기하는 사람들이 생겨나면서 무국적자의 수는 더 늘어났다. 그러나 이후 거주 이전과 자녀 교육 등의 제약 때문에 많은 한인들이 어쩔 수 없이 소련 국적을 취득해야만 했다. 사할린 한인의 무국적자로서의 삶의 경험을 들여다보면 아래의 증언과 같다.

〈사례 20〉

그래서 언제든지 어머님이 나는 죽어도 한국가서 죽는다고 하고, 그래가지고 그때 바다에 댕기는 기계, 종이장 받아도 러시아 국적 아니면 배를 못한다고 해서. 러시아 패스포트를 받아야 하잖아요. 어머님한테 이만저만 일을 안준다는 어떡합니까. 그래가지고 빌고 빌고 해도 안되겠어요. 아는 분이 한 사람이 있었어요. 니 그렇게 하지 말고 살짝 어머니 싸인 받아가지고 오라고. 그러면 자기가 거두어준다고. 어머니 글도 모르는데 싸인도 모르죠. 그래가지고 도장 이렇게 찍어가지고 러시아 국적 받겠습니다. 청원서 써서 갔어요. 딴 사람들은 2, 3년 기다렸는데 나는 3개월 만에 받았지요. 다들 같이 혼자서 받을려면 여간해선 못 받아요.

23 이연식, "일본제국의 붕괴와 한일 양 지역의 전후 인구이동: 양국민의 귀환과 정착과정 비교", 『e-Journal Homo Migrams』 Vol. 2, 2010, p.87.

24 사할린 한인의 대부분은 한반도 남부 출신이었으나 북한 국적을 취득하면 고향으로 돌아가기가 더 수월할 것이라는 생각에 사할린에 남겨진 한인들 상당수가 북한 국적을 선택했다. 1960년대 사할린 한인 가운데 북한 국적이 65%로 가장 많았고, 소련 국적이 25%, 무국적자가 10% 정도였다. 연합뉴스(검색일: 2012. 10. 15)

〈사례 22〉

저는 95년도에 러시아 국적을 냈어요. 그 전에는 비공민증. 그 때만해도 우리가 살던 곳에서 다른 1시간 가는 거리를 간다면 꼭 경찰서 가서 허락을 받아야만 다른 도시로 갈 수 있었고. 그 전에는 불편한 점들이 많았죠. 만약에 그때 시대에 우리 자녀들이 대학을 졸업 했다면 좋은 직장을 못 들어갔어요. 우리 큰아들은 지금 시청에서 근무하고 있고. 그 전 같으면 러시아 국적이 있다 하더라도 한국인으로서 조선인으로서 좋은 직장을 못 들어(갔을거에요). 85년까지도 구별이 있었고 90년 쯤에서 그런 구별은 없었어요. 자녀들은 다 러시아국적을 취득했지요.

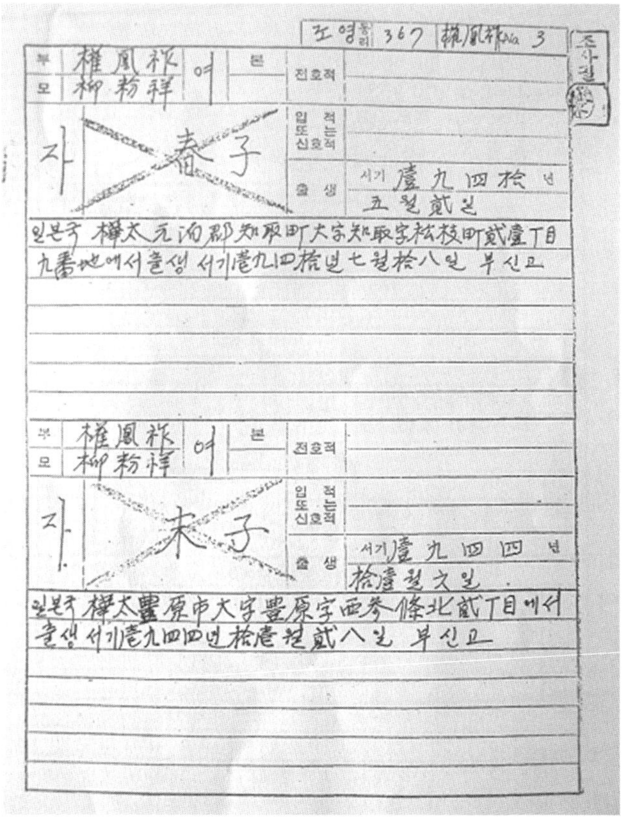
조영출리 367 權鳳林 No 3
부 權鳳林 / 모 柳粉祥 / 여 / 본 / 전호적
입적 또는 신호적
자 春子
출생 서기 壹九四拾 년 五월 貳일
일본국 樺太元泊郡知取町大字知取字松枝町貳壹丁目 九番地에서 출생 서기壹九四拾년 七월拾八일 부 신고

부 權鳳林 / 모 柳粉祥 / 여 / 본 / 전호적
입적 또는 신호적
자 末子
출생 서기 壹九四四 년 拾壹월 六일
일본국 樺太豊原市大字豊原字西参條北貳丁目에서 출생 서기壹九四四년 拾壹월 貳八일 부 신고

〈사진 28〉 영주귀국 사할린 한인의 호적등본

〈사례 24〉

러시아가 공산주의잖아요. 어디 가려고 해도 다 마음대로 못가고 우리가 공민증이 없지요. 우리가 비공민증 사람들 한가지네요. 마음대로 이 마을에서 저 마을까지 못 가게 됩니다. 그러면 꼭 저기 가서 허가서를 받고 그렇게 댕겼죠. 사할린에서만 살았죠. 어디갈라면 허락을 맡고 가야죠. 고르바초프와 88년 올림픽해서 한국이 있구나 알았죠. 그전에 몰랐습니다. 북한밖에 없지요. 우리한테 그렇게 배워줬잖아요. 사할린에서는 59년까지 (북한에) 그렇게 많이 갔습니다. 우리가 비공민증이니깬. 대학을 못가네요. 대학을 가자면 큰 땅(소련 대륙)으로 가야되네요. 사할린에는 대학이 없지요. 그렇게하니깬 북한에서 선전을 했죠. 대학으로 많이 갔지요. 가 가지고 못 오죠. 부모형제 다 갈라지고.

〈사례 25〉

우리는 북한 여권 갖고 있었지요. 남쪽에서 왔지만. 60년도에 북한에서 우리를 또 데리고 간다, 통일한다고. 북한이랑 러시아는 통일되고 있었잖아요. 우리 부모님 고향이 경상남도 함양군. 아버지가 만약 내가 죽고 없어도 통일이 되면 우리 고향은 경상남도 함양군 그렇게 말했어요. 남쪽은 영 몰랐잖아요. 남쪽이 이렇게 가까웠는지 몰랐잖아요. 옛날에 우리 남조선이라 했어요. 북한보고는 북조선이라고 했어요. 북한에서 조선민족사람은 러시아 여권을 가지거나 북한여권을 가지거나 다 마찬가지라. 러시아 여권 가진 사람들은 좀 낫게 살았어요.

전쟁 후 사할린 한인은 언젠가는 고향으로 돌아간다는 신념하에 러시아 국적이나 북한국적을 취득하지 않고 무국적자로 살았다. 이러한 무국적자의 삶은 마음대로 오갈수도 없는 이동과 거주의 자유를 제한당한 채 살아야 했다. 특히 고향에 아내와 자식을 둔 사람들은 결혼을 거부한 채 몇 명씩 모여 집단생활을 하며 살았다. 뿐만 아니라 무국적으로 인해 교육도 제대로 못 받고 그로 인해 좋은 직장을 구할 수 도 없었다. 그리고 사할린 한인들은 냉전시대의 구조에 갇혀서 한국이라는 존재를 모르고 오로지 북한만을 알고 왕래했다. 그러다가 1985년 고르바초프의 개혁개방정책과 더불어 1988년 서울올림픽이 개최되면서 한국의 존재를 비로소 알게 되기 시작하면서 고국으로의 귀환을 다시 꿈꾸기 시작했다.

(4) 한민족의 문화와 정체성

1945년 종전이 되자 일본인들은 돌아가고 사할린에는 4만 3천여 명가량의 한인들만이 남게 되었다. 척박한 환경속에서 한인들은 특유의 근면성과 성실함으로 삶을 개척해 나갔다. 그러한 와중에 결혼을 하고 하나의 가족을 형성하였다. 사할린에 혼자 덩그러니 있었기에 한국 사람과 결혼을 해야 하는지도, 한국식으로 결혼식을 올려야 하는지도 모르는 사람도 있었다. 아래의 증언을 들어보자.

〈사례 19〉

(한국인과 결혼해야 된다고 생각) 아무것도 몰랐죠. 한국 법이란 법도 몰랐고, 5살에 떠났는데 어떻게 알아요. 한국 사람들이 많으면 그런 거 알 수 있었죠. 러시아 사람이 많은 데서 살았지. 양아버지도 러시아 사람들이고. (자식들은) 러시아에서 공부해야죠. 군대갔다오고. 러시아 공민이고. 딸만 러시아 사람하고 결혼하고, 아들은 조선 사람하고 결혼하고… 그전에 우리는 그런 거 몰랐지요. 한국식으로 하는 거 몰랐지요. 러시아식으로 그렇게 했죠. 러시아식하는 것으로 했죠. 우리 아파트 (사할린에) 두고 왔어요. 그 집이 어떻게 못 쓴데요. 그래서 새 집 지었어요. (할머니가) 그 아파트 집 타러 갔지요. 집은 다 타고. 낼이면 와요. 그래 지금 할머니 없어요. 그니깐 정말 젊어서는 내 앞에 좋은 일 없었어요. 어려서부터 커서도 고생 많이 하고. 살만하면 5년 전에 아들도 있고 딸도 있고 그랬어요. 근데 아들이 5월달에 바닷물에 나갔어요. 부선장으로 일했는데, 파도쳐가지고 바닷물에 떨어졌어요. 아들 초상 치르고 그 이튿날부터 딸이 아프기 시작해. 아들초상지내고 10월달에는 딸에는 암으로 일년에 내 두 번 초상했어요. 나는 그때 마음고생이 얼마나 심했어요. 십년 전에 돌아간 친구들이 마, 정말 억지로 일년에 한 두번씩 갔다 왔어요. 산에. 조금 잊어져요. 고생하다가 늘그막에 좋아졌어요. 우리 외손자의 남편이 러시아 사람이여. 며느리가 몸 풀었는지 일년 되요. 손자들 밖에 없지요. 외손자가 둘이고 친손자가 둘이여. 아들한테는 딸이 둘이고 딸한테는 아들 둘이여.

〈사례 23〉

우리가 1969년도에 결혼했어요. (남편이) 2002년도에 돌아가셨어요. (결혼생활은) 괜찮았어요. 남편은 의사였고, 저는 산부인과에서 일했어요. (남편은) 조선사람이고 경상남도. 저는 경상북도. 모국 방문 할 수 있을 때 우리 남편 와서 (외)할머니도 만나 보고. 어머니는 사할린에서 돌아가시고. 러시아 국적으로. (결혼은) 부모 살아 계실 때는 러시아인이라고 반대하고. 지금은 국제결혼 다해요. 집집마다 아닌 집이 없어요. 지금은 반대해도 효과가 없죠. (자녀는) 아들과 조선며느리. (손자) 넷, 아들 둘이었는데 현재는 하나에요. 하나는 먼저 갔어요. 아파서. 큰 아들은 조선며느리고 둘째는 대학교 다니다가 러시아 며느리에요. 사할린에 살죠. 큰 땅에서 공부하다가 데리고 와 버렸죠.

〈사례 24〉

사실은 이렇게 됐지요. 제가 다른 도시에 살았죠. 350키로미터 떨어져있었지요. 제가 교육관전에 신문에 나왔거든요. 일 잘 한 사람이 신문에 나옵니다. 참 예쁘고 좋습니다. 공장인데 우리 섬에는 물고기들이 많지요. 많으닝께 그것을 인자 포장할라면 박스를 만들어야 하는데. 박스 만드는데 5년 동안 일했지요. 유즈노사할린스크의 고려신문에 나왔어요. 그 신문은 우리 섬에 다 배달하네요. 허락받고 가야되는데. 저는 허락도 안 받고 막. 붙잡히면 큰일나지요. 만나면 연애하고 재미있었지요. 그때 25살. 이듬해 결혼했지요. 그 때는 부끄러웠지요. 지금은 70도 다가는데. 시집으로 이사 갔지요. 토로에. 조금만 도시죠. 유즈노사할린스크 다음에 두 번째 가는 도시입니다. 결혼은 26살에 만나서 했어요. 딸이 서이에요. 러시아 땅이니깐 러시아 사람들이 많지요. 우리 부모들이… 고려도 아니고 러시아사람도 아니고 그렇게 됐네요. 69년도에 시집가고 2009년도에 유즈노사할린스크에 나왔지요. 유즈노사할린스크에 2개월 살았지요. 우리 이사갔으니깐 딸에게 집주고 우리는 여기로 나왔지요. 한 동네에 다 살았지요. 딸 서이가 동네 다 같이 삽니다.

〈사진 29〉 사할린 한인의 결혼 사진

〈사례 22〉

제가 40살에 혼자 됐거든요. 남편이 83년에 돌아가셨고, 우리 막내가 10살 됐어요. 큰 딸만 학교 졸업했고. 둘째 아들이 졸업반인데 아버님 돌아가셔서 2년 일하고 그리고 전기 대학을 졸업해서 공부하다가 대학원 가야했 는데, 제가 그 해에 90년도에 중풍 걸 려가지고 대학원 못 가고… 제가 그니깐 사할린에 양복점 했어요. 옷 만드는 제봉… 양장점에서 제가 그 때 그런 직업 가진 사람들이 괜찮게 살았어요. 제 아이들이 한꺼번에 4명 대학에서 공부했어요. 아침(에) 가서 5시까지 국가일 하고, 5시부터는 제 개인으로 일했었고(양장점). 괜찮아요. 지금에는 자녀들이 다 괜찮게 사니깐. 혼자 됐을 때, 앞이 캄캄했고 어떻게 살아나가야 할까. 그런데 제가 한 가지 이렇게 다짐이라 할 까요? 이 얘들을 어떻게 키워서. 첫째는 공부를 시켜야 한다. 둘째는 어려움을 극복하면서 자녀들은 꼭 공부는 시켜야 하겠다. 제가 그렇게 딱(다짐을 해서). 제가 그 전에 참 몸이 약했어요. 때로는 아프고 해도 그렇게 치료받고, 병원 다니면서, 약 먹으면서 그러나 얘들이 방학에 딱 오면 며느리까지 5명 오면, 그 때가 제일 행복했어요. 어려웠지만 얘들 공부시킨 그때가 저한테는 제일 행복한 그 시절들이였고. 또 갈 때는 가버리면 혼자서 집에서… 그래도 무슨 꿈이라고 할 까요? 얘들을 공부를 시켜야지 그런 꿈을 꾸면서 이렇게 어려움을 극복할 수 있었고… 그렇게 뭐, 그래요 뭐. 살면서 어려움이야 많았겠지만 다 잊어버렸고. 지금은 행복하다. 자녀들이 다 공부했고 다 직장에서 근무하고 있고 부모로서 애들만 놔놓고 뭐랄까요. 너네는 공부해야만 대학을 다 졸업해서 좋은 직장을 가지고 그렇게 하여야 한다. 저희 애들은 '공부를 해야지' 졸업장 받고 오면 '엄마가 원하는 졸업장' 그래요(웃음). 사할린에서는 러시아에서는 자기만 부지런 하면 그렇게… 물론 어려웠겠지요. 하나둘도 아니고(웃음). 이렇게 많은 애들을… 우리 애들은 착했어요. 남자 애들 3명이지만, 말 안 듣고 학교에서 (그렇지 않았어요), 우리 둘째 딸이 항상 앞에서 대장(하고) 그랬어요(웃음). 공부들도 괜찮게 잘했고. 둘째딸이 공부는 워낙 잘했고, 큰 아들이 공부는 최우등 졸업했고, 직업이 러시아에서 전기 그 대학이 알아주는 대학이에요. 그 대학이 공부하기는 참 어렵죠. 그래도 끝까지 했고. 아들들이 다 태권도 선수들입니다. (공부시킨이유?) 공부해야지요. 좋은 직업을 가질 수 있고 앞으로 희망도 공부 안하면… 지금 러시아에도 졸업장 없으면 어디가서 좋은 일도 못하잖아요. 애들 앞길을 열어주자면 공부를 시켜서 올바른 인물들이 돼야만 앞으로 살림을 살아도 그렇고… 우리 큰딸 한국어 괜찮게 하고 나머지는 한국어 못해요. 막둥 아들이 부산에서 일하면서 통역해주라고(전화해요). 그전에 러시아에서는 학교가면 러시아어로 다 공부했잖아요. 집에서 한국어하면 러시아어 서툴고 하면 그것이 좀 문제가 되고. 될 수 있으면 집에서는 러시아어만 해야 한다. 그래서 우리는 제가 러시아말만 했죠. 지금은 애들이 한국말 모르는게 지금에 와서는 참… 잘못된 저희들의 생각이었고.

〈사례 25〉

87년도에 사할린에서 큰 땅으로 이사 왔지요. 러시아가 엄청크니깐. 사할린하고 남쪽도 있고 모스크바랑 그런데 있잖아요. 우리는 모스크바에서 왔어요. 87년도에 이사갔지요. 남편이 기술자라서, 아파트집을 받았어요. 90년도에 돈도 바꾸고 했잖아요. 나라 자체가 돈을 바꾸고 했잖아요. 러시아 말로 하면 레포르만, 지홀트레. 그래 좀 바빴어요. 우리는 큰 땅 모스크바 갈 때 집 있는 물건 팔고 갔는데, 90년도에 돈을 해서 그 돈이 똥값이 됐어요. 망했죠. 그래가지고 일하면서 농사하면서 그렇게 살았어요. 그렇게 해서 94년부터 우리가 한국회사가 왔잖아요. 그래 인자 러시아는 돈을 해도 월급도 안주고 돈이 없어요. 우리가 막 일하고 해서 좀 나아졌어요. (다시 사할린으로 돌아온 건)아니지요. 그냥 모스크바에서 남아가지고. 한국회사가 삼성도 들어오고, 현대도, 코트라도 들어와요. 막 왔잖아요. 일하러. 러시아하고 남쪽하고 통일도 되고 해서 한국에서 돈 벌러 들어왔잖아요. 거기서 10년 정도 했지요. 그래서 형편이 펴졌어요. 딸들도 다 대학교 마치고 해서, 자기 직장 지키고 일해요. 우리는 한국이라고 88년 전에는 한국이라고 몰랐습니다. 여기에 입주하는 것도 몰랐어요. 적십자에서 (일본정부)에서 그래서 왔어요. 정부에서 우리를 여기로 입주하도록.

〈사례 19〉

사할린에서 러시아 음식도 해먹고 조선음식도 해먹고, 명절 같은 것은 러시아에 살아도 다 셌어요. 1년에 설 두 번 셌어요. 음력으로. 나이도 한국어로 말하면 한 살씩 적어져요. 탄생해서 그날부터 일년이 되면 한 살이여. 우리 한국은 안 렇지 않소. 우리 날짜 틀려가지고 있어요. 실제 러시아 말로 하면 80살이에요. 우리 한국말로 하면 81살.(웃음) 다 해. 젊은 사람들이 한번 보면 다하지요. 나도 아들 때문에 고생하는 다해요. 음식하고 그런거는 다 한국식으로 해요. 러시아 음식 많았지요. 암만해도 한국사람인데 한국음식이지. 한국에서 나온 분들 가게 되면 돌아오냐 그래 밥이라도 먹으라. 우리는 소련 음식 먹었지. 한 번 두 번 보면 해요. 김치하는 것도 배우고. 우리 집에서는 몰랐죠. 누구도 몰라요. 김치하는 것도 배우고. 김장하는 것도 배우고. 콩 같은 거 싸가지고 메주 띄어가지고. 25살부터 해요. 조선음식은 내가 할머니 보다 잘해요. 나는 어렸을 때부터 눈치가 빨랐어요. 집에서 와서 하면 그렇게 되지. 지금은 조선음식하게 되면 할머니가 이거 어떻게 하는 가, 어떻게 하는 가 물어봅니다. (제사는) 우리 아버지 제사를 너무 어려서 갈라져가지고 우리 큰 누님이가 제사 같은 것은 남자가 해야 되지 않소. 우리 나이가 너무 어리고 그러니깐. 사할린 들어와서 아무것도 모르죠. 아버지 돌아가신 장소도 모르지. 친구왔는데 다 가져와서 여기에서 제사지네. (러시아 제사) 러시아는 없어요. 그저 제사가 없고 돌아가신 날 되게 되면 친척들 모다 가지고 상 놓고 음식하고 상 한판에다가 술 부어놓고 위에 친척들은 모다가지고. 우리 한국처럼 제사라는 건 없어요.

〈사례 20〉

추석은 꼭 하지요. 그리고 제일 명절날은 설날이제. 설날. 떡국이야 뭐. 일본시대에도 떡 있었어요. 송편 뭐. 솔잎 갔다가 꼽아 놓고. 지금은 러시아에서 나무를 베다가 방안에 세워놔요. 솔나무 끊어가지고, 인형 막 꼽아놓고, 춤추면서 즐겁게 놀아요. 보니깐 여기도 많이 하지요. 그게 정월에 놀지요. 여기는 12월에 놀지요. 일본은 대단해요. 일본은 1주일 놀아요. 러시아는 열흘 놀아요. 초하루부터.

〈사례 23〉

세뱃값도 받고. 우리 때는 했어요. 아버지 어머니 계실 때. 절 값도 받고… 신세계 물이 들어가니깐. 식혜 같은 것도 다 같이 했어요. 한국에서 김치까지 가져와요. 한국에서. 러시아 사람들 한국음식 대게 좋아해요. 나물 같은 것도 잘 먹고. 통하니깐. 그때는 내가 작았으니깐 하는 건 봤어요. 직접 못해봤어요. 설도 세고, 여기오니깐 풍습이 없어지고. 러시아 땅에서는 풍습을 철저히 지켜요. 우리는 제사도 모시고 아들자식도 부모님 모시고. 우리 아버지하고 길이 다 막혀가지고 명절제사는 꼭 지냈어요. 사촌동생이 모시고 있었어요. 여기서도 모시고. 우리도. 큰아들이 시아버지 제사 모시고.

〈사례 22〉

65세 때, 제가 환갑 되던 때에 혼자서 상 받고 그런거 싫어가지고. 대륙으로 여행가라고 해서 모스크바 상트페테르부르크 대륙으로 여행갔다 왔고. (사진을 보며) 저거는 65세 때 그래도 환갑을 안했으니 친척들이 어머니를 꼭 해줘야 한다고 해서 자녀들이 저 멀리 식당도 주문해서 받았고…

〈사진 30〉 사할린 한인의 환갑잔치

〈사례 24〉

처음에는 그렇게 부모들 계실때는 한복입고 했잖아요. 어머니 돌아가시니깐. 출근하고 바쁘니깐. 그런 것도 안하고. 음식같은 것은 조선음식이죠. 김치도 있고 깍두기도 있고 다 있지요. 여기처럼 다 그렇지요. 얘들이 크니깐 러시아 음식도 해주고. 그렇지요. 풍속도 다 여기처럼입니다. 그렇지만 여기는 음력으로 세네요. 추석도. 우리도 일하고 하니깐. 얘들도 유치원에 다니고 그렇게 하면 불편해서 우리 양력으로 다합니다. 8월 15일. 제사도 여기처럼 3년 딱 했습니다. 어머니는 사회 나가서 일 안하니깐. 우리는 지금은 1년. (시댁)큰 형님이 제사 지내죠. 우리 집은 큰오빠가 지내죠. 묘는 (사할린) 거기 있고.

〈사례 25〉

한복은 어렸을 때 안 입었어요. (결혼)그때 당시 조선저고리 있었어요. 이렇게 입고. 결혼식 때는 그냥 드레스 입고 갔지요. 절하고 할 때는 시집가서 절할 때는 조선저고리 입었지요. 조선저고리는 막 이렇게 밖에 이렇게 안 입고 다녔지요. 예단이라고 그런 것도 오고. 옛날에 저 갈 때는 예단도 오고 했어요. 식이 달라가지고. 저들끼리 남편이 가락지 주고 프로포즈하고 한다고 하대요. 옛날에는 그런 것도 없고. 부모님이 남자 집에서 음식을 해가지고 오고, 받고 그렇게 했지요. 잘 모르겠어요. 러시아에서 태어났다고 해도 민족은 조선민족이니깐. 저 같은 경우에는 쫌. 자기 민족이 조선사람이니깐 핏줄이 쫌 땡기는 것 같아요. 한국이 아마. 한국음식은 그냥 먹었지요. 부모님들이 다 한국 여기서 요리한대로 해줘서. 우리도 배워가지고. 러시아 음식도 먹고, 한국음식도 먹고, 김치, 깍두기 그런건 다 할 줄 알죠. 된장, 간장 그런 건 부모님이 하는 것을 보고 했죠. 우리는 따라서 하고. 집집마다 다니면서 얘들이 세배하러 다니면 돈 주잖아요. 세뱃값 받으러 다니잖아요. 저는 오빠따라 다녔어요. 오빠는 오지마라 하고 남자들만 다녀야 한다고. 우리는 러시아 설로 했어요. 정월 초하루 12월 31일부터 1월 1일. 12시에 설을 지내요. 샴페인도 있고. 제사지내는 사람은 정월 초하루에 제사하고. 12월 31일은 그냥 우리 당시 설하고 차리고 먹고 그랬죠. 부모님이 제사도 지냈어요. 친정어머니는 89세. 친정아버지는 82세 돌아가셨지요. 오빠가(제사) 오빠는 지금 블라디보스토크에서. 우리 오빠는 모스크바에서 대학도 마치고. 우리 올케도 대학에서 교수고. 묘는 인제 다. 우리 아버지는 하바로스프스크에서 돌아가시고. 우리 친정어머니는 블라디보스토크에서 그렇게. 부모님은 한국에서 결혼하고 자녀들을 다 데리고 사할린으로 갔잖아요. 일본사람들이 강제로. 사할린에서 아들 따라서 블라디보스토크로. 제사는 오빠가 하지만은 묘는 못가지요. 가끔 몇 년 되가지고 하바로프스크가서 들리고.

〈사례 24〉

교육가니깐 단체 여러 가지 있지요. 한인은 있지만도. 우리는 큰 명절에나 추석에서 새해되고. 이럴 때 다 모다가지고(모아서). 한 마을에. 도시지만도 많지 않고 한인들 모여서 하고 놀고. 그네도 뛰고 한국 추석처럼 그렇게 하지요. 우리 구역에서 돈내주내요. 여기 시청처럼. 구역 시청에서 돈주네요. 한인들 모여 씨름도 하고 여러 가지 하지요. 거기서 인자 러시아인들도 와서도 같이 놀고 그렇게하지요. (떡국 같은 것도) 다 있지요. 거기(사할린) 2세들 있으니깐 그렇게 하지요. 지금도 하지요. 우리 클 때 부모들이 손으로 다해가지고 잡숬네요. 이제는 여기처럼 상점에 가서 다 사지요.

일제식민지시대 사할린에는 혼자 들어 온 사람들이 많이 있었다. 그들은 장가를 안가거나 노인으로 자식들이 없이 생활하는 사람들이었다. 처음에 집도 없는 그들은 눈이 오는 겨울에는 할 일이 없어 집을 만들고 살면서 고생을 했다. 그들은 의형제를 맺어 친형제 보다 더 가깝게 지내면서 환갑잔치 등 경조사를 챙기면서 안위를 걱정하고 서로를 돌보았다. 이렇듯 사할린 한인에게 만날 수 없는 사촌보다 이웃사촌이 더 소중했던 것이다.

〈사례 19〉

부모님 억지로 끌려가시고 고생 너무 많이 해가지고 70해에 돌아가셨어요. 고상을 정말 많이 했지요. 사할린에 이 사람들이 억지로 들어왔는데 집도 없죠. 집이라도 맨들고 살라고 그렇게 고생했대요. 가을에 왔대요. 사할린에 눈 온다면 할 게 없어요. 춥고 집도 없고. 아파트 널어가지고 조금 널어가지고 집을 지었는데 그런데서 고생했어요. 우리보다도 우리 부모님이 고생했지. 혼자 들어 온 분들이 많았어요. 장가를 아이가고 노인들이 들어왔지. 장가도 못가고. 자식들도 없이. 이렇게 다 나가서 술만 마시면 눈물로 돌아가실 때도 우리 친구들 부모님 많이 돌아가셔서 봤지만 나는 죽어도 내 땅에 죽고 싶다. 나는 사할린이 싫다고. 화장 태우지요. 우리 땅에 내 땅에. 그렇게 잘 안 돼요. 우리 친구 한 명이 돌아가셨는데 그렇게 해달라고 죽겠다고 화장해가지고 고향에 인천 아니고 그분은 경상남도 사람이여. 그렇게 해달라고. 사촌 동생있는데 살았을 때는 그렇게 결정됐대요. 할아버지 산도 있고 다 있대. 그래 화장했어요. 여기도 편지하고 전화해도 대답했어요. 한 이틀 집에서 모시고 있었어요. 사할린에 초상했어. 그분이 그렇게 하라고 아이 되가지고 환갑사진 찍고. 내보다 4살 위에요. 11명이 같이. 제일 나이 많은 사람이 형님허고 제일 나이 어린 사람이 막내하고. 장손이 되가지고 있었지요. 이 사람이 내가 여러 번 왔다 갔어요. 내 죽게 되면 나 화장하라고 아들과 말해가지고 나 죽게되면 한국에가 초상해달라고. 아 그런디 초상해가지고 집으로 모셨는데, 전화해도 대답이 없고, 편지했는데, 1년까지 집에서 모시고, 집에서 제사지내고. 아들이 우리 있는데서 초상해서 사할린에 산에다 묻고. 살았을 때는 보내라하고, 돌아가시니깐 모른다하고. 그전에 이거 만들었어요. 과자를 싹 만들어가지고. 그렇죠. 아무래도 한국 사람들끼리 모다야죠. 환갑, 진갑, 우리 조선사람들이 이렇게 많아요. 사할린에.

〈사진 31〉 사할린 한인의 환갑잔치(의형제들과 함께)

〈사례 23〉
(사할린에 이주 온)형제들은 다 친하게 지내요. 우리 아버지도 외롭고. 9남매라도 다 여기에 남았잖아요. 우리는 사촌이라고는 몰랐어요. 그러니깐 그게 소련 땅에 남은 한인들은 서로 모르는 사람끼리 한 배 타고 일본에서 한 배 타고 왔다. 그러면 형제에요. 경상남도 내가 권가들 만나면 종친. 고모 형제, 형님 동생하고. 한 배 타고 한 고향에서. 우리 어머니는 한 동네 온 사람들이 몇 명 있었어요. 거긴 정말 형제처럼 지냈어요. 가족처럼 형제처럼 아이들도 그렇고. 아직도 연락하고. 여기는 사촌, 육촌 얼마나 많아요. 거기에서는 없었잖아요. 아무리 사촌들이라도 같이 커야 이웃사촌이 더 가깝다고. 제 사촌보다 이웃사촌이 더 가까워요. 만나기는 다 만나봤죠.

3) 영주귀국

1985년 소련의 페레스트로이카 선언과 1988년 서울올림픽 개최를 계기로 사할린 한인 문제에 대한 국가적 관심 및 정책이 나타나기 시작했다. 한・일 양국간의 사할린동포 모국방문 사업이 추진되기 시작했으며, 1990년 한-소간의 국교수립 이후에는 사할린고려인연합회 대표단이 한국을 방문하여 영주귀국을 요구하는 등의 노력에 힘입어 1992년 사할린 독거노인 72명이 처음으로 영주귀국했다.[25] 1994년 한국과 일본 정부가 비용 분담에 합의하면서 사할린 한인의 영주귀국이 시작되었으며, 2004년부터는 대한적십자사와 일본적십자사가 실무를 맡게 되면서 본격적이면서도 대규모적으로 영주귀국 사업이 진행되었다. 영주귀국은 1990년 이후 친척이나 민간단체 수용에 의해 고령단신자에게 제한하여 소수 이루어지다가 1994년 한・일정부가 합의한 영주귀국 시범사업인 2000년 고향마을 입주를 앞두고 임대아파트 활용 정책에 따라 공식적으로 수십 명씩 대규모로 시작되었다.[26] 2012년 8월 현

25 전형권・이소영, "사할린 한인의 디아스포라 경험과 이주루트 연구", 『OUGHTOPIA』 27집 1호, 2012, p.170

26 조재순, "사할린 영주귀국 동포의 주거생활사: 안산시 고향마을 거주 강제이주 동포를 중심으로," 『한국주거학회논문집』 제20권 제4호, p.103.

재, 22개 지역 및 시설에 4,008명이 영주 귀국하여 살아가고 있다.

(1) 제2의 이산가족

사할린 한인의 영주귀국 사업은 1945년 8월 15일 해방 당시 사할린에 거주했거나 출생한 1세 한인들에 한해서만 이루어지고 있다. 이러한 원칙은 2007년까지 지켜지다가, 2008년 이후부터는 2세들도 부분적으로 영주귀국할 수 있게 되었다. 하지만 그들 또한 1세들과 결혼하였을 경우에만 해당된다. 이처럼 한국과 일본정부의 협상에 의해 진행되고 있는 영주귀국 사업은 제한적이면서 선별적인 포섭 정책으로 진행되고 있다.

〈사례 18〉

이 땅에서 태어나 서로 강제연행 되가지고 갈 때부터 나올 때 까정 그저 고향이 잊혀지지 않습디다. 92년도에 영주귀국 법이 나왔는데, 뿌리가 깊이 베겼다보니깬 어려운 일이 아이들도 아직 미성이고 원래 아이들 클 때는 부모 도움이 있어야 되고 부모 훈계가 있어야 되는데 그것도 놔두고 가면(안되고)… 그런데 영주귀국법이 내 알기는 똑똑히 모르지만은 이스라엘에서 먼저 나고 그다음에 일본이 나고 그 다음에 세 번째는 한국이 났는데… 이스라엘하고 일본은 영주귀국하면 가족 모두 다 나왔는데 하필 우리 한국만 65세 이상만 영주귀국되고 자녀들은 사할린에 떨다 놓고서 갈 때 강제 이산가족이 되고. 또 영주귀국 오는 것도 또 이산가족이 되고… 이러한 한심한 처지입니다. 그래서 아,, 일본 같은 데는 영주귀국한 사람은 헌 집을 수선해서 주는데. 우리 한국은 특별하게 아, 참 보금자리 아파트를 집이 좋아요. 크고 필요하고. 그런데 아,, 자기 부부 지간에 몇도 안되요. 타인끼리 동거를 해서 오면 저쪽 가족이 있다보니깐. 가족한테서 어디를 통해서든 연락이 와서 만약에 부모를 보러 오게 되면 여기서 뭐하고 사나… 그런 점이 있습니다.

〈사례 22〉

남은 인생 지금 한국에서 살까, 사할린으로 도로(다시) 갈까(웃음) 그것이 고민이고… 5년은 자유거든요. 여기에 살다가 갈 수도 있고, 여기 남을 수도 있고, 도로(다시) 이산가족이 됐잖아요. 자녀들은 거기(사할린) 남았고 우리는(한국에 왔어요). 마음은 거기 가 있죠. 사할린에.

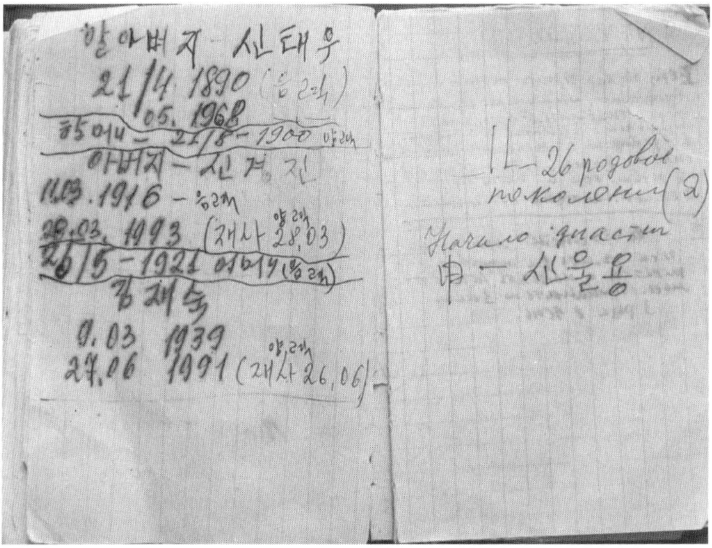

〈사진 32〉 사할린 한인의 뿌리찾기

〈사례 23〉

그래도 우리 어머니, 아버지께서 가슴 아프게 자기 조국을 가고 싶어 한 땅이니깐 가고 싶었죠. 어머니, 아버지는 앉으면 그 말이죠. 부모 형제 놓고 왔으니깐 아버지, 어머니가 조금 오래 있었으면 다 만나 봤을 텐데. 부모님들이 그리워하는 땅이니깐 우리가 오게 된 것이죠. 어머니, 아버지 밑에서 컸으니깐. 그 아픔은 다 우리가 안고 있었어요. 우리 내 자식들은 그것을 잘 몰라요. 우리 어머니와 아버지는 조선 풍습으로 우리를 교육시키고 그렇잖아요. 그렇게 키워요. 자기들이 논밭에서 일한 이야기, 시집사는 이야기, 맏며느리니깐. 밤에는 불켜놓고. 그 아픔을 우리가 품고 사는 것이니깐. 한국으로 온 것이야. 우리 자식들은 그런 거 몰라요. 러시아 풍습으로 키운 거죠.

〈사례 24〉

출발할라 하면 좀 아쉽지요. 자녀들하고 어떻게 갈라지지. 우리 부모들처럼 안 갈라지고 어떻게 좀. 그것이 한 가지가 좀 그렇죠. 다른 점은 다 좋네요. (병원 진료) 무료는 아니죠. 우리는 수급자니깐. 쪼금 의료비 주네요. 그렇지만 수술하자면 어렵지요. 돈이 많이 들지요. 한 달에 한 번씩(미용). 2009년에 와서 작년에 갔다가. 가도 한 1달 반 있다가 여기 오고 싶어서 와버렸어요. 할아버지가 거기 불편하고 여기는 공기 좋고 깨끗하고 참 좋지요. 거기는 춥다가 덥다가 바람 불다가 섬이니깐 그러지요. 눈 오면 35도 추위가. 금년에 강원도에 눈 봤지요. 그보다 더 많이 오죠. 자녀들이 있네요. 손자가 방학이라고 자녀들이 오잖아요. 다 좋지많은 자식들하고 좀 교통을 좀 잘해주면 좋은데 한번 오기도 힘드네요. 까다로운 거 보다 돈 때문에 그렇지요. 한번 오기도 그렇고.

〈사진 33〉 한국에 방문한 사할린가족들과 함께

〈사례 25〉
1945년 8월 15일까정 생일. 우리집은 딱 8월 15일 됐어요. 생일이 8월 15일 아니지요. 정월달인데. 전쟁했잖아요. 임신해가지고 산으로 산으로 도망치다가는 전쟁 끝나고 출생신고 하러 갔는 모양이지요. 그래서 이렇게 됐지요. 전쟁 끝나고 8월 15일로 했대요. 그래도 8월 15일까정 생일이면 한국으로 영주로 갈 수 있다고 했죠. 고민 같은 것은 있었지요. 가족이 거기 남았잖아요. 딸도 남았지. 손자도 남았지. 딸 가족도 남았지. 가족들도 놔뒀으니깐. 이산가족이 되어버렸잖아요. 우리 부모님이 한국에서 러시아로 나올 때 여기 부모님 놔두고 왔잖아요. 자기 가족들 놔두고. 우리는 친정부모님은 자식은 다 데리고 오셨어요. 형제와 부모, 할머니, 할아버지는 놔두고 왔죠. 우리도 그래도 자식도 있고 딸도 있고 이산가족이 되었지요. 부모님도 한국인.. 외국에 살아도 그냥 마음은 그냥 한국. 여기에. 자녀들은 다 이산가족이 됐잖아요. 사할린에서 다 모스크바 쪽으로 이사왔잖아요. 자녀들도 다 데리고.

위의 사례에서 확인할 수 있듯이, 대부분 사할린 한인들은 영주귀국 후에 벌어지고 있는 가족간의 생이별에 대해 매우 가슴아파하고 있다. 즉 1945년 8월 15일 이후 출생한 사람들은 영주귀국 할 수 없기 때문에, 특히 자녀들이 함께 오지 못하기 때문에 자신들의 신세를 한탄하고 있는 상황이다. 일제식민지시기 사할린에 강제동원되어 강제로 이산가족을 만들고 다시 모국으로 귀환은 했지만 또 이산가족이 되는 한심한 처지에 놓여 있는 것이다. 또한 모국 귀환하여 살고는 있지만 1인 1세대의 영주귀국 조건으로 와서 이성과 부부 아닌 부부로 생활하고 있는데, 동거인과의 생활의 어려움 때문에 영주귀국을 후회하기도 하며 심리적으로 힘들어하고 있다.

(2) 영주귀국 결정과 신청

탄광, 벌목장 등에서 중노동에 시달리며 고통 속에 살아야 했던 한인들에게 1945년 8월 일본의 패망은 해방이 아니라 새로운 디아스포라 비극을 알리는 전환이었다. 일본에 의해 사할린으로 끌려와 가혹한 강제노역에 처해졌던 한인들은 자신들도 일본인들과 함께 송환될 것으로 알았고, 그렇게 되기를 희망했다. 그러나 일본은 더 이상 한인들이 일본인이 아니라는 이유로 귀환대상에서 제외시켜 버렸다.

〈사례 19〉

정말 젊어서는 내 앞에 좋은 일 없었어요. 그렇게 고생하다가 어려서부터 커서도 고생 많이 하고. 좀 살만하고 그랬는데. 5년 전에 아들도 있고 딸도 있고 그랬어요. 근데 아들이 5월 달에 바닷물에 나갔어요. 고기 잡는 일을 했어요. 배 타는데. 부선장으로 일했는데, 파도쳐가지고 바닷물에 떨어졌어요. 아들 초상 치르고 그 이튿날부터 딸이 아프기 시작해. 아들 초상지내고 10월 달에는 딸이 암으로.. 일 년에 내 두 번 초상했어요. 그러니깐 나는 그때 마음고생이 얼마나 심했어요. 이렇게 되가지고 있었습니다. 십 년 전에 (한국으로) 돌아간 친구들이… 친구들이 와가지고 정말 억지로 서류 이렇게. 사할린에 이제 아무도 없지요. 여기 한국에 친구들 싹 나왔지요. 아무도 없죠. 나 혼자 거기 떨어져 있어요. 친구들 처들이랑 나와가지고 혼자서 뭐하겠는가. 이제는 자식들도 없지. 그래서 그래 한국에 왔어요. 한국에 오니깐 너무 좋으니깐. 그거 조금씩 잊혀지네요. 그전에는 그게 마음에 안 좋아서 일 년에 한두 번씩 갔다 왔어요. 산에 갔다 왔어요. 이제는 조금 조금 잊어져요. 고생하다가 늘그막에 살만하게 됐어요. (사진을 보며) 우리 외손자여 남편이가 러시아 사람이여. 며느리가 몸 풀었는지 일 년 되요. 손자들 밖에 없지요. 외손자가 둘이고 친손자가 둘이여. 아들한테는 딸이 둘이고 딸한테는 아들둘이여. 아무도 없지요. 친구들이 막 와가지고 억지로 하다시피 수속했어요. 밤낮 눈물로 세월 지냈지. 근데 막 가자고. 우리 동무처가와가지고 수속했어요. 가자고. 우리 할머니는 자꾸만 가자했어요. 나는 어떻게 어디를 가겠냐고. 야들 저버리고 어떻게 가겠냐고. 야들 와 가지고 할아버지 걱정 말라고. 우리 어머니 아버지 우리 다 할 수 있다고 가라고. 그래 왔어요. 이래 와서 잘 살게 되니깐 젊어져요. 몸도 났어요. 지금. 좀 편안하니깐 몸도 나고. 늘그막에 한번 그래도 좋은…(웃음) 2010년에 (한국에) 왔어요. (서류 준비는) 사할린에 적십자에서. 그러니깐 수속 할 때 적십자 사람인거 다 알죠. 우리 부모님 이렇게 있지만 사할린 가서 없어진거 다 알죠. 수속할 때 아무문제 없었다.

〈사례 21〉

왜 결정했는가 하면, 2009년이 영주귀국 마지막이라고 했습니다. 아무래도 좋은데 가서 살고 싶었으니깐. 아직 애들 손자 손녀들도 작고 하니깐. 어디로 볼일 보라 하니깐. 그렇지만 엄마가 옆에 있으면 더 좋지. 빨리 올라고는 안했지. 그치만은 생각에는 암만 해도 조국에 가서 살고 싶다는 마음은 있었지. 2009년도가 마지막 영주귀국이라고 해서 2009년도에 왔습니다. 어떤 때는 후회하지. 왜 후회하나. 왜냐하면 영주귀국조건이. 조건이 있었습니다. 하나 혼자 사는 사람은 1인 1세대를 이루어야 한다. 그러니깐 그 조건은 혼자 못 왔습니다. 이 나이 되가지고 기숙사 생활은 어렵습니다. 그래서 그것이 싫어서. 영주귀국을 안했습니다. 조건 때문에 영주귀국을 안했는데 영주귀국이 마지막이라고 해서… 그렇게 잘해줘도 이렇게 사니깐 내가 안 온게 맞는가. 다 좋은데 이 조건이 잘 못된거 같에요. 이것 때문에. 그러니깐 아프지요. 병원에도 자주 다니고.

〈사례 22〉

혼자서 (애들 공부 다 시켰다). 괜찮아요. 지금은 자녀들이 다 괜찮게 사니깐. 제가 한국으로 나올 생각은 전혀 안했고. 자녀들하고 같이 사할린에서 살겠다고 그랬는데… 2009년도에 마지막 영주귀국이라고 했고, 그리고 어… 90년도 중풍(으로) 아픈 쓰러진 다음에 제가 일을 못하게 됐죠. 큰 아들 졸업했고 둘째 딸 대학 졸업했고 그해 둘이는 아직도 공부했어요. 근데 도저히 일을 못하게 됐고. 그 때 그 해 마침 사할린에 한국서 선교사들이 많이 들어왔잖아요. 저희 후원교회가 전주팔복교회입니다. 거기서 제가 통역으로 7년동안 근무했고, 신학교를 졸업하고 담임전교사로 거기서 한시간 가량 도시로 파송 받아서 10년동안 그러니깐 2009년도 10월달 까지 제가 일하다가 여기로(왔어요). 나이가 벌써 70돼가니깐. 보통 여자는 65세면 은퇴하고 남자분들은 70세면 은퇴하잖아요. 그래서 성도님들하고 헤어지고, 처음에는 1년 동안 (사할린에) 가고 싶은 마음 밖에 없었어요. 지금은 (한국에) 2년째 살고 있이니 조금 적응이 되고 지금은 오산 제일교회를 다니고… 교회 다니면서 사랑을 많이 받았고…

〈사례 24〉

신청은 이산가족회에서 신청했잖아요. 거기서 다해주고. (신청하고 나서) 우리가 1년 넘지요. 신청한 것이 오래됐습니다. 바로는 안됐지요. 이것도 적십자에서 여기도 보고 어디도 보고 그래서 인자 천안이. 우리 사할린 동포들이 10구역에 계십니다. 오고 싶어도 2세들이 많이 남았네요. 그 문제를 적십자하고 풀어서 해야 하는데. 모릅니다. 그것도 인차 안되지요. 시간이 걸리겠지요.

〈사례 25〉
저는 남편 따라서 나왔어요. (여기 올 때) 정부의 도움만 받았죠. 부모님이 강제로 갔잖아요. 옛날에. 일본사람이 강제로 다 보냈잖아요. 부모님이 다 돌아가시고 일본에서 자녀들을 도우자해서 우리들이 자녀들이잖아요. 그래서 우리가 돌아왔죠. 저는 남편 따라오고. 1945년 8월 15일까지는 1세다. 정부에서 그 사람들은 영주귀국 할 수 있다. 자녀들은 못 데려가니깐. 부인은 데려갈 수 있다. 그래서 왔지요. 안산에 한 2000년도에 안산으로 일본 정부에서 안산에 집지었잖아요. 일본 정부가. 고향마을이라고. 거기는 사할린 사람만. 일본정부가 다 저거해서 지었잖아요. 1세만 갈 수 있다고 해서 (신청)이 안됐어요. 그 당시 1세만 했어요. 2009년 12월에(입주했어요).
까다롭지요. 한 3년 걸렸어요. 나간다 못나간다. 어려워서. 여기 오는 그런 조건 따지니깐 뭐 다 여기 와서도 우리 같은 경우는 저는 1세니깐 자동을 여권 받았어요. (부인을 가리키며)2세에요. 얼마나 까다로운데요. 여기 오니깐 너무나 복잡하지요. 그다음에 솔직히 말하면 우리 부모님들 일제시대에 강제로 끌려갔다고하지만은. 그 당시에도 우리 부모님들 이산가족이 생겼죠. 여기에 친척도 많이 남고. 지금은 우리한테 이산가족 생겼어요. 법적으로는 1세만 여기 올 수 있다. 처음부터 여기 올 때 8월 16일 되면 못 와요. 하루만 지나면. 무슨 이유로 그렇게 했는지 모르겠어요. 왜 그렇게 1세, 2세를 따졌는지 모르겠어요. 한인이라면 우리는 한인이죠. 한일이라면 올 수 있다고 법적으로 그렇게 했으면 그런적은 없었죠. 그런걸로 사람들을 갈라놨어요. 법률적으로 사람들을 갈라놨어요. 같이 있는 가족을 가르면 돼요. 법적으로 갈랐어요. 여기 있는 사람 누가 했는지 모르지만. 우리는 그것이 나쁘단 말이에요. 사람을 갖다가 가족을 갖다가 딱 짤라논것을. 그 때 당시는 안가겠으면 가지마, 그 때 우리는 판단못했어요. 그때는 생각도 못했어요. 반가웠어요. 우리는 한국 나갈 수 있다. 손주는 거기 있지요. 보고 싶지. 어떤 인생이라 함은 어려가지 있지요. 살면서 무슨 일이 생겼는가. 딸은 거기에 있고. 딸을 먹고 살려면 거기에서 일해야 하고.

사할린 한인들이 모국으로 돌아오는데 있어서 마음대로 할 수 있는 처지는 못 되었다. 우선, 1945년 8월 15일 이전에 사할린에 태어난 사람만이 신청할 수 있었으며, 영주귀국 신청 후에도 몇 년 동안 기다리는게 다반사였다. 1945년 8월 15일 이후에 태어난 동생들은 한국으로 올 수 없었다. 한 부모 밑에서 자란 형제지만 한 날을 기점으로 한국에 올 수 없게 되어버린 비극적인 이산이 시작된 것이다. 그러나 한국으로 이주한 후 마음도 편해지고, 몸도 건강해졌다. 모국은 이들 부부에게 새로운 삶의 터전이고 안식처가 되었다. 비록 손자와 손녀들은 한국에 대한 기억과 경험이 없지만 조부의 영주귀국으로 한국을 방문하는 등 한국과의 연결고리를 형성한다.

요컨대, 사할린 한인들은 80년이 넘은 이주생활을 마감하며 다시 모국의 품으로 돌아온 것은 사실이지만, 일본으로부터 과거에 대한 배상과 사죄는 물론 모국으로부터 제대로 된 역사적 평가도 받지 못한 상태이므로 완전한 귀환이라고 볼 수 없다. 특히 사할린에 두고 온 후손 등과 '제2의 이산'을 경험하며 살고 있다는 점에서 그 끈질긴 '디아스포라'적 삶을 오늘도 지속하고 있다고 할 수 있다.

(3) 모국에서의 생활

사할린 한인들이 영주귀국하면 정부로부터 임대아파트를 제공받으며, 특별 생계비, 국민기초생활 보장 급여, 기초노령연금, 장애인 연금, 의료급여 등을 지원받게 된다. 구체적으로 영주귀국 한 사할린 한인의 모국에서의 생활실태를 살펴보기로 한다.

〈사례 19〉

젊은 여자들이 뭐라하면 못알아들어요. 지금은 이태되제. 지금도 말하자면 참 바빠요. 자꾸 러시아 말이 먼저 나오고. 할머니도 그래요. 내한테서 살면서 말 배웠어요. 여기 와서 한국 공부해요. 교회댕겨요. 교회에서 말을 배워주고, 글을 배워주고. 사할린 동포들에서 그래 조금 배웠어요. 운동하고 따로 할 일 있어요? 공원에 가서 놀고. 적적할 새 없어요. 목사님 저녁에 목사님 와가지고 그 집에서 모다서 몇 일씩 했는지 잘 모르겠습니다. 그 집에서 모다가지고 교회에서 댕기고. 불교나 뭐 나쁜 교회됐어요. 조금 있으면 하늘이 무너진다. 그랬어요. 너 그럼 피난가면 남편 두고 자식 서너 두고 자식만 두고 가는 사람 어딨어요. 그 집에서 한 살다가. 한 일년하니깐. 저들 마음에 들었던 모양이여. 혼차 온 사람이니깐 거기서 자기도 하고. 그래 같이 사람이 스무명, 남자도 있고, 여자도 있고, 딴데 도망가 버렸어요. 이분이 혼자 있었어요. 형제간의 장벽(장손)인데 우리 가보면 혼자서 생일날이나 가믄 두 번이나 갔다 왔어요. 한국 나가자고 한국에 가도 교회다 있지 않냐고. 절대 아이 가겠다고. 그렇게 하니깐 우리 동생간들이 교회라 하면 우리 친구들이 교회라 하면 싹 반대했지. 우리 할머니가 댕기기 시작했지. 사할린은 한국 목사님이 끝이 나면 번역해서 말을 해줘. 우리 할머니가 댕기기 시작했어. 우리 할머니는 가고 나는 절대 안간다고 했지. 댕기겠다고. 교회에서 와서. 나와봐라 나쁜게 없다고. 많이 시간이 지났지만 나가봤어요. 교회서 공부시켜주지. 식당에서 밥도 잘해먹이고. 천안에서 소금공장 사장님이 그 사람 내하고 두 살 차이 있어. 그 사람들이 우리 이렇게 친절하게. 우리를 사할린 동포들을 도와줘요. 우리 소금 노는 사본적이 없어요. 어디가면 김장, 소금 약소금, 칫솔. 그 사람들 덕택에. 교회는 정말 이제는 댕긴지도 이태되요. 그 이튿날에 나가가지고. 한번 나쁜게 없어요. 교회댕기고 더 일이 잘 된거 같아요. 이렇게 생각해요. 적십자가 구경시켜주고, 교회가 더 구경 많이 시켜주지. 여기와서 교회댕기기 시작하니깐. 교회는 늦게 나왔다고 그런거 없다고. 어째 그전에 아이댕겼냐고? 나가고 싶은 생각이 있었지만은 우리 장벽이 잘못되고 나니깐. 내가 사할린에서 참 몸이 모질게 아팠어요. 숨찬병. 갑자기 가다가도 숨이 탁 막히면, 비가 자꾸만 오고, 이런 좋은 날이 없었어요. 한국에 오니깐 그게 나한테 딱 한 달 먹을 약을 주고 일을 못하게 하고, 일을 못하게 하면 국가에서 돈이 나와요. 국가에서 그런 돈 타고 일도 못하고 그랬는데, 높은데를 올라가면은 숨이차서 못올라가고 그랬어요. 한국에 오면 그런거 없어졌어요. 이거 없으면 못해요. 제일 좋은 게 먼가 하면 공기가 나한테 맞는 거. 그게 딱 공기 맞아요. 이렇다면 약해주시고. 내 사할린에서 올 때 이런 날은 한 이틀먹을 약 가져왔죠. 사할린 동포들 이 병원으로 가라고 말해놨지. 이거만 배워주면 그니깐. 러시아서는 그냥 병원에 댕기는데 여기서는 안댕겨. 한국에서는 우리 공원에서 공원에 물이 올라와가지고 불이 번쩍 번쩍 하지. 산에 올라가면 운동하는게 있어요. 한 시간씩 운동하고 내려요. 사할린에서 다 가져온거에요. 이거랑. 그니깐 여기에 꽉찼댔어요. 여기와 살다보니깐. 작년에 갔다올 때 약만 한통사가지고.

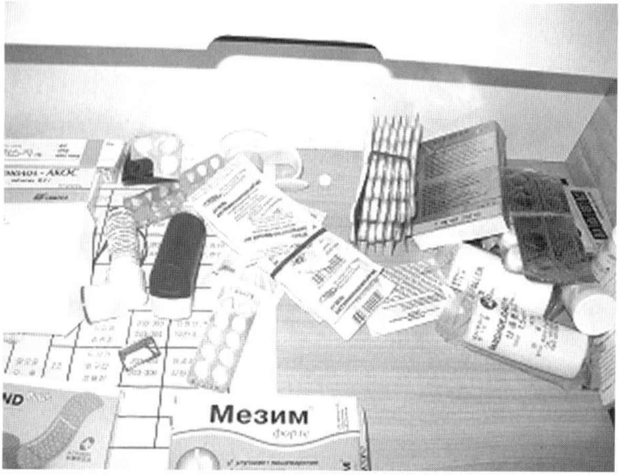

〈사진 34〉 사할린에서 구입한 약품

〈사례 22〉

학창시절 때 친구들하고도 재미있었어요(웃음). 지금 제가 여기 와서 55년 만에 친구들을 만났어요. 어렸을 때 같이 뛰어놀던 친구들을 오산으로 와서 오산에서 만났어요(웃음). 그래서 지금 그분들이 사할린에 나갔지만. 시골이지만 다정하게 친구들하고 지냈고요. 작년에 몇 년만에 제가 살던 곳에 갔다 왔어요. 다 사진 찍어서 그렇게 왔는데. 우리 친구한테 보여줬지만. 거기 지금 아무것도 없어요. 풀과 나무들이 사람 키만큼… 탄광 닫힌 다음에 집도 아무것도 없고…

〈사례 23〉

뭐 소설책도 읽고, 운동도 하죠. 아침에 나가서. 저녁에 쉬는 거 크게 많이 없어요. 오빠집에도 가서 돌봐주고. 조선책은 아직도 쓰고 읽고 하지만은 내용 같은 것은 이해하지 못하니깐. 아직도 러시아책 읽고 있어요.

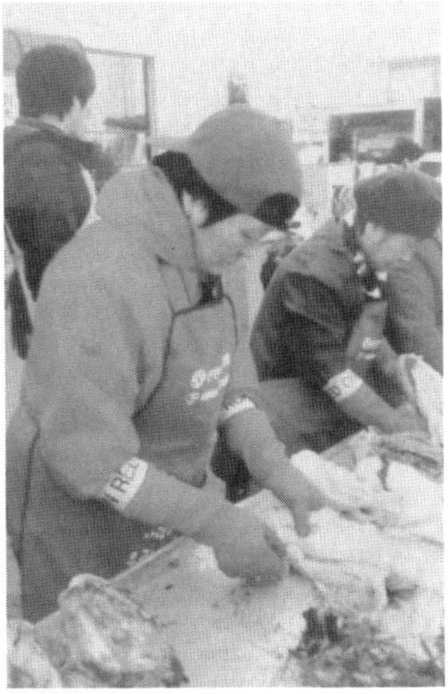

〈사진 35〉 영주귀국 사할린 한인의 김치 담그기

〈사례 24〉

편안하지요. 사할린에 있으면 개인 집 사니깐 텃밭에서 일해가지고 해먹고 남으면 시장가서 팔고. 아이들 공부하면 도와주고. 교육계에서는 제가 40년 했습니다. 젊었을 때는 다른데 가서 일했지만. 일하면서 2009년도에 여기 왔지요. 여기와서 병원에 다니잖아요. 할아버지가 병원은 안 다닐라고 하잖아요. (사할린에서는) 병원에 많이 누어있어요. (여기 와서는) 편안하니깐. (할아버지 치료는) 시간 문제지요. 우리 천안에 2층에 동창생 계시고. 우리 동창들은 다 왔습니다. 마지막에 서울 쪽으로 남양주 귀국했는데. 마지막으로 다 왔지요. 여기는 만나지만. 부산에서 우리 동창생들이. 우리 할아버지가 장애인입니다. 동창생들이 왔지요. 우리가 말하는 투가 한국말도 아니고. 주서다 한말입니다. 경상도 나오고. 우리가 공부할 때는 교수님들이 이렇게 고려 사람이 없었고. 러시아라고 큰 땅이라고 있지요. 거기서 와서 교수님들이 가르쳐줬는데. 책이 이북쪽으로 했으니깐. 이북말 말을 했지. 우리한테 그렇게 배워줬지. 그 말을 고쳐줄 수 없지. 습관이 돼서. (한국) 여기 들어와서 3개월 공부했지. 배웠지요. 교수님 참 (김경례)라고 참 좋았어요. 사할린에서 한국어 1달 배우고 오네요. (한국에서) 우리가 티비보고 하니깐. 배우네요. 유즈노사할린스크에는 (한국어 가르치는 곳)있지요. 젊은 사람들이 말을 배우려고 애씁니다.

〈사례 23〉

할아버지가 있는 할머니들은 할아버지랑 같이 와서 살고 할아버지가 없는 할머니들은 같이 살아요. 집에 큰방하고 조그만 방이 있어요. 근데 그 할머니 자식한테 가고 없어요. 그니깐 불편한 점이 많아요. 70세월을 따로따로 살다가 불편한점이 많아요. 잠실이 두 개나 있으면 좋은데… 영주귀국하는데 1세만 있을 수 있으면, 할아버지 있는 할머니들은 할머니랑 오셨고, 할아버지 없는 할머니는… 자식도 못오니깐. 1세만 올 수 있으니깐. 2년 전에 해서 보냈어요. 가고 싶다고. 생각도 많이 했죠. 가족도 보고 손자들 생각하고 같이 오면 몰라도. 못 데려오니깐. 할머니끼리 만나서 사니깐 불편한 것도 많고. 나한테 손자도 오고 싶고, 자식도 오고 싶고, 할머니 있으면 큰 방에 못 나오고. 아이들 손자오면 어디서 자고 어디서 뭐, 각자들이 자기 살림살다가 여기와서 같이 생활하자니깐 마음도 안맞고. (관광은) 저는 많이 안 가봤는데. 안산에 오빠가 아파서. 만나고. (오빠는) 여기에 할머니하고 살아요. 할머니가 영주귀국 하자고. 할머니 얻어야 오잖아요. 혼자계신 할머니랑 같이 해서 오셨어요. (한국 오신 거 후회) 갈 날도 얼마 안 남았는데… (천안으로 오게 된 이유) 우리 올 때, 2009년도 올 때는 오산에 오고 천안에 오고 대전에 오고 음성에 왔던가. 신청은 했지요. 대한적십자에서 나이 많이 자신분들은 오산으로 왔고 그 다음에 천안, 음성에는 젊은 사람들. 남편이 45년생이면 와이프가 48년도면 올 수 있고. 이번에 8월에 가요. 1년에 한번 갔다오니깐 괜찮아요. 그 전에는 손자들도 보고 싶고 한번 갔다 온 이후로 괜찮아요. 여름이 3개월, 겨울에는 눈이 많이 쌓이고 춥고 많이 쌓여도 여기처럼 바람이 안 강하고. 거기는 더운 날이 좋죠. 올라가봐야 27도. 일본에서 내 여기 사는 동안 3번 보내줘요. 내가 여기에 사는 동안 3번. 80넘으면 가라해도 못가고.

위의 사례에서 볼 수 있듯이, 우여곡절 끝에 모국으로 귀환한 사할린 한인들은 모국에서의 생활에 대해 상당히 만족한 것으로 보인다. 사할린에서는 병원에 많이 누워 있었는데, 한국에 와서는 좋은 공기와 좋은 의료 시설로 몸이 좋아진 사례도 발견할 수 있다. 또한 지자체나 교회 등 여러 단체에서 생활필수품을 지원받고 있으며, 여가시간에는 한국어를 배우거나 교회에 다니면서 친구들을 사귀거나 말을 배우면서 꾸준히 모국 사회에 적응해 나가고 있다. 그러나 일부의 경우이지만, 부부가 아닌 부부의 형태로 동거하는 사람들 중에는 한 집에 살고는 있지만 각 방을 사용하고 있는 등 불편한 생활을 영위하고 있다. 이러한 사례를 통해 알 수 있는 것은 현재 한국정부에 의해 실시되고 있는 영주귀국 정책의 현실을 파악할 수 있다.

요컨대, 현재의 한국정부의 영주귀국 조건에는 장애인 자녀를 제외한 가족을 동반할 수 없다는 규정이 있어 자식들을 사할린에 두고 혼자만 오게 되어 결과적으로 새로운 이산가족 문제가 발생하게 되었다.[27] 그리고 영주귀국시 2인 1세대를 구성해야 함으로 부부 이외의 사람들은 낯선 사람과 짝을 이루어 귀환하여 한 집에 살아야하는 불편함은 이루 말 할 수 없다. 고국에서의 이러한 생활은 귀환의 신화를 품고 늦게나마 모국에는 돌아왔지만 또 다시 가족들과 떨어져 살아야 하는, '제2의 이산'의 고통을 겪고 있다.

27 나형욱, 「영주귀국 사할린동포 정착실태 보고서」, 2009, p.29.

V

맺음말

이 책의 목적은 근 · 현대시기 동북아시아지역에 거주하고 있는 한인들-중국조선족, 러시아 연해주 고려인, 재일코리안, 사할린 한인-이 자발적이든, 타의적이든 조국의 국경을 넘어 새로운 곳에 정착하는 과정에서 형성된 이주루트를 추적하고, 이를 지도화하는 데 있다. 아울러 이 루트를 따라 형성된 코리안 디아스포라의 삶과 경험을 재현하고자 하였다. 이러한 목적을 달성하기 위해, 연구자들은 기존에 출간된 자료 검토와 현지방문조사 및 구술조사 등 다양한 방법을 동원해 동북아 코리안 디아스포라의 역사적 기원을 밝혀내고 이산의 기억을 재현하고자 하였다. 특히 중국 흑룡강성, 러시아 연해주, 일본 도쿄 및 오사카, 경기도 오산시와 충남 천안시를 방문하여 코리안 디아스포라의 이주에 관한 자료(도서, 사진, 기념물 등)를 수집 · 발굴하고, 한인들을 대상으로 심층인터뷰를 통해 그들의 이주에 관한 구술자료를 기록하였다.

이 연구를 통해 밝혀진 연구결과를 보면 다음과 같다.

첫째, 동북아 코리안 디아스포라의 이주루트는 전반적으로 유입지의 특정지역이 결절점이 되어 집거지를 형성하다가, 이를 바탕으로 송출국과 유입국간의 정치 · 경제 · 사회적 변화에 따라 다른 지역으로 이주가 이루어짐으로써 수많은 결절점들이 생겨났다. 이를 구체적으로 살펴보면 다음과 같다.

중국조선족의 경우, 초기 이주루트는 압록강과 두만강 등 두 강의 대안지역-집안, 관전, 환인, 연길, 화룡, 용정, 도문 등-을 중심으로 이주하면서 집거지를 형성하였다. 그러다가 일제의 식민통치가 본격화되면서 길림성, 흑룡강성, 요녕성 등 동북 3성의 전 지역으로 확산되어 갔다. 최근에 와서는 중국의 내륙지역뿐만 아니라 한국을 포함한 세계 곳곳에 정착하여 새로운 삶을 살아가고 있다.

러시아 연해주 고려인의 이주루트는 한반도, 중국, 러시아 등 3국의 국경지대인 연해주 남부지역-핫산, 포시에트, 블라디보스토크, 우수리스크 등-을 중심으로 이주하여 집거지를 형성하다가 점차 연해주 북쪽지역-하바로프스크, 블라고베셴스크, 치타 등-으로 확산되어갔다. 그리고 스탈린의 소수민족 강제이주 정책으로 6000km가 떨어진 중앙아시아의 카자흐스탄, 우즈베키스탄에 내버려졌다. 이들은 주변의 키르기스스탄, 타지크스탄, 투르크메니스탄, 그리고 러시아 남부지역에까지 이주하여 집거지를 형성하였다. 특히 이들은 1956년 거주이전의 자유를 획득하고 1991년 소연방의 해체로 자신의 출생지이면서 선대의 고향인 연해주지역으로 재이주하는 양상을 보이고 있다. 이처럼 연해주 고려인들은 다양한 공간적 치환을 경험하면서 디아스포라적 삶을 이어가고 있다.

재일코리안의 이주는 무엇보다 일본제국주의의 식민통치와 직접적인 연관이 있다. 물론 시기별로 이주의 성격이 다소 차이가 있긴 하다. 예컨대, 초기의 이주는 자발적 선택에 의해 일본의 대표적인 탄광지역(후쿠오카)이나 공업도시지역(오사카)으로 이주하여 정착한 반면, 태평양전쟁이 본격화되면서부터는 강제적 성격에 의한 집단이주가 주를 이루었다. 해방 이후 조국으로 돌아오지 못한 사람들은 일본의 여러 지역에 정착하는데, 소수민족으로서 수많은 차별을 받았고 특정 지역에 한인 엔클레이브를 형성하였다. 대표적으로 오사카의 이쿠노구 코리아타운이 형성되었으며, 이 지역에 살고 있는 재일코리안들을 '올드커머'라고 부른다. 1980년대 후반 일본의 경제호황기와 한국의 해외여행 전면화조치로 도쿄의 신주쿠구 지역을 중심으로 코리아타운이 형성되었으며, 이들을 '뉴커머'라 부르고 있다.

사할린 한인의 이주는 대부분 일제 식민지시기 모집, 관 알선, 강제징용으로 인해 이루어졌다. 주로 탄광지역에 배치되어 일제의 태평양전쟁에 필요한 자원 개발에 동원되었으며, 특히 일제의 이중징용 정책에 의해 사할린에서 일본 본토로 강제징집되기도 했다. 제2차 세계대전이 종전되었음에도 불구하고, 사할린 한인들은 무국적자가 되어 해방된 조국으로 돌아오지 못했다. 전쟁 후 모국으로의 귀환을 꿈꾸던 사할린 한인들은 전쟁의 주범인 일본을 비롯하여 승전국인 소련, 그리고 모국의 무관심으로 사할린에 억류되어 방치된 삶을 살아야 했다.

둘째, 동북아지역 한인들의 이주와 경험은 모국의 빈곤, 도피, 전쟁, 강제징용, 강제송환, 좌절과 억류, 귀환이라는 디아스포라의 역사성을 잘 보여주고 있다. 근대적 국민국가 형성 이전에 시작된 동북아지역 한인들의 이주는 다소 차이가 존재하지만, 전반적으로 모국의 빈곤과 1910년 일본의 강제병합으로 시작된 일본 제국주의의 식민지 정책에서 비롯된 강제적 혹은 반강제적 이주를 경험하였다는 점에서 '희생자형' 디아스포라 및 '식민형' 디아스포라의 성격을 보여준다. 이러한 맥락에서 동북아지역에 거주하고 있는 한인의 이주와 디아스포라 경험은 일본 제국주의의 식민통치의 역사적 산물이라 할 수 있다.

셋째, 동북아지역 한인들의 이주와 경험을 통해 발견되는 특성을 살펴보면 다음과 같다. 연해주 고려인이나 사할린 한인의 경우에서처럼 디아스포라는 거주국 사회에서 완전히 수용되지 못한 주변인으로 살아가고 있어 언젠가는 조상 혹은 자신들의 고향으로 돌아가고자 하는 '귀환 신화'를 간직한 채 살아가고 있음을 확인할 수 있다. 연해주 고려인의 사례에서 나타나듯이, 한인의 이주는 '연쇄이주'의 경향을 보이고 있다. 일반적으로 다른 장소로 이동하려는 사람들은 비공식적 연결망인 가족이나 친척, 또는 친구 등의 연고가 있는 지역을 제1차 이주지로 선택하는 경향이 있다. 구술 증언에서 확인되듯이, 연해주 고려인 또한 중앙아시아에서 살고 있다가 먼저 연해주 지역에 삶의 터전을 마련하고 살아가는 가족이나 친척들의 권유로 그들이 살고 있는 집이나 근처 지역으로 이주하게 된 것이다. 중국조선족이나 재일코리안의 경우는 특정지역에 집단 거주지를 형성하여 민족의 정체성 유지, 문화 전승, 모국과의 지속적인 연대를 이루면서 살아가고 있다. 사할린 한인의 경우는, 70년 넘게 타국에서 살다가 모국의 품으로 돌아왔지만, 제한적이면서도 선별적인 조건으로 인해 어쩔 수 없이 가족 구성원과의 이별을 감수해야 하는 '제2의 이산'을 경험하며 살고 있다는 점에서 디아스포라적 삶이 현재도 진행되고 있다.

이 연구는 동북아지역 코리안 디아스포라의 이주루트와 기억을 재현하기 위해 현지조사와 구술조사를 병행하여 실시하였으나, 제한된 면접대상자를 상대로 진행한 연구이다 보니 동북아지역 한인의 총체적 이주루트와 경험을 밝히기에 한계가 있을 수밖에 없다. 특히 재일코리안의 경우가 더욱 그러하며, 사할린 한인의 경우는 한국으로 영주귀국을 택한 한인들을 대상으로 했기 때문에 아직도 사할린 현지에서 귀환과 관계없이 살아가고 있는 한인들의 경험을 포착해내지는 못한 것도 사실이다. 하지만 이러한 한계들은 이에 대한 보다 더 많은 사례들을 수집하고 조사하는 추가적인 연구를 통해 밝혀질 것으로 기대한다.

향후 연구과제는 중국조선족, 러시아 연해주 고려인, 재일코리안을 대상으로 근 · 현대 코리안의 디아스포라적 공간 치환과 재영토화, 코리안 디아스포라 집거지에서의 민속문화와 민속놀이, 그리고 축제 등에 대하여 지속적으로 연구를 수행해 나갈 것이다.

참고문헌

강위원, 『흑룡강성의 조선족』, 서울: 고함커뮤니케이션, 2004.

고가영, "우랄지역 원로 고려인들의 생애사 연구", 『역사문화연구』 30, 2008.

고송무 지음, 유네스코한국위원회 엮음, 『쏘련의 한인들』, 서울: 이론과 실천, 1990.

국립민속박물관, 『러시아 사할린 · 연해주 한인동포의 생활문화』, 서울: 국립민속박물관, 2001.

국사편찬위원회, 『일본한인의 역사(상)』, 파주: 국사편찬위원회, 2009.

권태환, 『세계의 한민족-중국』, 서울: 통일원, 1996.

권희영, 『세계의 한민족: 독립국가연합』, 서울: 통일원, 1996.

김광열, 『한인의 일본이주사 연구: 1910~1940년대』, 서울: 논형, 2010.

김게르만, 『한인 이주의 역사』, 서울: 박영사, 2005.

김경학, 『국제이주와 인도인 디아스포라』, 서울: 집문당, 2006.

김경학 외, 『귀환의 신화: 해외 인도인의 이주와 정착』, 서울: 경인문화사, 2005.

김남일 외, 『분단의 경계를 허무는 두 자이니치의 망향가』, 서울: 현실문화연구, 2007.

김민영, "사할린 한인의 이주와 노동, 1939-1945." 『국제지역연구』 제4권 제1호, 2000.

김승근, "러시아 연해주지역의 고려인마을 만들기와 운영실태에 관한 조사연구: 우수리스크 우정마을을 중심으로", 『한국농촌건축학회논문집』 9(2), 2007.

김연수, 『소련속의 한국문제』, 서울: 일념, 1986.

김왕배 · 이수철, "1930년대 만주의 조선족마을 공동체", 『동방학지』 144, 2008.

김용찬, "남북한의 재외동포정책", 『민족연구』 제5호, 2000.

김인성, "사할린 한인의 한국으로의 재이주와 정착분석: 제도 및 운용실태를 중심으로." 『재외한인연구』 제24호, 2011.

김종국 외, 『중국조선족사 연구 I』, 서울: 서울대학교출판부, 1999.

김주용, “만주 ‘하동안전농촌’의 설치와 운영”, 『백산학보』 84, 2009.
김 피로트르 게르노비치 · 방상현 공저, 『재소 한인 이주사: 스탈린의 강제이주』, 서울: 탐구당, 1997.
김혜진, “러시아 로소토프주내 고려인 사회의 형성과정과 특징”, 『동북아역사논총』 28호, 2010.
남혜경 · 임채완 외, 『고려인 인구이동과 경제환경』, 서울: 집문당, 2005.
리상우, “개혁기 중국조선족사회의 정체성에 대한 고찰: 구심력과 원심력을 중심으로”, 『동아연구』 제53집, 2007.
박명규, “한인 디아스포라의 사회학적 함의”, 최협 외 편, 『한국의 소수자, 실태와 전망』, 서울: 한울, 2004.
박정석, “두바이의 힌두 신디 상인 디아스포라: 이주양상과 고향의식을 중심으로”, 김경학 외, 『인도인 디아스포라: 경계를 넘나드는 사람들』, 서울: 경인문화사, 2006.
박종명, 『재일조선인-역사, 현황, 전망』, 명석서림, 1999.
반병률, “러시아 최초의 한인 마을 지신허”, 『한국근현대사연구』 26, 2003.
보리스 박 · 니콜라이 부가이 저, 김광환 · 이백용 옮김, 『러시아에서의 140년간』, 서울: 시대정신, 2004.
사할린희망캠페인단 준비위원회, 『강제동원 70년, 사할린 한인을 향합니다』, 지구촌동포연대, 2009.
서경석 저, 김혜신 옮김, 『디아스포라 기행: 추방당한 자의 시선』, 파주: 돌베개, 2006.
서대숙 엮음, 이서구 옮김, 『소비에트 한인 백년사』, 서울: 태암, 1986.
선봉규, “근 · 현대 재일한인 디아스포라의 이주와 재영토화 연구: 오사카와 도쿄를 중심으로,” 『한국동북아논총』 16(3), 한국동북아학회, 2011.
선봉규 · 전형권, “러시아 연해주 고려인의 디아스포라적 삶에 관한 연구: 구술사 연구방법론의 관점에서”, 『한국동북아논총』 17(4), 한국동북아학회, 2012.
설동훈, 『노동력의 국제이동』, 서울: 서울대학교출판부, 2001.
손영훈, “중앙아시아 고려인 엘리트와 지원방안”, 제2차 중앙아시아 국내학술대회 자료집, 2010.
신상문, “재러한인의 현황과 주요과제: 연해주 고려인 농업정착지원 현황과 과제를 중심으로”, 『재외한인연구』 17, 재외한인학회, 2006.

심혜숙, 『중국조선족: 취락지명과 인구분포』, 중국: 연변대학출판사, 1992.
심헌용, "고려인의 신이주와 NGO의 역할: 연해주와 볼고그라드", 『한국시베리아연구』 11집 1호, 2007.
윤인진, 『코리안 디아스포라: 재외한인의 이주, 적응, 정체성』, 서울: 고려대학교출판부, 2004.
윤인진, "재외한인연구의 발전과 미래과제", 『재외한인 연구의 동향과 과제』, 서울: 북코리아, 2011.
윤택림 · 함한희, 『새로운 역사쓰기를 위한 구술사 연구방법론』, 서울: 아르케, 2006.
이광규, 『재중한인-인류학적 접근』, 서울: 일조각, 1994.
______, 『재외한인의 인류학적 연구』, 서울: 집문당, 1997.
이복규, "중앙아시아 고려인의 강제이주담에 대하여", 『한민족문화연구』 38, 부산대학교 한국민족문화연구소, 2011.
이상근, 『한인 노령이주사 연구』, 서울: 탐구당, 1996.
______, 『러시아중앙아시아 이주한인의 역사』, 서울: 국학자료원, 2010.
이상봉, "디아스포라와 로컬리티 연구: 재일코리안을 보는 시각", 『한국민족문화연구』 18, 2010.
이순형, 『사할린 귀환자』 서울: 서울대학교출판부, 2004.
이애리아, "타지키스탄의 민족분쟁과 고려인", 전남대 사회과학연구소 편, 『중앙아시아 한인연구』, 1999.
이연식, " 일본제국의 붕괴와 한일 양 지역의 전후 인구이동: 양 국민의 귀환과 정착과정 비교," e-Journal Homo Migrans Vol.2 (June 2010), pp. 79-115.
이은숙 · 김일림. 2008. "사할린 한인의 이주와 사회 · 문화적 정체성: 구술자료를 중심으로." 『문화역사지리』 제20권 제1호.
이재혁, "러시아 사할린 한인이주의 특성과 인구발달." 『국토지리학회지』 제44권 2호, 2010.
이채문, 『동토의 디아스포라』, 대구: 경북대학교출판부, 2007.
이채문 · 박규택, "중앙아시아 고려인의 러시아 극동 지역 귀환 이주", 『한국지역지리학회보』 9(4), 한국지역지리학회, 2003.
이현주, "해방후 인천지역의 전쟁동포 귀환과 사회변화," 『인천학연구』 4, 2005, 245-279.

일제강점하강제동원피해진상규명위원회, 『사할린 '이중징용' 피해 진상조사』, 2007.
임계순, 『우리에게 다가온 조선족은 누구인가』, 서울: 현암사, 2003.
임채완 · 전형권, 『재외한인과 글로벌 네트워크』, 서울: 한울아카데미, 2006.
임채완 · 장윤수 외, 『재외한인 집거지역 사회경제』, 서울: 집문당, 2005.
전병칠, 『20세기 중국조선족 10대 사건』, 서울: 환경공업출판사, 1999.
전신욱, "중앙아시아 고려인의 재이주 요인과 정착현황: 연해주 지역을 중심으로", 『한국정책과학학회보』 11(3), 2007.
전형권, "국제이주에 대한 이론적 재검토: 디아스포라 현상의 통합모형 접근", 『한국동북아논총』 13(4), 한국동북아학회, 2008.
전형권 · 이소영, "사할린 한인의 디아스포라 경험과 이주루트 연구", 『OUGHTOPIA』 27집 1호, 2012.
정근식 · 염미경, "디아스포라, 귀환, 출현적 정체성: 사할린 한인의 역사적 경험," 『재외한인연구』 제9호, 2000.
정옥자, 『러시아 · 중앙아시아 한인의 역사(상)』, 서울: 국사편찬위원회, 2008.
정진아, "연해주 · 사할린 한인의 삶과 정체성." 『한민족문화연구』 제38집, 2011.
정태수, 『소련한족사』, 서울: 대한교과서주식회사, 1989.
주성화, 『중국 조선족 이주사』, 파주: 한국학술정보, 2007.
조성길, 『사할린 한인들의 어제와 오늘: 겨울꽃』, 서울: 파랑새미디어, 2012.
조재순, "사할린 영주귀국 동포의 주거생활사: 안산시 고향마을 거주 강제이주 동포를 중심으로," 『한국주거학회논문집』 제20권 제4호, 2009.
지구촌동포연대, 『영주귀국 사할린 동포 처우 개선을 위한 1차 실태조사』, 2009.
채영국, "해방 후 재일한인의 지위와 귀환," 『한국근현대사연구』 제25집, 2003.
최길성, "한인의 사할린이주와 문화변용." 『동북아문화연구』 제1집, 2001.
최석신 · 임채완 외, 『재일코리안 사회의 경제환경』, 서울: 집문당, 2005.
최우길, 『중국조선족 연구』, 아산: 선문대학교출판부, 2005.
최진욱 외, 『동북아 한민족 사회의 역사적 형성과정 및 실태』, 서울: 통일연구원, 2004.
프레드 벅스텐 · 최인범, 『코리안 디아스포라와 세계경제』, 국제경제연구소, 2003.
한국문화인류학회, 『중국 흑룡강성 한인동족의 생활문화』, 서울: 국립민속박물관, 1998.

한 세르게이 미하일로비치 · 한 발레리 쎄르게이비치 공저, 김태항 역,『고려사람, 우리는 누구인가』, 서울: 고담사, 1999.
한혜인, "戰時期 조선인 강제연행의 경로,"『한일군사문화연구』 제5권, 2007.
현규환,『한국유이민사: 상』, 서울: 대한교과서주식회사, 1967.
홍용희, "구소련 고려인 디아스포라 시 연구",『한국근대문학연구』 22, 2010.

Anderson, Benedict. *Imagined Communities: Reflections on the Origin and Spread of Nationalism* (London: Verso, 1991), 윤형숙 역,『상상의 공동체: 민족주의의 기원과 전파에 대한 성찰』(서울: 나남출판), 2002.
Choi, In-bom, "Korean Diaspora in the Making: Its Current Status and Impact on the Korean Economy." in Fred Bergsten & Inbom Choi(eds.) *The Korean Diaspora in the World Economy*. Washington, DC: Institute for International Economies, 2003.
Clifford, James, "Diasporas." *Cultural Anthropology*. Vol. 9(3), 1994.
Guy Richard , 전혜정 역,『사람은 왜 옮겨다니며 살았나』,에디터, 2004.
Hall, Stuart, "Cultural Identity and Diaspora." in Identity: Community, Culture, Difference, ed. *Jonathan Rutherford*. London: Lawrence and Wishart, 1993.
Levitt, Peggy "Social Remittances: Migration-driven Local-level Forms of Cultural Diffusion." *International Migration Review*. Vol. 32(4), 1998.
Michele Reis, "Theorizing Diaspora: Perspectives on 'Classical' and 'Contemporary' Diaspora", *International Migration* 42(2), 2004.
P. Stalker, *The No-Nonsense Guide to International Migration*, 김보영 옮김, 『국제이주』, 서울: 이소출판사, 2004.
Richard P. Greene & James B. Pick, *Exploring the Urban Community: A GIS approach*, 신정엽 외 옮김,『도시의 탐색: 도시공간이론과 GIS를 활용한 공간분석』, 서울: 시그마프레스, 2011.
Robin Cohen, *Global Diasporas: An Introcuction*, London: UCL Press, 1997.
Schiller, Nina Glick, Linda Basch, and Cristina Szanton Blanc. "From Immigrant to Transmigrant: Theorizing Transnational Migration." *Anthropological Quarterly*. Vol. 68(1), 1995.

Sheffer, Gabriel. "A New Field of Study: Modern Diasporas in International Politics." in G. Sheffer (ed.), *Modern Diasporas in International Politics*. London and Sydney: Croom Helm, 1986.

____, *Diaspora Politics: At Home Abroad*, New York: Cambridge University Press, 2003.

Stephen Castles and Mark J. Miller, *The Age of Migration*, London: Macmillan Press Ltd, 1996.

Takaki, Ronald. *Alarger Memory: A History of Our Diversity with Voices*. Boston, MA: Little, Brown, 1998.

Tölölian, Khachig, "The Nation State and Its Others: In Lieu of a Preface." *Diasporas* 1(1), 1991.

Vertovec, Steven and Robin Cohen, *Migration*, *Diasporas*, *Transnationalism*, U.S.: An Elgar Reference Collection, 1999.

William Safran, "Diasporas in modern societies: Myths of homeland and return", *Diaspora* 1(1), 1991.

Winkler, Karen. "Historians Explore Questions of How People and Cultures Disperse Across the Globe." *Chronicle of Higher Education*. (22 January): A 11, 1999.

大沼保昭, 『サハリン棄民』, 이종원 역, 『사할린에 버려진 사람들』, 서울: 청계연구소, 1993.

찾아보기

(ㄱ)

(ㄴ)

(ㄷ)

(ㄹ)

(ㅁ)

(ㅂ)

(ㅅ)

(ㅇ)